금 강 경   오 가 해

의미로 보는 한글판 금강경 오가해

2018년 10월 3일 초판 1쇄 발행

글   의진 해돈 역해

펴낸이 이규만
편집디자인 124domedia
펴낸곳 불교시대사
출판등록 제1-1188호(1991년 3월 20일)

주소 서울시 종로구 인사동 7길 12 백상빌딩 1305호
전화 02-730-2500
펙스 02-723-5961
이메일 kyoon1003@hanmail.net
@의진 해돈, 2018
ISBN 978-89-8002-156-7 03220

금강경 오가해

의미로 보는 한글판

의진義眞 해돈海暾
역해譯解

불교시대사
1% 나눔의 기쁨

금강반야바라밀다경 - 下

대승경전의 기저에는 선리禪理가 깔려있다. 일반 독자가 접하기에는 좀 생소하기도 하고 난해하다. 대승경전들의 독해 관문격인 금강경 이해를 통하여 대승경전 전반에 걸친 이해수용의 틀이 잡히고 수선修禪의 자세가 갖춰졌으면 한다.

금강경은 현실과 아주 유리된 관념에 치우친 것이 아니라 일상생활을 통해 도道로 이끄는 친근성이 있다. 부처님이 이 금강경 법문의 시작으로, 성내로 탁발하심과 보시 행위의 중요성과 한계성, 수행 중심 덕목 중의 하나인 인욕바라밀을 특별히 강조한 것들이 대표적인 사례이다. 중생들이 일상의 생계생활에서 뜻만 있으면 무리 없이 그대로 불교의 금강경 사상思想으로 연계될 수 있다는 점에서 대승불교권의 국내 대표 선종파인 조계종이 이 경을 소의경전으로 정한 것도 우연의 일치가 아닌 듯싶다.

불교로 나아감에 불학과 불도로 대별해 볼 수 있다. 불학이야 논리적으로 이론을 체계화하는 행위라면 불도는 하나의 뭉뚱그려진 의제疑題를 앞에 두고 궁구하면서 성품화性品化시키는 노릇이라고 할까.

언필칭 수도인이라고 해서 사전 예비단계 없이 철환鐵丸을 입에 문 듯 생소한 화두를 대면하면 한 소식하기까지 필요이상의 시간이 허비되는가 하면 자칫 엉뚱한 길로 빠져들기 십상이다.

수도(坐禪)자의 기본 소양격인 한글판 치문을 다 잘 곱씹어 보고 그런 바탕 위에 금강경 원문을 해설한 이 한글 금강경오가해를 찬찬히 훑어보고 이해를 공고히 한 연후에 사교입선捨敎入禪하면 득각得覺에 효과적일 뿐만 아니라 적어도 엉뚱한 길로 멍청하게 빠져들진 않으리라.

금강경오가해가 금강경 원문을 해설한 것이라고 하나 뜻을 풀이한 선사들이 제각각의 선리禪理로 풀이해 놓아 혹간 독자들이 차라리 원문보다 더 어렵게 여길 정도이다. 그래서 불교를 불학으로 접근함보다 특별히 불도로 접근하면서 수도코자 하는 자는 바로 의미경계 파악이 중요하니 그에 부응하여 한문에 가리어 난해한 의미를 여기 순 한글판 금강경오가해로 좀 수월하고 매끄럽게 읽히도록 하여 독자의 이해를 돕고자 함이로다.

초발심자경문, 치문, 금강경오가해 정도는 기본적으로 읽어 자기 것으로 만든 연후에 사교입신捨敎入信, 사교입선捨敎入禪해야 제대로 된 신행과 수선修禪이 되지 그렇지 않으면 맹탕신행, 맹탕참선이 되기 십상이다.

　탈고하고 보니 역문이 맘에 안차는 곳이 많으나 우선 아쉬운 대로 필요에 공供하나니 수선자의 득각得覺에 일조一助가 되었으면 하는 마음 간절하도다.

의진義眞 해돈海暾 지識

일러두기

1. 단도직입적으로 뜻만 알면 되는 수자의 입장에서 보아
   규봉사의 문장 분석에 치우친 해설은 뜻의 파악에 번거로워
   다른 곳에서 취급하게 하고, 여기서는 제외하였다.
2. 권말卷末의 부대사와 징관 청량사의
   단편적인 법수에 따른 선적풀이와 평창은 생략한다.
3. 간혹 역문 말미의 ※는 역자의 단평短評이다.
4. 규봉사편을 빼도 설의를 붙인 함허사문을 합치면, 결국 오가해가 됨.

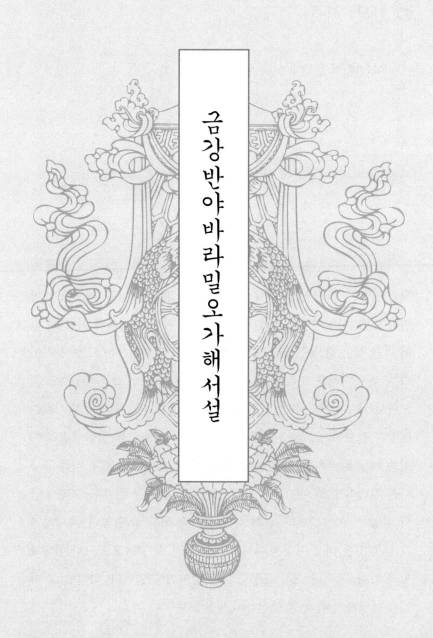

금강반야바라밀오가해서설

◉ 함허: 서문

여기에 한 물건이 있다(있긴 뭐있어, 허나)

설의 │ 그 한 물건이란 어떤 것인고? 그 하나란 것은 그에 합당한 명칭과 모습이 없고, 감정과 이성도 없고, 미혹도 깨침도 없어 '범인이다, 성인이다'라고 말할 수 없으며 자타로 구분해 이룰 수 없어 다만 일단 한 물건이라고 지칭한다. 육조 혜능대사는 그 한 물건이라는 것은 머리도 꼬리도 없고, 정식 이름名과 일상 쓰는 이름字도 없으면서 위로는 하늘을 받치고 아래로는 지구를 떠받치나니 밝기로는 태양과 같고 어둡기로는 검은 옻 색과도 같으면서 늘 일상생활 속에 있는 데도 알아차릴 수 없는 것이 이 한 물건이라고 했다. 비록 그렇다손 치더라도 한 물건이란 말도 방편삼아 말했을 뿐이다. 그래서 남악 회양 선사는 말했다. 설사 한 물건이라 해도 맞지 않다. 왜냐하면 그 한 물건은 바로 이곳을 떠나지 않고 한결 같이 맑고 고요한 상태로 있다 없다,를 떠나 그저 그렇고 그럴 뿐이기에 말이다. 하지만 그 자리를 설명하기 위해 한 물건을 내세웠을 뿐이다.

의미로 보는 한글판 **금강경 오가해**

서문 | 그 한 물건이(그 자리)란 것은 그것을 지목할 만한 물건이 없으니 그에 따른 명칭이 아예 없느니라.

설의 | 청명한 늦가을 낙엽 떨어진 깊은 산골짝 마냥 텅 비어고요한 것 같아 이름붙일 수 없고 볼 수 있는 형태도 없도다.

서문 | 옛날에서 지금, 지금에서 옛날로 관통하고

설의 | 천겁을 지났어도 과거가 아니고 과거에서 미래로 미래에서 과거로(끝없이) 이어져도 늘 이 순간이라. 그간 강산은 얼마나변천했고 인간세태는 얼마나 변해 왔던가.
※ 그 한 물건(불성)은 시간성이 없고 본원적으로 변함이 없도다.

서문 | 상황에 따라선 한 티끌만도 하지만 때에 따라선 사방상하를 에워싸고도 남음이 있도다.

설의 | 모든 사물이 작으면 작은 대로 고정되어 있고 크면 큰대로 고정되어 있기 마련인데 이 한 물건은 이와 반대라. 작기로 말하면 상황에 따라 더 작아지기도 해 허공 바로 곁에 존재하는 (인허) 물질에도 미세하게 들어갈 수 있고 크기로 말하면 때에 따라 더 커져 온법계를 다 감싸고도 남음이 있도다.

서문 | 안으로는 모든 신묘한 요소를 가지고 있고

설의 | 그 한 물건의 규모로 보면 한 없이 넓고 항하의 모래알 같은 무량한 근원적 능력과 한량없는 신묘한 작용 등이 본래부터 다 갖추어져 있느니라.

서문 | 밖으로는 모든 작용에 반응하여

설의 | 외부로부터 자극이 오면 곧장 반응하되 그 자극의 실상을 꿰뚫어 봄에 맑은 거울에 미개인이 오면 미개인을 비추고 개명한 이가 오면 그 개명한 이를 비추며 큰 종을 크게 치면 크게 울리고, 작게 치면 작게 울리는 것과 같느니라.

서문 | 삼재(天.地.人)를 주재하고 만법을 주관하나니

설의 | 하늘은 이 한 물건(佛性)으로 내려 덮고 땅은 그것으로 만물을 싣고 인간은 그것으로 천지간에 처하며 나아가 해, 달, 별과 초목, 곤충과 모든 모습의 형체에 이르기까지 그 것(그 한 물건)을 근본으로 하여 성립되지 않음이 없도다.

서문 | 횡적으로 광대함이여, 다른 무엇과도 비할 바가 없고 종적으로 높고 높아 그의 추종을 불허하도다.

설의 | 횡적으로 까마득함이여, 아주 광대하고 수승함이 첫째가 될 만하고, 종적으로 높고 높음이여 아주 높고 높아 그 이상 될 것이 없으니 이로써 주관자가 되고 주재자가 되기 마련이니라.

서문 | 그 한 물건은 신비하도다. 우러러보거나 아래로 내려다보아도 환히 드러나지만 보면 보일 듯 말 듯 들으면 들릴 듯 말 듯 하느니라.

설의 | 진정 없다고 하자니 자성이 대상을 신비롭게 요달了達하는 속성을 가졌고 진정 있다고 하자니 그 자취를 찾을 수 없나니, 그래서 신비하다 하느니라.

서문 | 텅 비어 없는 것이냐? 아니면 가득 차 존재하는 것이냐? 나는 그 까닭을 알지 못하겠노라.

설의 | 그 한 물건은 깊고 현묘하며 텅 비었음에도 자극에 민감하나니 있어도 진정 있는 것이 아니고 없다고 해도 진정 없는 것이 아니라. 말로써 표현할 수 없고 생각할 수도 없는 것이다. 그래서 그렇게(한 물건) 말했을 뿐이다.

서문 | 석존께서 이 한 물건(佛性)을 깨닫고서 중생을 휘둘러보니 그들이 죄다 부처의 자질을 갖고 있으면서도 미망迷妄한지라 안

타깝게 여긴 나머지 생사의 바다(衆生界)를 향해 밑 없는 배를 띄우시고 구멍 없는 피리를 취주吹奏하시니 그 묘한 음성이 땅을 뒤흔들고 바다 같은 법문이 하늘에까지 차고 넘침이라. 이로써 못 배워 우둔한 자들이 모두 깨닫고 진리에 목말라하는 이들에게 모두 법수法水를 흡수吸收케 하여 대지의 뭇 중생들로 하여금 제각각 그 도리를 깨닫게 하시니.

설의 │ 이 한 물건은 성스러움도 아니고 평범한 것도 아니면서 성스럽기도 하고 평범하기도 하며 깨끗하지도 않고 더럽지도 않으면서 깨끗하기도 하고 더럽기도 하느니라. 그래서 부처님이 말씀하셨다. 손에는 깨진 사발을 쥐고 몸에는 비단 옷을 걸치고서 때론 술에 만취하여 지나가는 사람에게 괜스레 욕지거리를 하고 때론 난데없이 법당에 나가 향을 사르고 예를 올리기도 하나니 그것을 공중과 해에 비유하면 공중이 어찌 늘 맑으며, 어찌 늘 비만 오며, 해가 어찌 늘 밝으며, 어찌 늘 어둡기만 하겠는가. 한 생각 미혹됨에 따라 온통 하늘에 미운迷雲이 일어나도 구름 위로는 밝고 그 아래는 어둡게 되나니 한 생각 깨치고 나면 바람이 미운을 쓸어버려 위 아래가 환해져 실상實相에 따라 염정染淨이 생기며 성범聖凡을 짓게 되는지라. 성범 심을 짓게 되면 외부의 자극에 대한 반응을 하게 되니 범인들이 미한 상태에 있으면 성인의 교화를 간절히 바라게 되고 성인이 깨친 상태에 있으면 중생을 위해 자비심을 발하게 되니 그래서 부처님이 인도 옛 마갈타국 가야성 남쪽 니련선하강 근처 보리수 아래서 깨치시고 나서 처음 화엄경을 중심삼아 법문을 설하시는 중 탄식하시되 참으로 기이하도다. 둘러보니 일체중생이 다 여래 지혜의 품성을 갖고 있으면서도 다만 망상심과 집착심으로 인해 자성을 보지 못하고 있구나 하시고 일면식도 없는 사람에게도 자비를 베푸시고 말없는 말을 하사 교教의 물을 널리 살포하여 중생의 마음 밭을 두루 적셨도다. 그로 인하여 도의 싹이 터져 번성해서 마음의 꽃이 피어나 온 대지가 다 같은 봄기운이 감돌게 되어 만물이 기쁨을 맛보게 됨이로다.

서문 | 지금 이 반야경의 묘한 말씀이 그로(그 한 물건)부터 흘러나오고, 바다 같은 불법들이 그로부터 발원됨이라.

설의 | 반야(智慧)란 한 현상의 내용에 대해 억지로 이름붙인 것이요, 경이란 그 내용을 담은 도구니라. 이는 바로 부처님이 친히 설하신 법문이요, 여타 다른 사람이 설한 게가 아니라 법문의 내용이 자질구레한 소승의 가르침과는 다르니라.

서문 | 견고하고 날카로운 금강으로 나自와 타他에 걸친 빽빽한 숲(다겁 생래의 번뇌장)을 잘라버려 거듭된 혼매昏昧에 지혜의 빛을 비추고, 삼공(아공, 법공, 구공)에 끼인 미혹의 안개를 개이게 하니라.

설의 | 아상我相 인상人相인 조밀한 숲이 마음 밭에 무성한데 번쩍 불타나게 금강을 한 번 휘두르매 그것이 자취도 없이 사라지니

라. 법과 비법非法의 미혹한 안개가 공空 같은 성품을 가리기에 이를 일러 중혼重昏이라 하니 지혜의 빛이 한번 비춤에 다겁 생래 거듭된 미혹이 단번에 사라지고 삼공이 훤히 나타나느니라.

서문 | 중생으로 하여금 단공斷空과 상공常空에서 벗어난 진실의 고지에 올라 육도만행의 꽃을 활짝 피워 일불승一佛乘의 열매를 맺게 하시니

설의 | 법은 항상 함이 아닌데 집착하여 유有(곧 常)로 여기고, 성性은 단斷(곧 空)이 아닌데 집착하여 공空(곧 斷)으로 여기니 집착하여 공으로 여긴 나머지 공이 아닌 줄을 모르면 곧장 단견의 구덩이에 떨어지고 만다. 또한 대상對象을 유有로만 집착하여 유가 유아님을 알지 못하면, 결국 상견常見의 구덩이에 빠지고 만다. 열반, 진여, 그 자리, 실제이지實際理地는 공空, 유有를 다 잊어버리고 오로지 이것만이라는 생각도 없는 곳이다. 불이 삼공(我空, 法空, 俱空)을 제시하여 중생으로 하여금 단상견斷常見의 구덩이에 떨어지지 않고 대번에 공과 유의 경지를 뛰어넘게 하시도다. 이와 같이 원만이 수행하여 원만이 깨쳐야 하느니라.

서문 | 금강경의 말씀하나 하나가 햇빛을 받는 날카로운 칼날 같고 구구절절이 연잎 마냥 물에 떠 있어도 물에 배어들지 않음과 같도다.

설의 | 금강의 신묘한 지혜가 견고하여 타물에 의해 꺾이지 않고 날카로워 중생의 마음에 엉킨 원한―다겁 생래의 번뇌 망상―을 잘라버릴 수 있나니, 반야의 뛰어난 법은 금강의 묘혜妙慧에서 생긴 것이다. 그래서 금강의 날카로움이 중생의 의심거물(網)을 잘라버리고 견고하여 외마外魔에 의하여 파괴되지 않느니라.

서문 | 거침없는 법문으로 한없는 인천人天의 사승師僧들을 길러 내셨느니라.

설의 | 부처와 법이 모두 이 금강경으로부터 나왔기에 그렇게 말함이라.

서문 | 대감 혜능과 규봉밀과 야부○천, 부대사와 종경, 이 다섯 대사와 같은 이들 모두는 인천이 다 존중할 만하고 법의 해수(海水)가 다 그들에게로 흘러드느니라.(삼장을 죄다 회통함)

설의 | 다섯 대사들이 모두 이 금강경을 통하여 인천人天의 길잡이 역할을 하게 되어 인천이 존중하게 되었으며 알지 못하는 법이 없어 법의 바닷물이 그들에게로 다 흘러들게 되었다 함이라.

서문 | 다섯 선사들 제각기 실상을 꿰뚫어보는 바른 법안을 가진 경지에서 곧장 모든 부처님들의 법의 묘체를 전해 받고 무애변

無碍辨으로 최상법문을 설하시니, 법문마다 위엄으로 강산을 진동시킬만하고 고금에 걸쳐서 길이 빛남이라. 그리하여 이 세상의 맹자로 하여금 보게 하고 귀머거리는 듣게 하고, 벙어리는 말할 수 있게 하고 절름발이는 바로 걸어갈 수 있게 하시니

설의 | 실상을 철견徹見하는 올바른 눈이란 진속眞俗을 밝게 요달하고 중도도 통달하여 어느 것에나 다 통하는 안목을 말하며 밀인密印이란 중생이 아직 깨닫지 못한 진리로 불조가 대대로 전해준 미묘한 법을 말함이라. 다섯 대사들이 이러한 정안頂眼을 갖추고 그러한 불법요체를 전수받아 널리 중생들에게 무애설법을 하시니, 그 위광이 대지를 진동시키고 고금을 환히 비추고 있느니라. 그리하여 보는 이나 듣는 이로 하여금 모두 교화를 받아 그릇됨을 알아 올바르게 하시고 선禪과 교教를 다 형통하여 이론과 실천을 겸비한 대교화자의 묘력妙力을 이 금강경에서 터득했느니라.

서문 | 이미 그랬거니와 또한 장래에 널리 중생들을 깨치게 하기 위하여 뜻있는 자가 각기 이 경의 주석서를 지어 후세에 전하시니

설의 | 이미 이 경으로 당대에 이로움을 주시고 나아가 주해서를 지어 그 이름을 만고에 떨치기도 하니라.

서문 │ 어찌 너무 꾸며 본래의 아름다움을 잃게 되었다 하리요? 좋은 것에 가일 층 더 좋게 만드는 일이라.

설의 │ 옥에 별다른 흠이 없는데 필요이상으로 다듬는 바람에 도리어 아름다운 옥이 갖춘 따뜻해 보이면서 윤기 감도는 본래의 재질미材質美를 잃게 하거니와 이 오가해는 그와는 반대라 경에 사용된 말의 뜻을 더 정미롭게 하고 경의 뜻을 더욱 분명히 하여 읽는 자로 하여금 구름을 헤쳐 해를 보는 것 같이하고 듣는 자로 하여금 활짝 그 마음이 열리게 하느니라.

서문 │ 어찌 불법을 거듭 빛냄에 그치리오. 또한 제대조사들의 법을 더 높게 빛나게 하리라.

설의 │ 옛 사람이 말했다. 삼승 십이부(부처님 일대시교)의 가르침에 그 이치를 터득하여 묘한 경지에 들면 달리 어디에서 조사서래祖師西來의 뜻을 찾겠는가. 곧장 교외별전敎外別傳의 뜻도 이 금강경 오가해를 벗어나지 않고 경의 말씀 속에 내재되어 있어 은밀한 가운데 표면적으로 뚜렷이 들어나지 않음이라. 이제 능력 있는 조사가 사실에 입각하여 뜻을 드러냈으니, 이는 금강경의 뜻을 오롯이 밝혔을 뿐만 아니라 교외별전의 뜻도 환히 밝혔음이로다. 또한 어떤 이가 말했다. 남김없이 다 전하는 직지直指의 뜻을 어떻게 이 금강경이 다 담을 수 있는 가로 의심하나니, 그렇다면 저 황매와 조계를 보면 그 의심은 사라지리라.

서문 | 우리들이 천년 후에 태어나 접하기 어려운 이 금강경 오가해를 손에 들고 눈으로 직접 볼 수 있게 되었으니 다행스럽기가 이를 데 없느니라.

설의 | 이 오가해를 접하게 되어 기뻐함이 그지없도다.

서문 | 이로써 불조의 남긴 덕을 드날릴 수 있고 나라엔 큰 복을 길이길이 누리리라.

설의 | 만약 이 오가해로 정안正眼을 활짝 열면 불도를 자유자재로 활용하여 중생제도에 걸림이 없으리니

서문 | 허나, 이 오가해를 누가 편저했길래 그 작자의 이름을 밝히지 않았는가?

설의 | 편저자의 이름을 몰라 아쉬워하노라.

서문 | 일불 오조의 뜻한 바를 이 금강경 오가해를 한 번 정독함으로서 깨닫게 될 것을 나는 기뻐하노라.

설의 | 이 한 권의 책 내에 불조의 등불이 서로 비치고 있어, 한번 읽어보면 불조의 뜻을 알게 되나니, 그래서 내가 기뻐하는 까닭이니라.

서문 | 비록 현악기를 잘 타는 신묘한 재능을 가졌다 쳐도 그 묘음을 감상할 만한 재능인을 만나지 못해 장엄한 산을 연상케 하는 소리를 잘못 듣고 광대한 바다로 생각하는 이가 많아 안타까워함이라.

설의 | 크지도 않는 오래된 거문고에 신비한 음률이 그 속에 있음이라. 비록 묘한 음이 내재되어 있다 해도 훌륭한 연주력이 없으면 마침내 바라던 좋은 음률이 나오지 않도다. 비록 재질이 뛰어나 연주를 잘하게 되어도 듣고 감상하는 사람은 좀 난해해 할 수도 있나니, 청자가 연주곡을 잘못 알아듣고 우람찬 산 기운의 곡조를 광대한 바다같이 받아들이는 이가 많음이라. 그와 마찬가지로 이 오가해의 뛰어난 문장 속에 묘한 이치가 들어있나니, 신묘한 도리가 있다 해도 혜慧가 뛰어난 사람이 아니면 누가 붓을 들고 사실에 입각해 그 뜻을 펼쳐 내겠는가. 사실에 의거해 뜻을 나타낸들 독자들은 어려워할 것이다. 그래서 얕은 것을 깊은 것으로, 깊은 것을 얕은 것으로 여기는 이가 많게 되어 정말 한탄스러워하지 않을 수 없느니라.

서문 | 또한 경문의 본문과 주소註疏에 걸쳐서 잘못된 것을

맞는 걸로 본다거나 우유가 성곽 밖에서 나지 않는다고 여기는 이가 꽤나 많나니 부처님이 열반하신지가 오래되어 그동안 여러 손을 거쳐 오면서 어찌 그렇게 안 될 수 있겠는가?

설의 ┃ 맞고 틀림이 뒤섞이어 물과 우유를 구분하기 어렵게 되었으니, 그런 것은 아마도 옮겨 적을 때 착오에 기인되었으리라.

서문 ┃ 성인의 말씀을 후세에 전함에는 문자만을 사용할 수 없고 그렇다고 뜻만을 전할 수 없나니, 글과 뜻이 서로 도와야 소기의 결과를 이뤄 천하고금의 귀감이 되고 세간과 출세간의 안목을 열어줄 수 있느니라. 만약 뜻에 잘못이 있고 문장에 착오가 있으면 중생의 안목을 열어줄 수 없을 뿐만 아니라 잘못 이해하여 정지견正智見을 여는데 장애를 끼치게 되느니라.

설의 ┃ 문자는 도를 나타내는 도구요 중생을 인도하는 방편이라. 반드시 글과 뜻이 서로 보완되어야 혈맥이 통하고 두루 정밀하게 되나니, 경문이 빠지거나 부연敷衍되거나 도치되거나 착오가 없어야 독경자를 바르게 이해시켜 이로써 만세의 귀감이 될 수 있느니라. 그렇지 않으면 중생의 안목을 열어줄 수 없을 뿐만 아니라, 도리어 중생을 미혹시키는 도구가 되고 마느니라.

서문 ┃ 문자에 미혹되지 않고 성인의 뜻한 바를 체달하는 자를 구하기가 진실로 어렵도다.

설의 | 총명한 안목을 갖고 있지 않으면 잘못 어그러진 것에 미혹되기 쉬우니라.

서문 | 허나 마음이 청정하고 생각이 정밀하여 나타낸 문장을 정확히 궁구하여 뜻을 바르게 이해하면 글과 뜻의 잘못된 것이 분명히 들어나니, 마치 병의 기미가 의술이 뛰어난 의사의 손에서 벗어날 수 없는 것과 같나니라.

설의 | 비록 지혜로운 눈이 아니라도 마음과 생각을 정의正義롭게 하여 연구한다면 문의文義의 잘못을 상세히 밝힐 수 있느니라.

서문 | 내가 뛰어난 의사의 무리에 들지 못하나 문의를 조금 알아 옳고 그름을 대략 분별할 수 있기에 오가해 중에 빠지고 덧보태고 도치되고 잘못된 걸 간략히 도출하여 여타 경서를 참조하거나 아니면 뛰어난 법사들께 질의하여 바로 잡았느니라. 타 본에 근거하지 않고 함부로 본문의 일자일구도 더 보태거나 빼지는 않았느니라.

설의 | 내가 우둔한 자질로 진위를 변별하고 잘못된 걸 바로 고치기도 했는데 이는 죄다 타 본에 근거가 있어 그랬지 내 주관적으로 단정한 것은 아니도다.

서문 | 제반 의심사는 타 본에 증거 할 곳이 없을 땐 뜻에 의 거해 결정하고 그 사연은 오가해 말미(說誼欄)에 적어 놨음이라.

설의 | 천박한 자기 생각으로 함부로 본문 내에다 기록해 둔 다면, 혹자는 안목이 선자로서 할 바가 아니라고 여길 것이며, 빠지고 잘못된 걸 알면서도 지적하여 후세에 전하지 않으면 지금 내가 교정 을 보는 보람이 없나니, 후세에 혹 전대에 교정했다는 말을 듣고 모두 완전무결한 걸로 여겨 교정할 것이 없다고 생각한다면 부처님의 바 른 법이 거의 땅에 떨어지고 말리라. 그래서 부득이 책 말미에 부록하 여 후세에 전하는 바이니라.(틀린 것이 틀린 것으로 고착되기 때문)

서문 | 경문 중에 복잡난해한 곳을 만나 어쩌지 못하고 수수 방관한 채, 시원하게 해결 짓지 못하면 어찌 통인달사通人達士의 행할 도리이겠는가. 그래서 나의 천학비재를 헤아리지 않고 맺힌 걸 풀고 막힌 걸 뚫으며 바르지 못한 걸 바르게 하고 가지런하지 못한 걸 가지 런히 하여 후학들에게 영원히 물려주고자 함이노라. 왕사성의 둥근 달이 만고에 걸쳐 그 빛이 길이 빛날 것을 그 누가 알랴! 허! 허! 다른 날 법안을 갖춘 자가 보면 틀림없이 한바탕 크게 웃으리라.

설의 | 이 오가해의 잘못된 곳이 나무뿌리 같이 뒤엉켜 의미 가 잘 통하지 않은 곳이 많은데도 다른 사람들의 눈이 두려워 잘못된 걸 알면서도 고치지 않는다면 부처님의 은혜에 보답하는 노릇이 되

겠는가? 후세가 반드시 잘못된 걸 이어받아 함부로 따져들어 그 말이 어떻든 통하도록 할 것인즉 그렇게 되면 교정하지 못해 드디어 불조의 말씀이 이리저리 얽혀 이해할 수 없는 지경에 이르게 되리라. 이는 통인달사가 취할 바가 아니라. 그래서 내가(필자인 함허당) 끝내 사양치 않고 교정한 걸 이에 적어 후세에 전함이라. 그리하여 일경一經의 뜻이 환히 빛나 당대의 지혜의 달이 천하에 크게 빛날 것인 바 누가 알랴. 이 같은 이치를. 내 지금 그런 필연의 이치를 알고 크게 기뻐해 마지 않는 바이로다. 하지만 이런 언설도 공중의 모기 소리 같은지라. 달達자는 듣고서 분명 웃음거리로 여기리라.

영락 을미년(1415년) 6월 일 함허당 납자 수이는 손 씻고 향 사루어 삼가 서문을 짓다.

◉ 조계 6조 선사 서문

육조서문 | 금강경은 무상無相을 근본(속성)으로 삼고 무주無住를 본체(性)로 삼으며 묘유를 작용(心)으로 삼나니, 달마조사 서래西來로부터 이 경의 뜻을 전하게 되어 중생으로 하여금 그 이치를 깨달아 자성을 보게 하심이라.

설의 | 반야의 신령스런 그 자체는 텅 비어 어떤 형체도 없고 넓고 넓어 한 곳에 머무는 바도 없어(無執) 휑하니 비어서 무엇도 존재하지 않으며 깊고 그윽하여 더 이상 알만한 것도 없느니라. 이 금강경은 이런 정황을 속성과 본성으로 삼아 알 것도 없고 알지 못할 것도 없으며 존재도 없고 존재하지 않음도 없으며 주住도 없고 주하지 않음도 없으며 형체가 없어 어떤 형체에도 장애를 주고받지도 않으니라. 이러함이 곧 묘유로써 작용함의 원리라. 모든 부처님들의 증득하심도 바로 이것이고 뭇 조사들이 전한 법도 이런 것이며 중생에게 열

어 보인 것도 또한 이런 것이니라.

 ※ 깨침, 불성, 그 자리, 한 물건의 자리는 문설文說로 표현할 수 없어 표현하면서도 부정하고 부정하면서도 긍정하니 초심자는 난해하기 마련. 대승경전은 4비법 논리로 접근해야 하나니 4비란 유有(긍정), 무無(부정), 유이무有而無(긍정이며 부정), 무이유無而有(부정과 동시 긍정)이다. 유이무와 무이유의 논리를 터득해야 대승경전 및 제대조사들의 어록들을 무난히 해득할 수 있으리라.

육조서문 | 중생이 자기성품을 보지 못해 견성의 법을 만들었으니 그들이 진여본체(자기 성품)를 명백히 보면 견성을 위한 법을 세울 필요가 없느니라. 이 경을 읽는 자, 무수하고 묘미를 느낀 자가 가없으며 나아가 이 경의 소와 주해서를 지은이도 무려 팔백여명에 이르니라. 많은 법사들이 설해놓은 도리는 각기 자기의 법견法見에 따랐으나 중심 내용의 법은 다르지 않느니라. 근기가 수승한 자는 법을 한번 들으면 곧장 요해하지만 뛰어난 혜慧가 없으면 아무리 많이 읽어봐도 의미를 깨닫지 못하느니라. 그래서 여기 금강경의 뜻을 해설하여 수행자의 의심을 끊게 함이라. 이 금강경에 대해 지취旨趣를 통달해 의심의 여지가 없어지면 굳이 다시 해설문을 읽을 필요성이 없느니라. 여태까지 설하신 불법은 범부중생의 번뇌 망상을 없애기 위함이라. 경은 성인의 말씀이라. 범부들이 듣고 깨쳐 미迷한 마음을 영원히 버리게 함에 있느니라.

 이 금강경의 법리를 중생의 마음에 본래 갖추고 있지만 스스로 볼 수 없는 것은 경의 문자만을 읽기 때문이며 자성을 깨치고 나면 이 경의 뜻하는 바가 문자 속에 있지 않음을 비로소 알게 되리라. 다만 자성을 명확히 깨닫고 보면 일체 제불이 이 경의 의미에서 나왔음을 믿게 되리라.

아마도 세인世人들이 마음 밖에서 불을 찾고 몸 밖을 향해 경을 구하며 보리심을 발하지 않고 마음의 경전을 가지지 않을까봐 해설의 묘방을 지어 제수학자로 하여금 이 경전을 통해 자성엔 청정불심이 헤아릴 수 없이 많고 신통 묘력이 이루 다 헤아릴 수 없음을 확연히 깨닫게 함이라. 후손들이 이 경전을 읽고 의심이 생기면 나의 서문을 보고 의심이 풀리면 다시는 이 서문(구결)을 볼 필요가 없느니라. 바라건대 수학자가 광석 중에 금덩이를 보아 지혜의 불로 정련하여 잡석을 제거하고 금만 남게 할지라.

부처님이 사위국에서 금강경을 설하시매 수보리가 대표로 질문하니 낙초자비落草慈悲의 마음으로 그 질문 따라 설법하심이라. 수보리가 부처님의 설법을 듣고 깨달아 그 법문의 제목을 부처님께 청해 받아 후인들이 그에 의지해 수지 독송 수행할 수 있도록 하였느니라. 부처님이 수보리에게 고하사대 이 경의 이름은 '금강반야바라밀'로 하나니 그런 제목으로 잘 봉지할 것을 당부하셨나이다. 여래께서 말씀하신 '금강반야바라밀'에 하필이면 금강을 앞에 두어 이름하신 뜻은 무엇인가? 금강은 세상의 보배고 그 성질이 아주 예리하여 무슨 물건이든 자를 수 있느니라. 금강이 아무리 단단해도 고양각(산양뿔)이 부술 수 있어 금강을 불성에 비유하고 고양각은 번뇌에 비유하니라. 금강이 아무리 강하나 고양각이 능히 부술 수 있듯 불성이 단단해도 번뇌가 허물 수 있느니라. 번뇌가 단단해도 반야지가 파할 수 있듯 고양각이 견고해도 빈철이 능히 부숴버릴 수 있나니, 이런 도리를 아는 자는 분명히 자성을 보게 되리라.

열반경에 이르기를 불성을 본 자는 중생이 아니고 불성을 보지 못한 이를 중생이라 하니라. 여래께서 설한 금강(다이아몬드: 광석 중 가장 단단함)의 성품이 견고하여 입으로 만이 경문을 읽으나 신광神光이 발하지 않음이라. 마음으로 읽고 몸으로 실천해야 신광이 함께하리니 수행심이 견고하지 않으면 정定과 혜慧가 생기지 않나니 입으로 읽고 마음으로 체화하여야 실력과 지혜가 일치하리니 이를 구경이라 하느니라.

금강이 산 속에 있으나 산은 그 금강을 알지 못하고 보배인 그 금강도 산을 알지 못하느니라. 왜냐하면 그것들은 자성이 없기 때문이라. 사람은 자성을 갖고 있어 그 금강의 가치를 알아 금강업자를 만나 광산을 뚫고 파해 쳐 금강석을 정련해 드디어 정금을 얻어 뜻대로 사용하여 가난한 신세를 면하게 되나니 이 몸의 불성도 또한 그와 같느니라. 몸은 세계를 뜻하고 인아人我는 산을, 번뇌는 광석을, 불성은 금강을, 지혜는 채광 기술자를, 용맹정진은 광산을 파헤침을 비유하니라.

육체의 기제機制 속에 인아人我산이 있고, 인아 산속에 번뇌란 광석이 있고, 번뇌 광속에 금강 같은 불성이 있고, 불성 중에 광산기술 자격인 지혜가 있나니 지혜의 기술로 인아산을 굴착하여 번뇌의 광석을 채취해 깨침의 물로 정련하면 자신의 아주 밝고 깨끗한 금강 같은 불성을 만나게 되느니라.

그래서 금강을 비유로 삼아 경의 제목으로 정했나니, 공만 이해하고 실행하지 않는다면 유명무실하게 되고 뜻을 이해하고 수행한다면 내외가 구비되나니 수행하지 않으면 곧 범부요, 닦으면 바로 성인과 같아지기에 금강이라 이름붙인 것이다.

반야란 무슨 뜻인가? 이는 범어이고 중국말로 지혜智慧라 하니 지智란 어리석은 마음을 내지 않음이고 혜慧란 방편을 가짐이라. 혜는 지의 체 요, 지는 혜의 작용이라. 체에 혜가 깃들면 지를 사용함에 어리석지 않고 체에 혜가 없으면 우치해져 지가 없어지나니 우치함에 의하여 깨치지 못한다면 결국엔 지혜를 사용하여 그 우치를 제거해야 하느니라.

'바라밀'이란 무슨 뜻인가? 중국말로는 '도피안'이라 하니 '도피안'이란 생멸의 뜻을 멀리 여읜다는 뜻이다. 단지 세인들의 성품이 수행으로 견고하지 못하여 일체법一切法에 대하여 생멸하는 모습만 보게 되어 결국 육도를 유랑하여 영원불변인 진여眞如의 경지에 이르지 못하니 이를 일러 차안이라고도 하니라. 요는 대지혜를 구족하여 일체 도리에 대해 생멸심을 온전히 버리면 그것이 바로 '도피안'이라. 달리 말하여 마음이 미혹하면 차안이요, 마음을 깨달으면 피안이라, 마음이 사악하면 차안이요, 마음이 바르면 피안이라. 언행이 일여하면 자기 마음 바탕에 '바라밀'을 갖추게 되고 언행이 불일치면 바라밀 기미가 없느니라.

경經이란 무슨 뜻인고? 경이란 첩경이란 뜻이라. 바로 부처가 되는 지름길이라 범부 중생들이 그 길의 종점에 닿고자 함인데 마음으로 부단히 반야행을 닦아야 구경에 닿을 수 있거니와 혹 입으로 읽기만 하고 마음으로 그에 따라 수행치 않으면 바로 자기 마음속에 경(經 곧 지름길)이 없는 꼴이고 입으로 읽으며 마음으로 수행을 게을리하지 않으며 자기 마음속에 경을 간직한 셈이 되느니라. 이런 사유로 여래께서 이 경의 제목으로 '금강반야바라밀'로 하였느니라.

⊛ [예장사문종경제송강요서] (경 개요를 頌함)

종경서문 | 관컨대 여래장을 비우고 견고한 조사들의 관문을 박살내어 진상을 들어냄에는 반야의 힘이 절대적이 된다.

설의 | 여래장如來藏엔 공空여래장과 불공不空여래장이 있느니라. 공여래장이란 알아내야 할 대상인 진리요, 불공여래장이란 알아내는 자의 주체적인 참된 지혜를 말한다. 진리를 공여래장이라 한 것은 진리는 상상을 여의어 저 허공과 같아 확 트여 조금도 가리움이 없기 때문이라. 진지眞智를 불공여래장이라고 한 것은 진지로 이치를 비춰봄이 저 밝은 태양과 같아 공중에 떠 있으면서 밝게 들어나기 때문이라. 양편에 다 장藏(갈무리)이라고 함은 물건을 갈무리함에 속이 비기도 하고 채워지기도 하니 속이 비기에 공에 비유할 수 있고 속이 가득 차는 고로 불공에 비유할 수 있느니라.

지금 여기에 말한 공여래장이란 단순히 공空 불공不空과 공장空

藏과의 의미가 다름이라. 왜냐하면 여기서 공空은 조사관을 타파하는 걸 대상으로 삼기 때문이라. 장藏은 물건을 한 군데 모아 봉하여 밖으로 들어내지 않은 걸 말하니 제8식의 장이 자성여래를 덮어 가리기에 여래장이라 함과 같느니라.

관關이란 오감이 없는 걸 뜻함이니 조사들의 참된 의중의 뜻을 성인의 법력으로서도 이해하기가 어려운데 하물며 범부 중생에 있어서랴. 그래서 통과하기 어려운 관문關門이라 함이라.

거짓 없음이 진이고 변치 않음을 상常이라 하니 진상眞常(불성)은 중생과 부처가 다 매일반이라 저 여래장을 샅샅이 살펴 조사관을 타파하여 진상을 들어냄은 바로 반야의 힘인지라.

종경서문 | 삼심(三心: 제육, 제칠, 제팔식)이 안 움직이면 육유(六喩: 청색, 황색, 적색, 백색, 공색, 벽색)로써 온전히 나타냄이라. 칠보로 그 가치를 비교컨대 사구게 편이 훨씬 더 나으니 그렇다고 글자와 문장만 따져들면 지견만 더욱 늘어나느니라. 종안宗眼이 밝아지지 못해 끝내 깨치지 못하느니라.

설의 | 삼심이란 제8아뢰야식, 제7 말라식, 제6 의식을 말하나니 일진一眞이 우뚝 드러남에 삼심이 움직이지 않고 삼심이 안 움직이니 육유의 상태가 곧 환희 드러남이라. 육유란 첫째, 식심識心이 안 움직이면 업장이 절로 없어져 청색으로 비유할 수 있나니 청색은 재액을 물리칠 수 있기 때문이라. 둘째, 식심이 안 움직이면 무루공

덕이 자연히 구족되어 황색으로 비유할 수 있나니 황색은 인간이 요구하는 바를 이루어 주기 때문이라. 셋째, 식심이 안 움직이면 무생의 불꽃이 생겨 적색으로 비유할 수 있나니 적색은 햇볕을 받아 불을 내기 때문이라. 넷째, 식심이 안 움직이면 의심의 탁수가 절로 맑아져 백색으로 비유할 수 있나니, 백색은 탁수濁水를 능히 정화시킬 수 있기 때문이라. 다섯째, 식심이 안 움직이면 늘 진공에 머물러 공색으로 비유하나니 공색은 사람으로 하여금 공 가운데서 가고 앉고 하기 때문이라. 여섯째, 식심이 안 움직이면 삼독이 자연히 소멸되는지라. 벽색碧色으로 비유할 수 있나니, 벽색-짙은 청색-은 모든 독을 소멸시킬 수 있기 때문이라.

그런 효능이 이런 정도로 되는 것은 다만 무상無相의 경을 가지고 무아의 이치를 깨달아 무아의 행을 행한 까닭이니라. 칠보를 보시한 공덕은 다만 사구게를 수지함만 못하다고 하니, 칠보를 보시함이 보다 못함은 칠보는 인간 세상에 귀히 여기지만 그것은 다만 유류의 과보만 받아 끝내 육도 윤회를 벗어나지 못하여 보다 못하다고 하는 것이고 사구게四句偈를 수지하는 것이 보다 더 수승하다고 여기는 것은 사구는 범부수준을 뛰어넘어 도를 깨치게 하는 방편이라. 사구게를 수지함으로써 생사를 초탈하여 구경에 이르게 하기에 수승하다 하느니라. 우열은 차치하고 이를테면 사구게를 어떻게 수지해야 곧장 생사를 초탈할 수 있으리오? 말마다 근본에 은연중 부합하고 구구절절이 자기에게로 돌려야하나니 그렇지 못하면 아인我人 등 사상四相(我相,人相,衆生相,壽者相)의 지견만 증장시켜 끝내 해탈할 기약이 없으리라.

※역학에 대한 예비지식이 필요한 대목임

종경서문 | 오호라! 깊은 뜻을 미묘하게 나타냄이 전광석화처럼 잽싸고 참된 기미를 은밀히 나타냄이 은산철벽처럼 견고하기 짝이 없느니라. 잠시라도 다른 생각을 떠올리면 중도에서 막혀 앞으로 나아갈 수 없고 뒤로 물러나려 해도 길을 잃어 헤매게 되나니 한 가닥 실낱같은 작은 구멍을 조금 통하여 처음 수행자를 호도護導코자 하나니 준마는 채찍의 그림자만 보아도 바람처럼 천 리를 내닫느니라.

설의 | 오지奧旨란 말의 뜻이 깊고 깊어 헤아리기 어려움을 뜻하고 진기眞機란 사리와 본마음(機密)을 말함에 순수하고 거짓이나 잡됨이 없음을 말함이니 그 진기(자성)은 은산철벽과 같아 견고하기 이를 데 없어 꿰뚫기가 어렵고 높고 높아 더 위를 잡아 기어오를 수도 없느니라. 오지는 전광석화 같으면서도 찬란해 볼 수는 있으나 너무나 빨라 뒤쫓아가기는 어렵도다. 헌데 부처님이 그것을 베풀 때 미묘하게 하시고 나타냄에 은밀히 하시니 달리 그 외에 무슨 말을 더 보탤 수 있으랴. 보다 더 능력이 뛰어난 사람이라면 그것이 아무리 전광석화 같다 할지라도 대번에 낚아 챌 수 있고 은산철벽과 같이 견고하다 할지라도 단번에 뚫고 나갈 수 있으리라. 그렇지 못하면 중도에서 가로막혀 오도 가도 못 하게 되나니, 그래서 후학들에게 깨칠 수 있는 첩경을 열어 보이려고 금강경 32분의 각 분의 요점에 따라 게송을 첨

述添述했느니라.

　근기가 예리한 자는 한번 다잡아보면 금강경의 깊은 뜻과 제불의 참된 뜻이 곧장 마음의 눈에 환히 보이게 될 것이니라.

◉ [금강반야바라밀경 상]

설의 | 모든 중생이 일체종지를 다 갖추고 있지만 부처와 다름은 다만 미혹해서 전도되어 함부로 아인我人 등 사상四相에 집착하여 업의 구덩이에 빠져 반성하지 못한 까닭이라. 그래서 부처님이 시현하시길 도솔천에서 왕사성으로 강림하사 마야부인의 태에 들어 달이 차 출생하자마자 사방으로 일곱 걸음을 걸으시며 사방을 휘둘러 보시면서 하늘과 땅을 가리키면서 사자후를 발하시고 천상천하에 나만이 최고로 높다고 하셨느니라.

존수尊壽가 십구 세에 어느 날 왕궁의 사성을 나가 둘러보시고 인간에게 생노병사의 과정을 벗어날 수 없음을 뼈저리게 느낀 나머지 발심하셔서 한 밤중에 성을 나와 출가하셔서 그 길로 설산에 들어가 6년 간 힘써 수행한 끝에 섣달 초여드렛날 밤 새벽 명성을 계기로 도를 깨치셨느니라.

부처님께서 깨치고 나서 곧장 녹야원으로 가서 그 곳에 있는 부처님과 함께 수행했던 교진여 등 다섯 명의 수행자들께 사제四諦 (苦.集.滅.道)에 관한 법문을 하셔 제도하시고 차례로 이어 아함부와 방등부를 설하셔서 점차 중생의 근기를 순수하게 하신 연후 금강경 이 속한 이 반야대부를 설하사 중생들이 깨쳐 불의 경지에 들도록 인 도하셨느니라.

부처님께서 이 반야부를 설하신 횟수가 거의 사처십육회四處十六 會, 21년에 걸쳐 설하신 양이 600여 부가 되느니라. 600여 부 중 오로 지 이 일부의 머리에 금강을 안치한 것은 이 일부의 내용이 넓고 또한 비유해서 금강이 많은 뜻을 내포하기 때문이라. 반야는 한문으로 지 혜라 하니, 지혜란 도대체 무엇인가? 허공이 설법하거나 청법 할 수 없으며 사대-곧 육신-도 할 수 없나니 목전에 뚜렷이 홀로 맑은 형체 가 없는 놈이 능히 설법하고 청법하느니라. 이렇게 말하고 듣는 일단 의 우뚝 솟은 밝음이 천지를 비추고 옛날이나 지금이나 변함없이 빛 나며 일체 기거동작과 어묵동정의 언제 어느 때나 밝고 신령하여 분 명히 대상을 늘 알아차릴 수 있나니 이를 반야라 하느니라.

금강으로 비유하신 의도는 무엇인가? 그 일단의 홀로 밝음이 여 러 가지 변화 앞에서도 여여하여 변함이 없고 많은 세월동안 매몰되 어 있어도 마치 늘 눈앞에 존재하고 있는 것 같아 의당 금강의 견고함 에 비유하니라. 삼림(헤아릴 수 없는 번뇌 망상)에 붙은 도깨비를 잘라버 리고 한없는 갈등을 쓸어버리니 당연히 금강의 날카로움에 비유하니 라. 그래서 금강에 비유한 뜻이 여기에 있느니라. 또 한편 '마하반야' 라고도 하니, '마하'는 크다 란 뜻이라. 어째서 크다고 하는가? 이 일단의 우뚝 솟은 하나의 밝음이 그 밝기로 치면 일월을 능가하고 그 능력을 치면 하늘과 땅보다 더 수승하며 그 양은 광대하여 허공을 포함하고 일체에 두루 하여 존재하지 않는 곳이 없느니라. 삼세에 걸쳐서 중간과 끊어진 데가 없고 시방에 두루 하여 조금의 틈도 없나니 이리하여 '마하'라고 하느니라.

'바라밀'은 '도피안'이라고 하나니 '도피안'이란 무슨 뜻인고? 미혹하면 중생이고 깨치면 부처라. 비구름이 흩어져 비가 그치고 바다가 잠잠하고 하늘이 맑음이라. 비온 뒤의 맑은 바람과 밝은 달이 서로 어울리고 조화로운 산수의 경치는 깨친 자의 경지라. 운무에 파묻혀 위는 밝고 아래는 어두우며 일월이 가리고 산천은 그 모습이 희미해짐은 미혹한 자의 경계인지라. 미迷해져 각覺을 등지고 번뇌 속에 사는 걸 차안이라 하고 깨쳐서 번뇌를 등지고 각에 합치면 '도피안'이라, 바로 바라밀이라 칭하게 되느니라.

경經이란 지름길(徑)이라. 위와 같이 신묘한 의미를 설명하여 후진들에게 각으로 나가는 첩경을 내보여 다른 길로 헤매지 않고 바로 깨침의 경지로 이르게 하나니 이리하여 경이라 이름 하나이다. 또한 간략히 해석하면 '마하반야'란 범凡과 성聖에 다 통하고 모든 것을 다 거두어들일 수 있는 한없이 광대한 지혜를 뜻함이라.

금강반야란 아주 단단해 깨지지 않고 날카로워서 못 자르는 게 없고 범과 성을 정련시키는 지혜라.

바라밀이란 위와 같은 지혜로 깨닫고 위와 같은 수행을 감행하여 이사二死(분단생사와 변역생사)의 바다를 건너 삼덕(열반삼덕, 곧 법신,

반야. 해탈)의 저 언덕에 도달함을 이름이라.

또한 경經이란, 그와 같은 말로 그와 같은 뜻을 설명하고 당대에 이로움을 내보임과 동시에 후세에 열반에 이르는 길잡이가 되게 하나니 혹 '금강반야바라밀'경이라고도 하고 혹은 '마하반야바라밀'경이라고 하나니 그 뜻이 이런데 있느니라. 제목의 여덟 자로써 무량한 뜻을 총괄하고 이 금강경 일부로 헤아리기 어려운 진리를 다 포섭하나니 경제목의 여덟 자는 팔만장경을 한 번 다 독송한 공덕과도 같느니라. 경문 중에 사구게四句偈만 수지해도 그 혜택이 항하의 모래알 수보다 더 많으니라. 경의 뜻과 그 과보가 불가사의하다고 부처님이 하신 말씀의 뜻이 아마도 이런데 있으리라.

하지만 이는 단지 교敎와 논論에 따랐거니와 선종의 어록에 따르라면 말하면 숨을 들고 내쉬는 중에 늘 경을 읽는 것으로 여기니 어찌 문자로 표현해야만 한 권의 경이 되겠는가? 그런 소치로 옛 사람들이 말하길 "반야바라밀"이여! 이 경은 모습과 음성으로 표현할 수 없는데도 한문으로 함부로 번역했으며 범어로 억지로 명칭을 붙였느니라.

발(箔)을 거둬올리니 가을 별이 쌀쌀하고
창문을 여니 아침 공기가 상쾌하도다.
이런 경계에 감화感和할 수 있다면
경제목의 의미가 분명히 드러나리.

◉ 야부 ○천川선사 송

(야부 | ○야부승의 금강경 의미의 압축표현. 곧 그 자리를 형상화 함)

설의 | 원상의 시작은 남양 혜충국사南陽 慧忠國師로부터 비롯되었음이라. 국사가 탐원에게 전하고 탐원이 앙산仰山에게 전했도다. 탐원이 하루는 앙산에게 이르기를 혜충국사께서 전해 받은 6대조사의 원상 97개를 탐원 노승에게 전하시며 열반시에 나(탐원)에게 말씀하시길 '내(혜충)가 적멸한 후 30여년 만에 한 사미가 남방에서 와서 선풍을 크게 드날릴 것이니, 이 원상을 차례로 전수하여 단절되지 않게 하라 하심이라. 내가 국사의 유언을 잘 생각해보니 그 일은 너(앙산)에게 있는 것 같으니 너는 잘 받들어 이행할지어다'하니라. 앙산이 그 원상을 전해받자마자 불에 태워버렸다. 탐원 노승이 하루는 앙산에게 이르기를, '내가 전한 원상을 응당 잘 간직하고 있겠다.' 그 말씀에 대뜸 '그건 받은 즉시 소각해 버렸다'고 했다. 탐원 노장이 말했다. '그건 바로 제조사들이 전해준 것인데 어떻게 그리 함부로 소각했다고 하는가?' 앙산이 말했다. '제가 한 번 쓱 보고 그 뜻을 감지했습

니다. 맘대로 활용하면 될 일이지 그것에 집착할 필요는 없겠습니다.'
탐원 노승이 말했다. '너에겐 가하거니와 후손들은 어찌하겠는가?'
앙산이 그 노스님의 말씀 끝에 곧장 한 본을 복원하여 봉납奉納하니
어디하나 틀린 곳이 없더라.

　　탐원 노장이 하루는 법회 법상에 착좌하시니 앙산이 대중 가운
데서 나와 일원상(○)을 그려 두 손으로 받쳐 들고 노장에게 드리려
는 몸짓을 지으면서 차수(깍지 손 지고)하고 서 있으니 탐원 노장이 두
손으로 주먹을 맞대어 보이시더라. 앙산이 앞으로 삼보三步 나아가서
여인배를 하매 탐원 노승이 드디어 머리를 끄덕이시기에 앙산이 정
식으로 오체투지의 예를 올렸다. 이런 연고로 원상이 처음 제작된 바
이다.

　　지금 야보승의 첫 머리에 일원상을 그린 의미는 무엇인가? 문자
를 사용하여 문자를 떠난 소식을 생각해 낼 수 없나니 문자를 여읜 소
식이라면 어떻게 사안을 입안하며 분석 비교할 것이며 유심有心으로
써도 구할 수 없으며 무심無心으로써도 안되며 언어로써도 이르지 못
하고 적묵으로도 통하지 않으니라. 아무리 입심이 좋다 해도 결국 다
말할 수 없느니라. 필경, 그렇다하더라도 그런대로 어떻게 말할 수 있
을까? 중생과 부처는 한 뿌리요, 묘한 그 자리는 형상이 아예 없느니
라. 삼세제불이 이 원상에서 벗어나지 않고 역대조사도 벗어나지 않
고 천하 노화상도 벗어날 수 없으며 6도 윤회함도 또한 이에서 벗어
나지 않고 삼세간(器세간, 衆生세간, 智正覺세간)과 사법계(事法界, 理法界,
事事法界理事法界)의 일체 염정染淨법이 한 법도 이 원상에서 벗어난 것

이 없느니라.

선은 이를 일러 최초 일구자라 하고, 교에서는 더없이 청정한 법계라 하며, 유가儒家에서는 통틀어 하나의 태극이라 하고, 도교에서는 천하조물주라 하니 그 모두 다 이 원상을 지칭함이라.

고인古人이 말했다.

부처님이 이 세상에 탄강하시기 전 법계는 응고된 듯 변화 없이 조용한 일원상이라 석가조차 알지 못하는데 가섭이 어찌 전하랴. 고 말한 것이 이런 것이야.

야부 ｜ 법이 제 혼자 스스로를 표방하지 못하니라. 누가 제목을 붙였을까?

설의 ｜ 법이란 이 한 글자는 바로 원상을 지칭함이요, 안명安名이란 이 두 글자는 곧 경의 제목을 붙이는 것이니 법이 스스로 이름을 붙이지 못함이라. 요는 이름을 붙이므로 인해 나타날 수 있나니, 그런 소이연으로 제목을 붙이게 되느니라.

신통 묘법을 문자로 표현할 수 없지만 문자로 총지(다라니)를 굳이 나타내고자 함에 법은 저 혼자 스스로 제기할 수 없어 짐짓 이름을 붙였지만 누가 작명했을까? 말이란 온전할 수 없어서 죽은 말이 될까 봐 적이 두렵도다. 원만한 변설로 걸림 없이 자유자재로와 세인의 비방을 면하게 되리라.

법이 제 스스로 이름 하지 못해 결국 제 삼자가 이름을 지어 붙이게 마련인데, 그런데도 결국 제목을 붙인 자는 그 누구냐? 부처님이 했다면 부처님은 일찍이 작명한 적이 없느니라. 어째서 그러한고? 설법 제도시작지인 녹야원에서부터 열반지인 발제하까지 그간에 걸쳐서 부처님은 한 마디도 설한 적이 없느니라. 부처님이 이 경의 제목을 붙이지 안하셨다면 이 경의 제목(이름)은 어디서 왔단 말인고!

잠시 말해보라! 제목을 붙인 것인가! 붙이지 않은 것인가!

(방편적으로 붙였으되 그 자리(본원)로 보아서는 붙이나 마나 한결 같도다)

야부 │ 크나크신 대법왕이여. 그 자리(불성)는 짧지도 않고 길지도 않음이라. 본래부터 검고 흼이 없는데도 상황에 따라 청으로 황으로 나타냄이라. 꽃이 피매 아침에 이슬을 머금으니 그 더욱 요염하고 조락한 수풀엔 저녁마다 서리가 내림이라.

빠른 우레는 빨라 봐도 뭘 그리 빠르며 순간 번쩍이는 번갯불도 불빛이 아니라 범인도 성인도 헤아릴 수 없거니와 용천龍天도 가늠할 수 없느니라. 고금에 걸쳐 인간은 감을 잡을 수 없나니 임시방편으로 '금강반야'라고 이름지었나이다.

설의 │ (타본에는 '疾雷何太擊에 격을 急으로, 凡聖元難測에 元을 猶로 썼음)

법왕은 장육丈六의 금도금한 몸이 아니라 사람마다 본래 갖고 있는 그 한 물건이 만물에 주인 노릇을 하니 그래서 법왕이라 칭하니라. 옛사람들이 말했다. 심중의 그 한 물건은 법 중의 왕으로서 최고로 수승함을 많은 여래들이 다 함께 증명했도다.

법왕 그 자체는 홀로 우뚝 높고 높아 더 이상 높은 게 없고, 넓고 넓어 가없으며 하늘과 땅이 그 속에 있고 해와 달이 그 속에 있으며 넓고 넓어 한이 없어 생각의 범위를 멀리 뛰어남에 이름하여 대법왕 이라.

본문중의 무단無短운운(無短亦無長)은 실지로 상(相)이 있으면서 도 상(相)이 없음이요, 본래 운운(本來非皂白)은 상이 없으면서도 상을 나타냄이라. 화발花發운운(花發看朝艶)은 출생이 적멸이요, 적멸이 출 생이요, 질뇌疾雷 운운(疾雷何太擊)은 묘지妙旨(불성의 작용)가 신속하여 그 사이 사량분별思量分別할 틈이 없으며 범성凡聖운운(凡聖元難測)은 이 한 물건은 깊고 깊어서 지식智識으로서는 도달할 수 없음을 뜻함 이라. 이는 옛사람들도 어찌하지 못했을 뿐만 아니라 금세인들도 알 지 못해 어린애의 울음소리를 그치게 하고자 잠시 방편삼아 이런 이 름(금강반야경)을 세웠느니라. 이를테면 방편에 의해 실지를 나타내려 는 의도를 어떻게 말하리요!

달이 높은 산에 가리울 때 둥근 부채를 들어 비유하고

허공에 바람기가 잠잠할 땐 흔들리는 나뭇잎이 그것(바람)을 일 러주도다.

⚙ [예장종경선사 제강] (개요를 말하다)

종경 제강 | 금강경의 뜻을 육도중생들이 빠짐없이 다 갖고 있지만, 육신을 받은 후 육근육진에 의해 일단의 신령스런 기운이 마구 짓눌려 종일토록 캄캄한 상태에 놓여 있어 이해하지도 못하고 깨치지도 못함이라. 그래서 부처님이 자비심을 발하사 일체 중생을 구원하여 다 함께 고해를 건너고 보리를 증득케 하고자, 사위국에서 이 금강경을 설하게 되었느니라. 주된 내용은 단지 번뇌 망상을 벗어나 자성을 훤히 요달해 육도윤회를 벗어나 육근육진에 미혹되지 않음에 있느니라.

사람이 상근기라면 일러주지 않아도 스스로 도리를 터득하리라. 그 가슴속에 자연히 이 경이 자리 잡고 있나니, 이 32분의 금강경을 텅 비어 쓰일 곳이 없는 곳에 둔다고 해도 잘못됨이 없느니라. 혹 그렇지 않으면 잠시 이 졸승이 너에게 쓸데없는 말을 몇 마디 할 터인즉, 들어볼지어다.

대저 금강경이란 자성이 견고하여 영원히 부수어지지 않아 금강성金剛性의 단단함에 비유함이요, 반야는 지혜란 의미이고, 바라밀은 저 언덕에 오른다는 뜻이라. 자성을 보아 법을 터득하면 피안에 오름이 되고 그렇지 못하면 바로 차안이라. 경이란 지름길(徑)이란 의미라. 부처님이 이 지름길을 열어 보이지 아니하셨다면 후손들이 어디를 향해 나아가리. 향해간다면 어떻게 무슨 방법으로 나아가겠는가? 잠시 말해보아라.

다음의 문장을 읽어볼지어다. 이 경의 깊은 뜻은 무상無相을 근본으로 삼고 거짓을 뚜렷이 드러내 진리를 밝힘이로다.

칼끝(반야)이 조금 드러남에 만법이 비로 쓴 듯 없어져 본래 공함에 이르고 마음 꽃이 환하게 빛을 발해 오온을 비추니 그것(오온)이 본래 있지 않음이라. 구름이 흩어지고 비가 개여 바닷물이 잠잠하고 하늘이 맑으니 재빨리 반야의 배에 올라타 곧장 보리의 피안에 닿느니라. 말해보라. 활짝 핀 심화心花는 어디에 있는가?

태호 삼만육천경(넓고 넓은 호수)에 달이 파도를 비추며 누구에게 설법하는가!

설의 | 칼끝(반야)으로 피안에 이름은 만법이 본래 공함에 있고, 오온(色.受.想.行.識)이 본래 있지 않는데 망연妄緣으로 있게 됨이라. 지혜로 망연을 비춰보면 만법이 다 없어지고, 진상(體)이 드러나면 오음(오온)이 모두 공함이라. 이런 경지에 도달하면 비구름이 흩어지고 비가 개이며 바닷물이 잠잠하고 하늘이 맑아 눈에 띄는 대상물

이 하나 없고 장애되는 게 하나 없어 잽싸게 반야선에 올라타 곧장 반야 피안에 도달하는 것과 같나이다. 본문중의 태호(호수명)운운은 불법이 세간에 있기에 세간을 떠나지 않고 깨침이니, 세간을 떠나 깨치고자 함은 마치 토끼의 뿔을 구하고자 함과 같으니라. 불법의 명확한 뜻을 알고자하면, 바로 하루 종일 기거동작 어묵동정 중에 관조해 알아내야 하나니, 계속해서 관조하고 관조하다보면 어느 시기 홀연히 불법의 근원을 터득하게 되리라. 불법 근원을 깨쳤다하더라도 단지 자기 혼자서만 기쁠지언정 남에게 일어주진 못하니라.

종경제강 │ 법왕이 방편과 실제를 겸행하니 우레 소리 신속하고 바람이 내닫자 바다와 고봉이 쓰러지네. 벼락이 한번 치자 비구름이 죄다 흩어져 집(불성)에 이름에 처음부터 길을 나서지 않았네.

설의 │ 본문중(捲은 震자로 쓸 것을 ※역자의 문학적 소양과 상상력 부족 탓. 捲을 비유적으로 보면 된다)

대체로 중생교화엔 방편과 실지가 있고 스승이 제자를 비춰보는 역량과 제자의 기근機根에 따른 방편적 언동이 있기 마련이라. 부처님은 말없는 중에서 교해敎海에 파도를 일으키시고 그 교해 중 말로 표할 수 없는 밀지를 드러내심이라. 이를 권, 실 쌍행케하심이라, 하고 바람이 부니 풀잎들이 바람 부는 대로 다 쓸어 지는 것 같이 교화의 공이 신속하니 오욕의 바다가 절로 마르고 아인 등 사상四相(我相. 人相. 衆生相. 壽者相)이 스스로 넘어지느니라. 부처님이 법음을 설한 곳

에는 번뇌의 구름이 죄다 흩어져 걸음을 떼지도 안았는데 벌써 집(열

반가)에 도착하느니라.

금강반야바라밀다경 上

법회인유(이유)분 — 제1

본문

나는 이와 같이 들었노라. 한때 부처님께서 사위국 기수급고독원에서 대비구 무리 천이백오십 인들과 함께 계셨느니라.

육조 | 본문 중 여시如是~에서 여如는 뜻을 가리키고 시是는 ~이다. 아니다의 지정사니라. 아난이 이와 같은 법이라고 스스로 말한 것은 내가 부처님한테서 들은 것이지 아난 자신이 말한 것이 아님을 밝힘이라. 그래서 여시아문如是我聞이라 했느니라. 아我란 성(性성품)이니 성이 곧 나라. 내외 일체동작이 성품에서 나와 그것이 일체를 다 들음이라. 그래서 아문我聞이니라. '일시一時'라고 한 것은 스승과 제자가 다 함께 모이는 시각이라. 부처佛는 설법주요, 재在란 설법 장소를 밝힘이요, 사위국이란 파사익왕(석가모니와 같은 날에 태어남)이 다스리는 나라니라. 기祇는 파사익의 태자인 '기타태자'이고, 수樹는 기타태자가 보시했기에 기수라고 하니라. '급고독'이란 수달장자의 또

다른 이름이라. 동산은 처음에 기타태자의 것이었으나 수달장자가 사들여 부처님께 보시하고 지상(地相) 임목은 소유주인 기타태자가 보시하여 기원정사를 지었느니라. '불(佛)'이란 범어이고 한어로 각이라 하며 두 가지 뜻이 있느니라. 첫째는 외각이니 제법이 공함을 관함이고, 둘째는 내각이니 마음이 공적하여 6진에 물들지 않음이니 밖으로는 사람들의 잘못을 보지 않고 안으로는 삿됨과 미망에 혹하지 않음을 각이라 하느니라. 각이 바로 부처이니라. '여(與)'란 부처님이 비구와 함께 금강반야 무상도량에 계셨기에 '여(與)'라고 하느니라. 대비구란 바로 대아라한을 지칭하느니라. '비구'는 범어이고 한어로는 '육경(色聲香味觸法)'을 물리쳐버린다고 비구라고 하니라. '중(衆)'이란 많다(多)란 뜻이고 '천이백오십인'이란 그 법회에 모인 비구의 수를 말하고 '구(俱)'(함께)란 법회에 다 함께 평등히 참석함을 뜻하느니라.

야부 │ 본문의 '여시아문如是我聞'에서 여시의 여는 '여여如如'는 불변이고 시는 '시시是是'로서 여여함이 옳고 옳은 것으로 나는 들었도다.

설의 │ 이와 같다는 말은 옛사람들이 여러 가지로 말했는데 지금 야부스님은 유무가 동일함을 여라 하고, 여여하여 본래 유와 무가 아님을 시(맞다)로 여김이라.(문장 속의 如是가 아닌 글자를 독립시켜 뜻으로 如와 是를 풀이함)

야부 | 고인이 말했다. 여여라고 말하면 그 순간 벌써 변해버렸다. 말해보라. 무엇으로 변했는가? 이크! 함부로 내닫지 말라. 결국 어떠한고? 불(火)이라고 말한들 말한 그 혀가 탄 적이 있던가! (여여한 경지에서 탕탕 무애함)

설의 | 남전스님이 한 강사에게 물었다. 좌주여 무슨 경을 강하고 있소? 열반경을 강하고 있소이다. 그 경은 무엇을 극칙(주제)으로 삼소? 여여(不變)를 극칙으로 삼나이다. 여여라고 하면 말하는 순간 벌써 변해버렸는데 그러니 곧장 중생 속으로 걸어가 중생에게 절실한 것을 말해야 하느니라. 법진일승이 말했다. 열반과 적멸을 본래 지칭할 수 없는데 그것을 두고 뭐라고 말하는 순간 본질이 변해 버리노라. 어떤 이가 열반경의 극칙을 묻는다면 이렇게 답하리. 고인이 밤에 나무로 된 닭의 울음소리를 듣는다고 열반적멸엔 본래 지칭할 명칭이 없는데 굳이 명칭을 붙인다면 그 순간 본질이 변해버리고 말터인즉, 중생계 속으로 들어가 중생에게 필요한 법문을 말해야 원만해져 열반적멸성에 저촉되지 않느니라. 말해보라. 무엇으로 변한단 말인가? 이크! 어지럽게 내닫지 말라. 변과 불변으로 헤아리면 도리어 옳지 않느니라.

결국엔 어떠한고? 열반적멸에 본래 명칭이 없으나 명칭을 두어 그것을 표방해도 무방하도다. 어째서 그러한고? 지칭하는 순간 바람에 불려 흔적이 없어지고 물을 뿌려도 연잎처럼 젖어들지 않느니라. 단지 일단의 전신에 싸늘한 빛이 감도니 잠시 여여라 해본들 무슨 변화가 일어나겠는가!

(방편삼아 자극에 변해도 본질은 변화가 없음)

야부 | 여여함이여! 고요한 밤하늘에 밝은 달이 우뚝 솟았구려.

설의 | 물과 파도는 둘이 아니고 파도와 물은 다르지 않나니 맑고 고요할 때가 바로 빛나고 분명함이라. 순수하고 분명한 곳에 바로 적멸寂滅이 깃드느니라.

야부 | 시是하고 시是함이여. 물이 파도고 파도가 곧 물이라. 명경 같은 물에 번뇌의 바람이 불지 않을 때 응당, 티 없이 맑아 천지를 되비치나니 잘 볼지어다.

설의 | 물이 온전히 파도요, 파도가 온전히 물이로다. 비로화장세계가 낱낱의 물상物相위에 서리고 삼라만상이 그대로 때하나 없어 본래 맑고 깨끗하니 거울 같은 물(法水)이 명징하여 번뇌의 바람이 닿지 않음이라. 깊고 고요하며 밝고 뚜렷해 천지를 비추고 고금에 걸쳐서 빛나도다. 실상을 알고자 하는가? 알고 싶으면 눈을 부릅뜨고 수행을 게을리하지 말지어다. (実参実覺 児)?

야부 | 나我여.

설의 │ 부처님 탄생 즉시 한 손은 하늘을 가리키고 한손은 땅을 가리키며 홀로 섰던 사람이니라.

야부 │ 실오라기 하나 없고 씻은 듯이 깨끗해 어디 한곳 거머쥘 곳이 없느니라.

설의 │ 옛 사람이 이에 응대했다. 어! 하하! 이게 뭐냐. 남북동서에 오직 나뿐이라. 남북동서에 오직 나뿐이라도 어찌 어느 곳에라도 그를 더듬어 찾을 수가 없는가?
경계와 모든 행위 속에 온통 있는 데도 내, 외, 중간에 걸쳐 아무리 찾아봐도 전연 없구나!(我가 곧 性. 자성, 불성을 지칭함)

야부 │ 나我하고 나我함이여. 분별하면 분명히 양편으로 성립되나니 조금도 움직이지 않은 채 바로 그 자리(本然)에 융합됨이라. 상음賞音(뭇소리를 잘 알아 듣는 이)이 있어 자연히 소나무 바람소리에 화답하리라.

설의 │ 내가 있다면 눈에 부스러기가 들어간 셈이요, 없다고 여기면 살을 긁어 부스럼을 만드는 격이라. 그래서 말하노라. 내가 있다하면 바로 내가 통달하지 못한 소치고, 그렇다고 내가 없다면 결국 내가 더욱 우치해질 뿐이다. 하나에 두 가지 견해가 있는듯하나 허공을 쪼개어 두 조각으로 만드는 격이라. 양쪽에 다 관여하지 않아야 마침내 여여에 계합할 수 있느니라.

고향 땅에 발을 밟고 무생곡無生曲을 불도다. 무생곡을 누구라서 화답하리요! 쏴~아 부는 소나무 소리가 청아한 소리를 실어 보내는 구나!

야부 │ 들음聞이여.

설의 │ 본래 하나의 고요하고 밝은 것(그 한 물건)이 나누어 6근과 6진이 되었으니 합치는 곳(그 한 물건의 자리)을 잠시 볼 수 있다면 그것이 바로 참된 들음이라.

야부 │ 절대로 사물을 따라가지 말라.

설의 │ 귀 가득히 몰려드는 소리가 다 들을만한 소리가 아니니 무엇을 듣는다고 하는가? 텅 비어 원래 내가 없는데 듣는다는 것이 무엇인고? 이같이 이해하면 앵무새와 제비로 하여금 제멋대로 시끄럽게 울게 하거니와 그렇지 않으면 궁, 상, 각, 치, 우(음악상 오음) 소리가 내 맘을 움직여 자리에 가만히 있지 못하게 하니라. 그래서 절대로 사물에 맹종하지 말라 했느니라.

(그 자리는 여여한데 육진에 물던 심식의 변화상을 말함)

야부 │ 듣고 들음聞聞이여. 원숭이는 산마루 위에서 울고, 학은 숲 속에서 끼럭끼럭 우나니, 조각구름은 바람에 말려 떠나가고 계곡물은 세차게 흘러내리도다. 그 중에 일품은 늦가을 서리 내린 한 밤중에 한결같은 울음소리로 어린 기러기가 날씨가 춥다고 알려 줌이다.

설의 │ 〔好자는 어떤 본엔 愛자로(지나친 노파심의 발로)〕

학울음 소리, 원숭이 울음소리가 귀에 들리는 중에 원통문이 활짝 열려 있음을 그 누가 믿을 것인가? 하지만 듣는 곳에 마음의 길이 차단되면 팔음(8가지 악기소리)이 귀에 가득차도 법진法塵이 되지 않느니라. 일상의 듣지 않은 상태에 순간 듣게 되는데 장애가 없나니 제물 하나하나가 나에게 무생을 말하도다.

고요한 밤 가을하늘 기러기 울어 예는 소리여, 소리 소리마다 날씨가 추움을 알려주노라. 잠시 말해보라! 이것이 들음인가? 듣지 않음인가? 담백한 마음에 어찌 성색에 얽매일 것이며 텅비고 한가로운데 어찌 유무로 떨어지랴!

야부 │ 일一이여.

설의 │ 일이란 일이여. 천지의 뿌리요, 온갖 변화의 시원이라. 모든 길이 다 그곳으로 향하고 모든 물이 죄다 이것에서 시작되느니라.

야부 | 서로가 앞 따르거니 뒤따르거니 하니라.

설의 | 삼계 만법이 죄다 이 자리에서(一 그 한자리) 생겨나니 전장의 병사들은 작전 명령서에 따라 움직이고 그림자는 물체를 쫓아 생기느니라.

야부 | 일一이고 일一이여, 이二를 파하고 삼三이 됨도 이 에서 나오느니라. 천지가 개벽되기 전에 벌써 이 일一로서 일생의 공부를 다 끝낸 셈이라.

설의 | 이二를 파함도 일로써 시작이고, 삼을 만듦도 일로부터 되나니, 만들고 파함도 모두 이 일로서 이루어지느니라. 시작하는 걸로 보면 천지보다 앞서느니라. 형상이 없어 본래 적적요요해도 능히 만물에 주인이 되고 모든 부처의 어머니가 되느니라. 사람들이 이런 사실을 이해할 수만 있다면 매사에 원통하지 않을 수 없느니라.

야부 | 시時여.

설의 | 원겁遠劫과 일념 사이에 걸림이 없고, 고금이나 시종에 모두 다 통함이라. 무엇 때문에 그러한고? 동정(일상) 중에 늘 청산(그 자리)에 있도다.

야부 | 물고기가 물을 마심에 차고 따뜻함을 스스로(자연히) 아느니라.(물고기는 냉온 동물로 한온寒溫에 순응할 뿐 지각하지 못함)

설의 | 차고 따뜻한 맛은 어떤 것인가? 마루에 둥근 달이 비추고 있음에 시시가 여름이고, 태양이 내리쬐는 문에선 하루하루가 가을이로다. 이 맛을 아는 이가 없나니, 몸소 맛을 봐야 비로소 알리라.

야부 | 때時란 때여. 청풍과 명월이 늘 서로 따름이라. 복숭아 꽃은 붉고 오얏꽃은 희고, 장미꽃이 붉은 것을 봄의 여신에게 물어보아도 알지 못함이라.

설의 | 청풍명월을 별달리 알 것 없나니 청풍이 불 때 명월이 비치고 명월이 비칠 때 청풍이 불도다. 복숭아, 오얏, 장미꽃은 봄이 만든 것이지만 동군東君(봄의 여신)이 알지 못하고 청풍명월은 사람마다 누리는 것이로되 사람들이 알지 못하나니 알지 못하고 알지 못함이여! 사람마다 한 쌍의 눈썹을 가졌고 개개의 면전에 또한 별개의 사람이 없느니라(唯我獨尊의 뜻). 평어評語를 붙이길, 스스로 알게 된다고 했고, 게송으로는 아지 못한다고 했느니라. 알지 못하고 안다는 거리가 얼마나 되나이까? 다만 알면서도 알지 못함이 참되게 스스로 아는 것이 되느니라.(그 자리는 알고 모르고의 어느 한쪽만을 치우칠 수 없는 경지. 단지 수기응접隨機應接할뿐)

야부 | 부처佛시여.

설의 | 본래 그대로의 꾸밈없는 천진난만함이 옳은가. 상호相好로 몸을 장엄한 것이 옳은가. 한 몸에 양방향으로 마음을 짐짓 지음이라.

야부 | 아무런 체통머리도 없이 이리저리 따져드는 사람이로다.

설의 | 본래 형상이 없다가도 또한 형상이 있기로 하여 사람을 만나면 시비를 논함이라. (본래 그 자리는 허령虛靈하지만 자극받으면 응대함)

야부 | 어릴 때 이름을 '싯달타'요, 성인이 되어서는 '석가'라. 제도한 사람들이 무수히 많고, 많은 외도들을 거둬들여 개종시켰음이라. 다른 사람이 부처라고 부르면 부처 당신께선 외려 '나는 악마다'라고 하셨다. 다만, 하나의 구멍 없는 피리를 갖고 그대를 위해 태평가를 연주하셨다.(고정관념 없이 상대자에 따라 제도함)

설의 | 세간과 출세간에 걸쳐 교화의 의식은 있느니라. 비록 그렇다 해도 묘상(그 자리)은 형상이 없고 진정한 이름은 글자로 나타낼 수도 없나니, 그러면 형상과 이름을 어디에서 찾아오리까? 강을

통해 달을 불러들이지 않으면 여러 가지 사안에 반응할 줄 어떻게 알겠는가? 여러 가지에 반응함이여, 얼마나 많은 인천人天이 말이 떨어지자마자 그 뜻을 알 것이며 얼마나 많은 악마의 무리들이 삿됨을 피해 정正으로 돌아가겠는가? 이는 난難을 제거하고 정正으로 돌아가 태평에 이르게 함이며, 태평은 본래부터 사람마다 갖고 있음을 알아야 하느니라. 만약 보신과 화신이 부처라면 자기천성(불성, 그 자리)은 결국 어떤 것인가? 보라. 부처님의 49년간의 중생제도 족적을 텅 빈 공중에 순간 번개가 번쩍이로다. 그대여! 부처님의 49년간에 걸친 중생제도 설법상을 보라. 그건 다 방편으로 누런 낙엽을 돈 삼아 애 울음을 그치게 하려는 격이라.

다만 한 군데 잊지 말아야 할 곳이 있나니, 황엽(경장)과 구멍 없는 피리(법음)로 우리들(중생)의 겁외가(시간을 초월한 노래)를 부름이로다. '겁외가'라, 무엇을 노래한단 말인가? 사람마다 태평을 노래함이라. 어떤 것이 본래의 태평인가? 사람마다의 발밑에 청풍이 불고 한 사람 한 사람의 면전에 맑은 달이 환하도다. (문자로써 오히려 더 그 자리의 이해에 혼란을 초래. 그 자리는 언어사량 이해득실, 동정, 유무를 초월해 있으면서도 갖가지 기근에 적의 제도함)

야부 | 재在여.

설의 | 주인 중에 주인이여, 장기간에 걸쳐 문 밖 출입을 안 했느니라. 한 자리에서 꼼짝도 않고 토굴에서 홀로 아무 하는 일 없이

조용히 앉아있노라.

야부 │ 객이 오면 우선 대접은 잘하되 미심쩍은 것이 있으면 눈감아 주지 말고 곧장 따끔한 경책을 내려야 하느니라.

설의 │ 한결 같이 집에만 머물면 세상사에 어두워지고 한결 같이 밖으로 나돌면 가정사에 소원해 지느니라. 집안에 있으면서도 세상사에 부족함이 없어야하고, 집 밖에 오래 머물면서도 집안일에 어둡지 말아야 하느니라. 그래서 말하노라 묘희妙喜(문수보살)가 어찌 무착의 물음을 용납하겠는가마는 제도 방편상 번뇌를 끊는 기근機根 (불법수용 마음 상태)를 어찌 져버릴 수 있었겠는가? (무착승이 중국 청량 산으로 묘희보살을 친견차 만행장면을 회억할사)

본문 중 객래客: 운운은 상대를 직관해 그의 선기禪機를 알아봄 이요, 부득不得운운은 인연에 따를 뿐 무엇하나에 집착할 게 없음이 라. 객래운운은 오는 손님맞이해서 잘 대접해야 하고 부득운운은 그 객이 도둑기가 조금이라도 있으면 그것을 냉철히 꿰뚫어보아 따끔한 경책을 아끼지 말아야 한다는 뜻이니라.

야부 │ 홀로 향불을 피워놓고 앉아 금강경을 두어줄 염송하 노라.
가련 하도다, 길손들이여, 문 밖에서 그들 맘대로 바쁘게 놔둘지 라.

설의 | 집안일과 바깥일을 한 가지로 소홀함이 없이 행할 수 있어야하니 늘 밖에 있어 집안일에 어둡다면 정말 불쌍한 노릇이로다. 독좌獨坐운운은 고요한 대상과 비춰보는 내가 둘이 아니고 본체와 작용이 여여 함이라. 가련可憐운운은 그 자리를 요달하지 못한 사람이 성색聲色(塵勞) 속에 앉아 있으니 삼덕(법신, 반야, 해탈) 피안에 닿기가 요원하야 그래서 가련하다 함이라. 아무 걸림 없이 혼자 앉아 눈빛이 초롱초롱하니 저 도적 같은 손님일랑 제멋대로 바삐 설치게 내버려두어라.

야부 | 본문 중 여대비구중 천이백오십인與大比丘衆 千二百伍十人으로 구俱여.

설의 | 부처님과 대비구들이 함께 참석하고 설법자와 듣는 무리(중생)들이 함께 자리했다.

야부 | 한 쪽 손바닥만으로는 소리가 안 나느니라.

설의 | 스승과 제자가 함께 모여야 비로소 맞장구를 칠 수 있느니라.

야부 | 우뚝 뛰어나 당당함이여, 뭇 법사 중에 으뜸이라. 32상이요, 백천 가지 광명이라. 성범이 우러러 보고 외도들이 귀의함이라.

자비로운 모습(부처)을 만나기 어렵다고 말하지 말라. 결코 기원정사 대도량을 떠나지 않았느니라.

설의 | 진성(자성, 불성)에 의해 교화하고자 하는 생각이 섬에 비로소 교화의 방법이 안출案出되는지라. 일단 교화사敎化事가 끝나면 교화 생각이 진성眞性으로 숨어드니 진성은 늘 있게 됨이라.

세인은 말하느니라. 부처님은 가비라에서 탄생하시고 마갈타에서 성도하셨고 바라나(녹야원)에서 초전법륜하시고 구시라에서 열반에 드셨느니라. 고타마가 정반왕궁에서 출생하사, 향년 19에 출가하시고 향년 30에 성도하신 후 재세在世 49년에 걸쳐 300회에 걸쳐 설법하셨고 세수 80에 열반하셨느니라. 부처님이 열반하신 후, 지금껏 거의 2500여 년의 세월이 지났음이라. 이런 사실에 따라 보건대 부처도 오고감이 있다고 세인은 말하느니라. 진성에 의거해 관하건대 부처는 와도 옴이 없나니 하나의 달이 천강에 비추임과 같으며 가도 가는 바가 없나니 공연히 이 국토 저 국토로 가르고 있느니라. 그렇다면 부처님이 탄생하셔도 탄생함이 아니요, 열반하셔도 열반함이 아니니라. 그래서 말하나니 자비로운 용자容子(부처)를 만나기 어렵다고 말하지 말라. 일찍이 기원정사 대도량을 떠난 적이 없다고 하니라. 자용慈容을 만나고 싶은가? 요리조리 사량분별하면 천만리나 빗나가느니라. 부처가 떠나지 않은 대도량을 보고 싶은가?

눈에 띄는 것마다 옛(자성) 도량이 아님이 없느니라. (진성은 불변한대 물질계는 수연응변隨緣應變)

본문 | 그 때에 세존께서 화반化飯(탁발나갈 때)시가 되어 법복을 수하시고 발우를 받쳐 들고 사위대성에 들어가셔서 차례대로 탁발하시고 나서 본래 장소로 되돌아 오셨느니라.

공양을 마치신 후 입은 옷과 발우를 수습하시고 나서 발을 씻은 후, 자리를 펴고서 자리에 정좌하셨느니라.

설의 | 성에 들어 걸식함은 법신이 우치하지 않아 반야로써 내보이신 것이고, 입은 옷을 걷우고 발을 씻음은 반야는 집착이 없나니 해탈로서 내보이신 것이니라. 자리를 펴고 앉음은 해탈은 적멸이라. 법신으로써 내보이신 것이니라. 바로 반야를 말하고자 함께 이런 걸로 내보이신 것은 반야가 반야인 까닭은 그 본체를 말하면 법신이 되고 그 작용을 말하면 해탈이 되고 그 당체(곧 본체, 법신)로 말하면 반야이기 때문이라. 어째서 그런가? 반야가 곧 반야가 아니라 반야에 법신과 해탈을 갖춰야함이라. 해탈은 곧 해탈이 아니라 해탈이 법신과 반야를 갖춰야하고, 법신法身이 법신이 아니라 법신에 해탈과 반야를 갖춰야 함이라. 하나를 들어 말함에 곧 세 가지를 갖춘 격이고 셋을 말하면 그 체는 바로 하나라. 반야를 말함에 이렇게 내보인 것이 그러한 사연이 아니겠는가!

육조 | 이시爾時란 이爾에 해당하는 시時요, 식시食時란 지금이 진시辰時(오전 7시~9시 사이)라 재시(공양시)가 곧 닥침을 이름이라 착의 지발이란 말로써 법을 설하시고 행동으로서 자비행을 행함이

라. 입(入)이란 것은 성 밖에서 성안으로 들어감이요, 사위대성이란 사위국 풍덕성이라. 바로 파사익왕이 거처하는 곳이기에 사위대성이라 하느니라. 걸식이란 여래께서 능히 일체중생에게 하심할 수 있음을 나타낸 것이고 차제란 빈부를 가리지 않고 평등히 화반(化飯)하심이라. 걸(乞)이란 많이 걸식한다 해도 일곱 집을 초과하지 않음이니 일곱 집이 차면 다시 다른 집으로 걸식하지 않음이라. 환지본처란 부처님의 뜻으로 모든 비구들에게 분부하신바 신도가 특별히 초대하지 않으면 곧장 수의(隨意)로 다른 신도의 집에 찾아들지 못하게 함이라. 세족이란 여래가 중생계에 몸을 나툰 이상 범부의 행동거지에 순응함을 뜻하느니라.

또한 대승법은 수족을 씻음으로 깨끗이 할 뿐만 아니라 수족을 깨끗이 함은 마음을 깨끗함만 못하나니 한결 같이 마음이 깨끗하면 몸을 더럽히는 온갖 죄가 다 사라지느니라.

여래께서 설법할 때 늘 행하시는 행동으로써 단월이 시주한 깔개를 펴고 앉기에 부좌이좌(敷座而坐)라 하니라.

부대사 │ 법신은 본래 먹음이 아니라 응신(화신)도 또한 그러함이라. 인천(人天)의 이익을 기르기 위해 자비심으로 복전을 지음이로다. '수의'는 심신의 노고를 그침이며, '세족'은 세속의 번거로운 인연들에서 벗어남이라. 삼공(人空, 法空, 俱空)의 이치를 보이고자 가부좌하여 입선의 모습을 보이셨도다.

야부 | 재빠르고 슬기롭나이다.

설의 | 성惺이란 한 글자는 혹 아주 총명함을 뜻하고 혹, 아주 적정한 것으로 여기니 성성이란 정定과 혜慧가 원만히 밝고 적조寂照가 둘이 아닌 것을 말함이라. 이를테면 정혜가 원명하고 적조가 둘이 아닌 것을 어떻게 말하겠는가? 눈길을 먼 하늘로 보낸 채, 손엔 날카로운 칼을 잡고 있느니라.

(寂은 대상이고 照는 비춰보는 주체)

야부 | 공양을 마치고 나서 발을 씻은 후 자리를 깔고 앉아 누구와 함께 얘기를 한단 말인가? 이 아래의 긴 사연을 알겠는가. 보아라. 평지에 파도가 일어나도다. (본지풍광의 자리에서 보아 다 무용한 작동)

설의 | 성에 들어가 걸식함과 옷을 걷으시고 발을 씻고 자리를 깔아 편히 좌정하심은 그 하나하나 행위 모두가 있는 힘을 다해 중생을 위한 때이니라. 입성 걸식과 수의 세족은 잠시 그만 두고 이를테면 자리를 깔아 편히 정좌하신 뜻을 어떻게 말하겠는가? 조사들이 가르침을 펼 때에 발하는 빛이 싸늘하듯(감정에 치우치지 않고 싸늘한 이성을 견지) 또한 비야리성에서의 유마힐거사가 묵언으로 불이법문을 행하는 격이로다. 여기에 최상 근기가 아니고선 한바탕 창피를 면치 못하리라. 다들 근기가 같지 않아 여러 가지 방편으로 제접해야 되느니라.

새를 잡는 것은 그물 눈 하나지만 그물 눈 하나만으로 그물이 되지 않듯이 나라를 다스리는 일은 한 사람에게 달렸으나 그 한 사람으로 나라가 되지 않느니라. 그래서 부처님이 극진히 중하근기를 위해서 일보를 내디뎌 언설의 바다로 첨벙 뛰어들어 무애한 변설로 중생을 제도하심이라. 그래서 말했느니라. 조사들이 가르침을 펼 때에 기근에 맞게 응대하시니 중생을 이롭게 하고자, 말씀 속에 자비를 머금게 되느니라. 아래의 긴 말씀은 정히 이 같은 의미이니라.

그러나 세존의 이같은 건립이 요컨대 그 이해利害가 상세하지 않으니 바로 그 이해를 알 수 있을까? 성에 들어가 걸식하고 법의를 벗고 편히 앉음에서 걸림 없는 언설제도에 이르기까지 좋은 방편이 없진 않도다. 하지만 사실에 의거해 보건대 사람마다의 천성은 맑은 하늘의 밝은 태양과 같아 본래로 무위요 무사라, 온 대지가 모두 청평세계인데 세존이 그런 청평세계에서 창과 갑옷(방편시설)을 갖추시니 바로 일없는 가운데 일거리를 만든 셈이라. 그래서 말하노라. 보아라! 평지에서 파도가 일도다. 고인이 말했노라. 맑고 맑은 성품의 바다여! 깊고도 고요한 지혜의 발원지여! 말과 문자가 거기에서 흘러나오나니 세존이 대적멸의 바다(해탈)로 향해 언설의 파도를 빈번히 일으키도다. 요컨대 언설의 파도가 처음부터 외부에서 온 것도 아니고 끝내 대적멸의 바다를 떠난 것도 아님이라. 자리 깔고 앉은 곳에서 뜻을 알아차리지 못하면 많은 말씀 중에 알아차려야 하느니라. 그래서 말하노라. 보라. 평지에서 파도가 일어나는 것을.

종경 | 세존이 사위국에 몸소 당도하시니 그 위엄이 하늘과 땅을 진동함이라. 아라한들이 기원정사에 구름같이 모여들어 일월같이 빛남이라. 입성탁발은 진실로 가난하고 불쌍한 이들을 어여삐 여김이요, 세족수의는 정히 편한 때이니라. 만약 세존이 말을 꺼내기 전에 그 의미를 알아차린다 해도 오히려 조금도 맘에 차지도 않은데 말한 이후에 알아차린다면 자기 구제도 못하리라. 나 종경이 급히 보살펴준대도 이미 8각(2시간 정도)이나 늦은 셈이야 무슨 연유냐? 준마는 채찍의 그림자만 보고서도 이미 달려 나가는데 아난은 여전히 세존 앞에 서 있음이라. 걸식에서 돌아와 다들 기원정사에 모여 법복을 벗고 자리를 깔고 편히 좌정하시니 참된 자비와 크나큰 법으로 삼계를 초월하고 사람과 하늘을 조복하고 제어하여 드디어 스스로 자유 자재함을 성취하시더라.(반야의 요체인 무상, 무주, 묘행을 말없이 행동으로 현시顯示함. 이면裏面을 승당(알아차리다)하면 금강경 전체 대의를 간파했다할 수 있음)

선현기청분 ─ 제2

(수보리가 법을 청함)

본문

　그 때 장로 수보리가 대중 가운데서 자리에서 일어나 오른 쪽 어깨 옷을 벗어들고 오른 쪽 무릎을 땅에 닿고 합장해 공경히 부처님께 아뢰었다.

　희유하십니다. 세존이시여, 여래께선 모든 보살을 잘 보살펴 주시옵고 모든 보살에게 잘 타일러 주십니다.(모든 법문의 주된 의도가 여기에 있다)

설의 ｜　양기승이 말했노라. 부처님이 어쩌다가 스스로 불쌍하게 되었구려. 수보리가 나와 희유하단 말을 하자마자 즉각 세존의 비의秘意가 드러났도다. 양기승의 이러한 말은 사람들로 하여금 시간을 초월한 경계를 알아차리게 함이라. 이에 대혜승이 이 말을 들어 말했다. 부처께서 한 마디 말도 하시기 전에 수보리가 무슨 도리를 보았기에 곧장 희유하다고 말했던고? 양기승이 말했다. 세존의 비의가 드

러난 곳을 향해서 자연스레 간파하게 된다면 일생의 공부가 끝나느
니라. 또한 옛 존숙이 게송했다. 사방이 바다인 곳에 바람이 자니 달
이 하늘에서 밝게 빛나고 물결을 일으키지 않고 철선을 저어나감이
라. 수보리가 슬쩍 속내를 내보인 결과로 준마는 채찍을 보지 못하게
되었느니라.(수보리가 먼저 선수를 쳤다는 뜻) 세존께서 정좌하사 한마디
말도 하지 않은 채 최초로 한 가지 무언의 뜻을 제시하셔서 모든 사람
들의 면전에 두 손으로 나눠주시려고 함을 수보리가 먼저 알아차리
고 자리에서 일어나 '희유하십니다.' 라고 말했나이다. 수보리가 아니
었다면 누구가 있어 암중暗中에서 명明을 알았으리오. 비야리성에서
유마힐 거사가 묵언으로 불이不二의 뜻을 제시했던 그 날의 일을 기
억컨대 한바탕 우레소리가 삼천세계를 진동하도다.(제일문 세존의 묵시
설중黙時說中에서 수보리가 세존의 의취意趣를 간파함)

육조 六祖 | 무엇을 장로라 하는가? 덕이 높고 나이가 많아야
장로라 함이라. 수보리는 범어이고, 한역해서 해공解空이니라. 대중
과 함께 자리했기에 '자리에서 일어나다' 함이라. 제자가 법사에게 법
을 청할 시 먼저 오종의 예를 갖추어야 하니라 첫째는 자리에서 일어
남이요, 둘째는 의복을 단정히 해야 하고 셋째는 오른쪽 어깨의 옷을
벗어 잡아야하고, 넷째는 합장하고 존안을 우러러보아 눈길을 잠시
도 떼지 말아야하고, 다섯째는 일심으로 공경하는 자세로서 법을 물
어야 하느니라. 희유란 간략히 세 가지 뜻이 있느니라. 첫째는 왕위를
몸소 버림이요, 둘째는 신장이 장육丈六과 최고급 금빛 모습과 32상

과 80종호가 삼계에 비할 바 없고, 셋째는 8만 4천 법을 자유자재로 구사하여 삼신(법신, 보신, 화신)을 원만히 갖추어 위의 3가지 특성을 구비하고 있기에 희유하다 하느니라(좀 설득력이 부족) 세존이란 지혜가 삼계를 초월하여 그에 미칠 자가 없고, 덕이 더 이상 높음이 없을 정도로 높아 일체중생이 다 공경함일세. 그래서 세존이라 하느니라. 호념이란, 여래께서 이 '반야바라밀'법으로 제보살들을 생각 생각에 잊지 않고 잘 보살핌을 말하고, 부촉이란, 여래께서 '반야바라밀'법으로 제보살에게 이를 잘 호지해 나갈 것을 당부함을 말함이라. 선호념이란, 제수행자로 하여금 반야지로 자기의 심신을 호념하여 함부로 증애심憎愛心을 일으키거나 육진경계에 물들거나 생사고해에 떨어지지 않게 하고 자기 마음을 늘 바르게 가져 삿된 기운이 일어나지 않게 하며 자성여래를 견지함을 이름이라. 선부촉이란, 말은 청정한 앞생각이 뒷생각에 잘 타일러 간극없이 연속됨을 구경해탈이라 함이라. 여래께서 일반 중생과 법회참석 무리들에게 극진히 타일러 늘 이를 행하게 하심을 뜻함이라. 보살은 범어라. 중국말로는 도심중생. 각유정이라 하니라. 도심자란 늘 제불을 공경하고 나아가 일체 유정무정물을 널리 경애하여 얕보는 마음을 갖지 않는 자를 말함이라.

야부 | 여래께서 한마디 말도 하시기 전에 수보리가 바로 찬탄한 의도를 법안을 갖춘 자라면 한번 눈여겨 볼 일이다.

설의 | 서로 만나 얘기를 꺼내지 않했는데도 상대의 의도한

바를 바로 알아차리니 이 무슨 경계냐? 수도의 수준이 엇비슷해야 바야흐로 알 수 있느니라.

야부 │ 담장을 사이에 두고 뿔을 보면 바로 소인 줄 알아차리고, 산을 사이에 두고 연기를 보면 바로 불(火)이 난 줄을 알도다. 홀로 우뚝 앉음이여! 천상천하에 유아독존이거늘 양사방에선 거북점기와점 치느라 야단이로다. 아이쿠!

설의 │ 불(火)을 알아보고 소를 알아보는 일도 쉬운 일이 아닌 희귀한 일이거늘 말없이 마음을 알아볼 수 있는 지음知音을 만나는 것도 바로 이와 같음이라 독좌운운은 허공과 하나 되어 자신으로 삼고 온 대지를 좌구로 삼아 온갖 차별상을 끊어버려 범인도 성인도 다 모르니 이를 일러 천상천하가 온통 확 트여 가없다고 하니라, 하여 한 물건도 그와 같은 것이 없다고 하니라. 일정수준을 넘어선이면 한번 보고 곧 의심이 없겠거니와 그렇지 않으면 속으로 사량 분별을 면치 못하리라.

본문 │ 세존이시여! 선남선녀가 무상 정변지심을 발하여 입문하고선 어떻게 주심住心해야 하며 어떻게 6진 경계로 내닫는 추심麁心을 항복시켜야 하나이까?

설의 │ 공생(수보리)이 세존께서 단좌하신 모습을 한번보고 곧장 시방의 부처님을 의심치 않고 바로 증득하여 불과 같은 마음을 내어 묻기를 번뇌에서 벗어나지 못함은 머물러야 할 곳에 머물고 있지 않기 때문이요. 마음이 해탈하지 못함은 추심麤心을 항복받지 못했기 때문이라. 어떻게 해야 6진경에 머물지 않으며 어떻게 항복시켜야 마음에 해탈을 얻으오리까?

내가 발심해서 어떻게 안주住하고 항복시키는가? 선남선녀를 앞세워 말한 것은 공생의 깨침을 숨기기 위함이라. 사람마다의 본래 성품을 봐서 수행을 하지 않아도 본래부터 자연히 원만 성취되어 있거늘 공생이 이를 물은 것은 본래 금광이라 할지라도 정련 과정을 거쳐야 순금이 되는 것과 마찬가지라. 이는 화엄경의 선재동자가 복성동반에서 문수보살을 처음 만나 법을 깨닫고 난 후 53선지식을 차례로 참방하면서 선지식 한 분마다에게 말했다. 제가 이미 보리심을 발하였으니(근본지를 터득함) 어떻게 하여 보살도를 배울 수 있으며 보살행을 닦을 수 있으리오(차별지 수득모) 한 것과 같으니라.

육조 | 선남자란 기복이 없는 평등한 마음을 가진 자이며, 또한 바르고 안정된 마음을 가진 자라. 일체 공덕을 원만성취하여 가는 곳마다 환영받는 자니라. 선여인이란 바르고 슬기로운 마음의 소유자라, 이 정혜심으로 인해 일체의 유위무위有爲無爲의 공덕심을 발하게 되느니라.

수보리가 물었다. 보리심을 발한 일체인들은 어떻게 불성의 자리에 머물 수 있으며 어떻게 6진의 추한 경계를 항복시킬 수 있을까?

수보리가 보건대 일체중생들은 쉼 없이 성급해하고 바등거림이 마치 문틈의 먼지와 같고, 요동하는 마음이 회오리바람처럼 일어나 찰나찰나 상속하여 조금도 멈춤이 없도다. 그래서 그와 같은 마음을 항복시키기 위해 수행코자 한다면 어떤 수로 요동치는 마음을 항복시키리까? 했느니라.

야부 ｜ 이 한 물음은 어디에서 발하게 되었는가?

설의 ｜ 법법이 막힘없이 텅 비어 주住할 법이 없고 심심心心이 적멸하여 항복시킬 대상심이 없느니라. 금차 이 주항住降 두 물음은 어떤 경지에서 발하게 되었나? 수보리는 부처님께서 해공제일인 자라 하시는데 어찌 망심이 본래 공하고 바깥 경계가 본래 적멸함을 모를리 있으리오. 참으로 알았다면 어떻게 이런 물음을 경솔하게 했을까? 법을 물음에 물을 법이 본시 없고, 수도修道에 본래 수修할 도가 없느니라. 다만 질문하기 전의 상태로 돌아가 생각해 보건대 머뭄과 머물지 않음. 항복과 항복하지 않음을 구태여 다시 물을 필요가 있을까?(없다는 뜻) 이와 같이 말한 의도가 무엇인가? 당연지사를 밝히고자 하면 본래 면목에 어두워지리라.(깨친 수보리가 미한 중생편에 서서 질문함)

야부 ｜ 너는 기쁜데 나는 기쁘지 않고 그대는 슬픈데 나는 슬프지 않도다. 기러기는 북쪽을 향해 날아가고 제비는 남쪽을 향해 날아가네. 가을 밤 달과 봄의 흐드러지게 핀 꽃 풍경, 그대가 스스로 보아 감상할지어다.

설의 | 너와 나, 그대와 나라고 하는 것은 본분인(그 자리가)이 지금의 형상인을 향해 말을 건 것이라. 네가 능히 그 자리에 머물고 번뇌 망상을 항복시키면 마음에 환희심이 발동하고 그렇지 못하면 슬픔과 근심에 휩싸임이라. 우리의 이 세계는 본래 맑고 평등하며 질서와 무질서가 없는데 뭐라서 마음 아파하며 기뻐하랴! 기러기는 따뜻할 때 추운 북을 생각하고 제비는 추우면 따뜻한 남방을 생각하듯 한데 어찌 마음에 비희悲喜를 가지리오. 다만 일단의 허공이 있어 오고감이 자유로울 뿐이라. 봄에는 싹이 트고 여름엔 자라고 가을엔 거둬들이고 겨울엔 갈무리하고, 달이 차고 기울며 꽃이 피고 지고하여 삼라만상이 영고성쇠榮枯盛衰하는 것은 각자가 무궁무진한 뜻을 갖고 있기 때문이라.

이는 부처님께서도 전할 수 없으며 조사들도 전해줄 수가 없느니라. 이는 수행자 각자가 믿고 깨쳐야 되는 일이로다.

본문 | 부처님이 말씀하사대, 네(공생) 말이 옳고 옳구나! 수보리야 네가 말한 데로 나 여래는 제보살을 잘 보살펴주고 잘 타일러 주나니 다들 잘 들어보라. 내가 너희들을 위하여 얘기하리라. 선남선녀가 발심하고 난 후엔 응당 이같이 마음을 가져야 하며 이 같이 마음을 다스려야 하느니라.

예! 예! 하오나 세존이시여! 좀 더 구체적인 내용을 듣고자 합니다.

설의 | 당위여설當爲汝說이란 주住, 항降에 대해서 설하고자 함이며 원요욕문願樂欲聞이란 주항住降의 내용에 대해서 상세히 듣고자 함이라.

육조 | 이는 세존이 수보리가 세존의 마음을 잘 감지하고 세존의 뜻을 잘 알기에 공생을 찬탄함이라.

세존이 설법하고자 함엔 늘 먼저 훈계하사 제청법자들로 하여금 한결같은 마음으로 침묵케 하심일세. 그래서 여러분들 잘 들으시오. 내가 곧 설법하리라. 하심이라.

아阿란 말은 무無란 뜻. 욕다라 라는 말은 상上이고, 삼이란 정正이고, 먁이란 두루함(偏)이요, 보리란 지知라, 앞서 무란 모든 번뇌가 없음이요, 상이란 삼계에 걸쳐 더 이상 비교할게 없음이요, 정이란 바른 견해요, 편偏이란 일체종지를 말함이라. 지란 일체 유정물이 죄다 불성을 가지고 있어 일단 수행정진만하면 부처가 될 수 있다는 것을 아는 것이니라. 부처란 바로 더없이 청정한 '반야바라밀'이니 그래서 일체선남선녀가 수행코자 함에 더없는 보리도를 당연히 알며 더없이 청정한 반야밀다법을 알게 되어 자신의 추한 마음을 정화시킬 수 있느니라. 유연唯然이란 말은 승낙의 말이고, 원요란 말은 불이 널리 설도說道하셔서 중하근기가 모두 다 깨치기를 바람이요. 요樂란 뜻은 깊은

법을 듣기 좋아함이요, 욕문이란 자비로운 가르침을 간절히 바란다
는 뜻이다.

부대사 │ 희유하고 희유하도다. 부처님이여 묘한 이치가 다하
여 열반에 이름이라 어떻게 항복시키고 안주한단 말인가? 항복시키
고 머무는 일은 지난한 일이니라. 이 두 가지 행위는 훌륭하고도 미묘
한지라. 삼승(성문승, 연각승, 보살승)에 따른 가르침은 넓고 넓음이라.
본문에서 옳구나. 옳아! 잘 들어보라 함이여! 6적(근)에 막힘이 없도
다(원통함).

야부 │ 가끔은 사단事端이 신신당부하는 것으로 인해 일어나
느니라.

설의 │ 다만 이와 같은 사단은 반드시 제삼 당부함으로 인해
현실로 나타나느니라.

야부 │ 힘이 장사라. 닥치는 일은 뭐든 할 수 있고 행색은 귀
신몰골 같아 험상궂기 그지없느니라. 몽둥이로 쳐도 열리지 않고 칼
로 잘라도 끊이지 않느니라. 염부세계(인간세계)에 몇 번이나 발이 닿
았는가? 그 모두가 한결 같이 공왕전(부처님 머무시는 곳)을 벗어나지
못함이라.

설의 | 신통묘용은 자재롭고 기묘한 본체는 보기 어려우니라. 움직일 수도 없고 견고하여 부술 수도 없느니라. 생사의 길을 몇 번이나 가고오고 했던가? 발자취가 원래부터 깨끗해서 허공과 같음이라.(그 자리는 여여 한데 미혹한 중생은 업보에 따라 6도를 오르락내리락 하느니라)

종경 | 옛날 영특한 수보리가 희유하시다고 부처님을 찬탄하며 탁세의 중생들을 어여삐 여겨 보리심의 요지를 물어 해결하니 이는 이 한 경의 바른 안목이며 삼장(경, 율, 논)에서 가장 뛰어난 진리라. 많은 성현들이 전할 수 없고 제조사들도 설해주지 못하느니라.

그와 같이 마음을 항복시킴이여, 조각배는 이미 동정호를 지나갔네. 보살피고 신신당부함이여, 어찌 천만리에 걸쳐 백운뿐이리오! 무엇 때문에 그와 같으랴. 비바시불(과거칠불 중 최초의 부처)이 일찍 정에 들었으나 아직껏 묘결을 터득하지 못했느니라.

설의 | 선현(수보리)이 기이한 것은 그가 성교聲敎(말에 의한 가르침)에 의하지 않고 수행정신으로 의심을 타파함에 있느니라. 부처님이 희유하신 까닭은 성교를 빌리지 않고 인천을 깨우치게 한 때문이라. 말없는 교화는 상근 상지자에겐 알맞으나 중하 근기에겐 맹인이 햇빛 속에 있는 것과 같아 깊은 교화가 행해짐을 알지 못 하느니라. 말세 중생은 또한 깊은 교화를 받지 못해 이장(번뇌장, 소지장)에 의해 가리워져 보리에 대한 지견이 어두우니 반드시 언어 방편을 빌

려 보리심의 요결을 열어봐 주어야 하느니라.

그래서 공생(수보리, 선현)이 이를 위해 물어 해답을 구하였으니 이 보리심의 요결은 이 경의 바른 안목이요, 삼장에 걸쳐 아주 뛰어난 진리라. 천성千聖이 전해줄 수 없고 제조사들도 말해줄 수 없는 경지라.

그와 같이 항복시킴과 보살피고 신신당부하심을 달을 가리키는 손가락과 같다고 해도 좋거니와 일경一經의 정안正眼이라 함인데는 조각배가 이미 동정호를 지난 격이라. 어찌 천만리에 걸쳐 흰 구름뿐이랴! 무엇 때문에 그와 같은고? 오랜 세월동안 그에 대해서 마음을 써왔지만 아직껏 그 갈피를 못 잡아 어리둥절하고 있도다.

종경 │ 묻는 정도가 고고하니 답하는 수준도 깊고 깊어 묘하고도 원만하여 참되고 깨끗한 그 자리를 찾을 필요가 없네. 잠시 이같이 분명히 알면 보리의 대도심에 말없이 계합하리라.

설의 │ 일문일답의 묘한 도리가 바로 여기에 있나니 묘하고 원만하여 참되고 깨끗함(그 자리)을 다른 곳에서 찾을 필요가 없느니라. 한 산승의 손가락 끝에 달이 둥근데 얼마만한 방관자의 눈이 맹인과 같았던고! 다만 달을 가리키는 손가락 끝에서 활짝 눈을 뜨면 눈에 띄는 모든 것이 말하는 차가운 빛(진리의 빛, 불국토의 경지)을 감출 수가 없으리.

대승정종분 ── 제3

본문

세존께서 공생에게 고하시되 모든 '보살마하살'들은 마땅히 이와 같이 그 마음을 항복시켜야하느니라.(수행정진)

육조 | 앞생각이 청정하고 그를 잇는 뒷생각이 청정한 이를 보살이라 함이요, 비록 세속의 번뇌 속에 있다 해도 잠시도 물러남이 없이 그 자리에서 그 마음이 늘 청정하게 갖는 이를 '마하살'이라고 하느니라. 또한 자비로 회사하는 등 갖가지 방편으로 중생을 교화인도하는 이를 보살이라 하고 교화에 주체와 객체를 두지 않는 이를 '마하살'이라 하니라.

일체중생을 일심 공경하는 것이 바로 자기 마음을 항복시키는 것이니라. 진리에 머물고 있다함은 불변不變을 이르고 여여 함에 계합함은 다르지 않다는 것을 말함이며, 여러 가지 경계를 만나도 그 마음에 변화가 없음을 진여라 하니라. 밖으로 거짓 꾸미지 않음을 진眞

084 의미로 보는 한글판 금강경 오가해

이라 하고 안으로 혼란스럽지 않음을 여여라 하며 한 찰나도 맘에 어지러운 기운이 일지 않으며 잘 수행된(항복시킨) 상태를 지칭하는 지시사가 '시문'이니라.

본문 | 혹 난생, 태생, 습생, 화생, 유색, 무색, 유상, 무상, 비유상과 비무상 등 일체 중생류를 남김없이 멸도하여 무여열반에 들게 하리라.

육조 | 난생이란 성품이 미혹해서 난 것이고, 태생은 집착심에서 태어남이고, 습생은 삿된 성품을 따라 남이요, 화생이란 뜻한 바를 보고 나아가는 성벽에 의한 태어남이니, 미한 까닭에 많은 업業을 짓게 되고, 관습에 매달린 고로 늘 육도로 유전하며 삿된 것을 뒤따라 그 마음이 항상 불안함이요, 보고서 뛰어듦에 다분히 화생영역化生領域에 떨어져 빠져드느니라. 마음을 내며 그 마음을 닦는다고 해도 함부로 시비경계를 보아 무상의 도리에 계합하지 못함을 유색이라 하니라. 안으로 곧이곧대로 정직함을 지켜 밖으로 공경하고 공양하지 않고 다만 바로 마음이 부처라고만 믿고 복혜를 닦지 않음을 무색이라고 하니라. 중도를 이해하지 못하고 눈으로 보고 귀로 들어 마음으로 생각하거나 머리로 궁리하여 법상을 애착하며 입으로만 불도를 말하고 마음으로는 실행하지 않음을 유상이라고 하느니라. 마음에 갈피를 잡지 못하는 사람이 좌선하되 한결 같이 번뇌 망상만 없애려고 하고 자비희사, 지혜방편을 배우지 않아 마치 목석과 같아 방편

행이 없음을 무상이라 함이라. 이법(二法=有無)에 대한 생각에 집착이 없음을 비유상이라고하고 이치를 구하는 마음이 있는 까닭에 비무상이라 하니라. 번뇌는 갖가지나 이는 모두 때 묻은 마음이요, 모습은 한없이 많으나 통 털어 중생이라 하니라. 여래께서 대비심으로 널리 교화하사, 다들 무여열반에 들게끔 다 제도함은 삼계구지三界九地(삼계세분) 중생이 제각기 열반묘심을 구유하고 있기에 스스로 무여열반을 깨치게 하심이라. 무여란 나쁜 버릇과 근심걱정이 없는지라. 열반이란 원만하고 청정하다는 뜻이니, 일체의 나쁜 버릇과 미혹을 없애 다시는 일어나지 않게 하여 바야흐로 열반에 계합함이라. 도度란 생사의 큰 바다를 건너감이니 불심은 평등하여 널리 일체중생과 더불어 다함께 원만청정 무여열반에 들고, 다 함께 생사의 대해를 건너 모든 부처님과 같이 증득하기를 바람이라. 어떤 사람이 정진을 하거나 깨쳤다고 할지라도 뭔가 별달리 얻었단 마음을 갖게 되면 오히려 아상이 생기나니 이름하여 법아(법집, 법의 체성體性이 있음)라 하니라. 법집을 다 없앰으로써 멸도라 칭하느니라.

본문 | 이와 같이 무량무수 무변한 중생을 다 제도한다고 해도 실로 한 사람도 제도 받은 자가 없느니라.

육조 | 본문에 여시란 앞의 법을 가리킴이고, 멸도란 번뇌 망상에서 홀연히 벗어남이라. 대해탈이란 근심걱정과 나쁜 버릇 등 일체 업장을 다 없애 더 이상 버릴 것이 없는 것을 말함이라. 무량무수

무변한 중생이 본래 각자 일체 번뇌, 탐, 진 등 악업을 갖고 있어 수단修斷해 버리지 않으면 마침내 해탈할 수 없음일세. 이와 같이 무량무수 무변한 중생을 다 제도한다 하느니라. 일체의 미혹된 중생이 자성을 깨치고 보면 그 자성불은 스스로의 모습도 없고 스스로의 지혜도 달리 두지 않음을 비로소 알게 되니 내가 언제 중생을 제도한 적이 있다고 했던가? 다만 범부 중생이 자기의 본심을 보지 못했기에 부처님의 뜻을 헤아리지 못하고서 제상諸相에 집착한 나머지 무위의 이치에 통달하지 못하고 나아가 아상, 인상 등을 없애지 못한 자를 중생이라 이름하느니라. 만약 이런 병폐를 멀리 여의면 실로 제도 받은 중생이 없느니라. 그래서 말하노라. 망심만 여의면 바로 그 자리가 열반이니라. 생사와 열반은 본래가 평등하되 무슨 멸도(제도)가 달리 있을 수 있으리오!

본문 | (위의 내용) 무엇 때문인가? 선현(수보리)아, 아상我相, 인상人相, 중생상衆生相, 수자상壽者相이 있으면 보살이 아니기 때문이니라.

육조 | 중생과 불성(곧 부처)이 본래 다르지 않은데 사상四相(아상, 인상, 중생상, 수자상)이 있음으로 인해 무여열반에 들지 못하느니라. 사상이 있으면 바로 중생이요, 사상이 없으면 곧 부처이니라. 미혹하면 부처가 중생이 되고 깨치고 보면 중생이 부처가 되느니라. 미치迷痴한 사람이 재산과 학식 문벌을 가졌다고 주위사람들을 업신

여김을 아상이라 함이요, 비록 오상(仁, 義, 禮, 智, 信)을 행하나 기고만장하여 스스로를 잘난 체하며 남을 공경하지 않고 오행(施, 戒, 忍, 進, 止觀)을 행할 수 있다고만 말하며 상대를 마땅히 공경하지 않음을 인상이라 하니라. 좋은 일은 자기가 차지하고 나쁜 일은 남에게 돌리는 것을 중생이라 하니라. 경계에 접해 취할까 버릴까 사량 분별하는 자를 수자상이라 하니라. 이런 상을 범부 사상이라고 하느니라.

수행인도 사상이 있나니 마음에 주체심과 객체심이 있어 중생을 가벼이 여기는 것을 아상이라 하고 자신이 계율을 좀 지켜나간다고 자만하여 경우에 따라 파계한 자를 몹시 업신여김을 인상이라 하며 삼도(지옥, 아귀, 축생)의 고통을 싫어하고 천당에 태어나길 바라는 걸 중생이라 하고, 마음으로 장수하길 바라면서 복을 짓는 일을 부지런히 닦으며 모든 고집을 놓아버리지 않음을 수자상이라 하니라. 이런 사상이 있으면 중생이요, 사상이 없다면 바로 부처라 할 수 있느니라.

부대사 | 공생이 처음으로 여쭙기에 선서善逝=佛께서 수준에 맞춰 대답하시니라. 우선 운하주云何住에 대해 말씀하시고 다음엔 여시수如是修에 대해서 말씀하신다. 태, 란, 습, 화생을 남김없이 자비스런 지혜로 거둬들이시고 중생견을 일으키는 자에겐 비슷한 상相을 내보여 구제하는 것과 같느니라.

야부 | 하늘을 머리로 하고 땅을 밟고 서며 콧등은 세로로 눈은 가로로 되어 있음이라.(여하시불법대의?) 9×9=81

한 법계에서 나와 아홉 종류로 나눠지니 그 하나하나가 다 일법
계의 법리를 갖추고 있음이라. 그래서 하나하나의 머리는 하늘을 가
리키고 발로는 땅을 밟고 하나하나의 코는 아래로 향해 드리워졌고
눈은 그 위에서 옆으로 빗겨져 있느니라.

야부 | 이를 데 없이 튼튼한 대도大道여. 두드러지게 분명함
이여. 사람마다 본래 다 가지고 있고 낱낱이 다 원만하게 이루어져 있
느니라. 다만 한 생각 차이로 여러 가지 모습을 나타내느니라.

설의 | 당당한 대도여, 확 트여 사계에 두루하고 아주 분명함
이여, 밝은 빛이 만상을 비추도다. 사람마다 본래 다 가지고 있음이
여, 옷 입고 밥 먹으며, 손가락을 튕기고 눈썹을 치켜뜨는 일을 별난
사람에게 요구하는 것이 아니고 개개인 누구나 할 수 있는 것이며, 몸
을 뒤집고 돌리고, 눈을 내려다보고 올려다보고, 하품하고 기지개 켜
고, 기침함에는 타인의 힘을 빌리지 않느니라. 야부승의 해석문 중 지
인운운只因云云은 봄 경치엔 좋고 나쁨이 없고 꽃가지는 스스로 짧고
길 뿐이라. 스스로 짧고 깊이여, 그래도 무방하나니 무릇 중생들이 일
법계 내에 다 함께 살아가도다. 자금색 빛 비단 휘장(향상 일관의 구경
처, 그 자리, 열반, 해탈의 자리) 속에 진주를 뿌려놓은 격이라. 비록 그렇
다하더라도 그렇게만 헤아린다면 시방세계 모두가 손잡이를 끼울 구
멍 없는 철몽둥이 격이라(아무 소용없음). 축생은 영원히 축생으로 남
고, 아귀는 영원히 아귀로서 그 중 어느 하나도 진리를 일깨워 근원자

리로 돌아가지 못하리. 이미 그러하다면 결국엔 어떠하다는 뜻인가? 날씨가 온화하니 땅에 꽃들이 흐드러지고 구름이 한 점 없이 개이니 하늘 가득 달이 떴구려 (불국토는 現成상태, 즐길 상태와 준비만 하면 된다).

종경 | 청정한 열반상이여! 모든 중생을 그곳으로 인도함이요, 사상四相을 다 닦아 없애도 실로 멸도 받은 자가 없나니 이와 같이 알고 깨치면 바로 생사를 뛰어넘을 수 있거니와 그렇지 못하면 변함없이 미망의 껍질에 갇혀있는 꼴이라. 알겠는가? 생사와 열반은 본시 평등함이라. 망상심이 다하면 바로 깨침이요, 열반이니라.

설의 | 자비로 중생을 교화함은 없지도 않거니와 주체와 객체가 분명함은 어찌하랴? 지혜로써 실상에 은연중 계합하면 만물이 평등하여 차별이 없어지니 이같이 요달해서 깨치면 바로 생사의 언덕을 뛰어넘을 수 있거니와 그렇지 못하면 여전히 무명의 무덤 속에 갇혀 갈 길을 몰라 헤매고 유류의 껍질 속에서 막히고 말리라.

종경 | 정수리에 한 눈을 가진 자(지혜 눈으로)가 근본을 알아보니 중생이 언제 열반에 든 적이 있던가? 죽은 후 다시 살아나(지극한 정진 후 깨침) 한 물건도 남김이 없음에 마침내 생과 사가 둘이 아님을 알게 되니라.

설의 | 지혜만 가지고 자비가 없다면 외눈박이에 지나지 않

고, 자비만 있고 지혜가 없다면 이 또한 외눈박이 인간에 지나지 않음이라. 자비와 지혜를 함께 운용하여 활용이 자유자재로워야 바야흐로 정문구안자頂門具眼者라 할 수 있느니라. 본문에 래단來端(學人이 法師께 질의 내용)이란 중생과 부처가 평등한 한 뿌리요, 자비와 지혜가 둘이 아닌 한 몸이니 오직 정문구안을 갖추어야 상대의 공부정도(래단)를 판별할 수 있느니라. 근본을 이미 알아차렸다면 어떻게 다시 제도하는 사람, 제도 받을 이가 있겠는가? 중생을 다 멸도해도 멸도 한 바가 없으니 중생과 부처가 모두 다 귀하지 않을 수 없도다.

묘행무주분 — 제4

본문

또한 수보리야! 보살은 법에 머물지 말고(無執) 보시해야 하느니라. 말하자면 색(相)에 머물지 말고 보시해야 하며 또한 성, 향, 미, 촉, 법에 집착하지 말고 보시해야 하느니라.(6진 경계에 얽매이지 말고 보시하란 뜻)

육조 | 본문에 부차(復次)란 앞말을 받아 뒷말을 이어나가는 말이라. 범부중생의 보시는 신체상의 문제와 오욕의 충족을 바라는 고로 과보가 다하면 바로 삼도(지옥 아귀 축생)에 떨어짐이라. 그래서 세존께서 대자비로 중생으로 하여금 무상보시를 행하게 하여 신체적 문제와 오욕의 쾌락을 구하지 말고 다만 속으론 인색한 마음을 없애고 밖으론 일체 중생에게 이익되게 하심이라. 이에 상응되는 상태를 색에 주하지 않는 보시라 하느니라.

본문 │ 수보리야, 보살이라면 보시함에 마땅히 상相에 집착하지 말아야 하느니라.

육조 │ 상相이 없는 마음으로 보시하는 것이라면 보시한다는 마음 자체가 없고 보시하는 물건도 개의치 않고 받는 사람조차도 따져보지 않음이니(삼륜三輪이 공空하게 보시) 이런 경지를 무주상 보시라 하느니라.

본문 │ 왜 그런가 하면 보살이 상에 머물지 않고 보시하면 그 과보를 이루다 헤아릴 수 없기 때문이라.

설의 │ 지혜로써 행하면 얻는 복덕이 가없도다.

육조 │ 보살이 보시함에 바라는 바가 없으면 얻는 복덕이 시방허공과 같아 이루 다 헤아릴 수 없느니라.

일설에 의하면 포布(포, 속음엔 보)란 보普(널리)란 뜻이요, 시施란 산散(흩뜨리다)이란 뜻이니 가슴 속의 망념, 습기, 번뇌를 다 흩뜨리고 사상四相(아상, 인상, 중생상, 수자상)을 다 없애 마음속에 쌓아두지 않음을 참 보시라 하나니라. 또한 이르기를 포는 보라, 6진 경계에 머물지 않고 또한 번뇌로서 분별하지 않고 오로지 늘 청정심으로 돌려 만법이 공적함을 명백히 앎이라. 이런 뜻을 알지 못하면 도리어 모든 업만 더 증장하리니, 그래서 내적으론 탐애를 제거하고 밖으론 보시를 많이 해야 내외가 일치될 정도라 한없는 복을 얻을 수 있느니라.

　　사람이 나쁜 짓을 해도 그 사람의 나쁜 면만 보지 말고 자성에 분별심을 일으키지 않음을 이상離相(상을 여윔)이라 하니라. 교敎에 따라 수행하되 마음에 나와 대상(能所)이 없어야 선법善法이라 하니라. 수행인의 마음에 능소를 가지면 선법이 아니고 능소심을 없애지 못하면 끝내 해탈할 수 없느니라. 생각 생각에 늘 반야지를 실천해야 얻는 복덕이 무량무변하니라. 이같이 수행하면 모든 인천人天의 공경과 공양을 받으리니 이를 일러 복덕이 된다고 하느니라. 늘 티내지 않고 보시하며 일체 중생을 가리지 않고 공경하면 그 공덕이 가없어 이루 다 헤아릴 수 없느니라.

　　부대사　｜　'반야바라밀' 보시 송에 이르기를 보시는 6바라밀에 기본이고 6바라밀은 삼시(財施, 無畏施, 法施)로 압축할 수 있느니라. 재와 무외와 법이여, 말소리와 모습이 서로 아무 상관도 없느니라(말 따로 행동 따로). 이변二辺을 오로지 세우지 말고 중도도 세울 필요가 없나니 무생처無生處를 찾고자 함인데 경계를 등지고 마음만 관할지어다.

　　시라(계율) 바라밀 지계송에 이르기를 시라는 곧 청정이고, 헤아릴 수 없는 시간부터 그에 의거 지켜오고 있음이라. 망상은 원수 같은 도적과 같고, 탐애는 아득한 삼성(별이름)과 같음이라. 욕계에 살면서도 욕망이 없고 번뇌 속에 살면서도 번뇌에 물들지 않나니 잠시 이구지 단계(10지 보살 수행위의 제2단계)에서 법왕신(부처님)을 증득하리라.

찬제(인욕)바라밀 인욕 송에 이르기를 참는 마음은 허황된 꿈과 같고 수치스런 처지는 거북이 털과 같다고 여겨 수행하면 어려움을 당할 때마다 마음이 더욱더 견고해지리라. 그른 것도 없고 옳은 것도 없으며 낮은 것도 없고 높은 것도 없나니 탐진의 도적을 대처하려면 늘 지혜의 칼날을 날카롭게 갈아야 하느니라.

비리야(정진)바라밀 정진송에 이르기를 가일 층 수행 정진함을 염지焰地(보살십지중 제4단계)라 함이니 진실로 지혜의 빛을 발하게 됨이라. 이지二智(근본지와 지말지)는 마음에서 없애버리고 삼공(아공, 법공, 구공)은 경계를 대할시 실행함이로다. 무명이 새록새록 없어지면 우열에 집착하는 마음은 없어지리라. 간단없이 마음을 관하면 마침내 무여열반에 이르리.

선바라밀 선정송에서 말했다. 선하禪河(선정은 마음의 불을 꺼주기에 강물에 비유)는 물결이 치는데도 고요함이요, 정수定水는 파도가 쳐도 맑음이라. 정신이 맑으면 각성(불성)이 생기고 생각을 쉬면 미망한 마음이 없어지느니라. 변계 소집성(삼성 중 하나)은 헛된 분별이라 본래부터 거짓이라. 의타기성을 이해하면 달리 원성실성이 없느니라.

'반야바라밀' 지혜송에서 말했나니, 지혜의 등불은 밝은 태양과 같고 오온과 18계(6근, 6진, 6식)는 허공의 신기류와 같느니라. 밝음이 오면 어둠이 곧장 사라지니 잠시도 머무를 겨를이 없느니라. 망심이 여전히 없어지지 않으면 곧 아인 사상(四相; 아상, 인상, 중생상, 수자상)의 모습을 보게 되거니와 묘지(妙智)의 원만한 빛을 비추게 되면 하나도 없는 텅 빔을 깨닫게 되리라.

만행제수(만행을 함께 닦음) 송에 이르되, 삼대 아승지겁에 걸쳐 만행을 다 함께 닦음이라. 인아가 없음을 깨달은 연후엔 늘 성도(열반을 향한 성인의 도)에 따라 유통전법流通轉法하며 이공(性空과 相空)을 비로소 차츰 증득하고 삼매에서 맘대로 노닐도다. 처음으로 환희지(보살 10지계위중 제일단계)에 머물면서 늘 즐거워하며 끝내 근심걱정을 잊어버리게 되느니라(보살십지 단계를 보라).

야부 | 천하를 만행하고자 하면 한 가지 뛰어난 재주보다 더 중한 것은 없도다.

설의 | 재주 없는 자가 만행하면 발 닿는 곳마다 그와 상대할 사람이 없으리니 여행 중 고생할 것은 뻔한 일이니라. 재주가 있는 자가 유랑하면 가는 곳마다 대접을 받을지니 그 즐거움은 다 말할 수 없느니라. 혜안이 없는 사람이 함부로 착한 일을 하면 그 하나하나 행동에 집착하여 도道하고는 더욱 멀어지니라. 혜안을 갖춘 자가 행동의 바다에 뛰어들면 그 마음이 깨끗해져 바로 본지와 서로 호응하리니 본지와 서로 맞아 어울리면 많고 많은 어질고 착한 작용과 한량없이 묘한 법도가 본래부터 갖추어져 있을 뿐 다른데서 구득한 것이 아니니라.

야부 | 서천산의 아름다운 비단에 꽃을 수놓으니 색상이 더

욱 선명함이라. 확실한 뜻을 알고자 함인가? 북두칠성을 얻고자 함에 남쪽을 향해 앉아 볼지어다. 허공은 하찮은 생각도 거리끼지 않나니 그래서 텅 비우면 분명히 대각선(부처님)이라 하느니라.

설의 | 반야지로 바탕을 삼고 만행화로 무늬로 삼으니 지智와 행行이 서로 도와 무늬와 바탕이 찬란함이라. 그렇다면 지혜로써 행동하면 그 지혜가 더욱 밝고 비단 바탕에 꽃을 수놓으니 색상 더욱 선명한 격이라.

보시함이 진실로 훌륭하지만 행함에 집착심이 없어야 그 공덕이 더욱 크느니라. 그래서 말하노라. 서천산 고급 비단에 꽃을 더 보태면 색상이 더욱 선명하고 명확한 뜻을 알고자 하면 북두를 보고자 함에 남쪽을 향해 앉아 봐야하니 북두칠성과 남두칠성의 위치가 다르지 않으니 남이다 북이다 하는 것은 다 분별심 때문이니라.

보시布施에 머무름이 없으면 일시로 전후가 사라지고 유무의 경계를 멀리 뛰쳐나오게 되며 일정한 틀 속에도 앉지 않음이라. 텅 비어 어디하나 기댈 곳이 없고 공활한 넓은 하늘과 같나니 대각이란 이름이 이에서 맑게 드러나고 한량없는 복이 이에서 성취되느니라.

본문 | 수보리야, 어떻게 생각하느냐? 동방허공을 다 헤아릴 수 있느냐? 없습니다. 세존이시여.

육조 | 상(相)에 안주하지 않고 보시하기에 그 공덕을 다 헤

아릴 수 없느니라. 세존께서 동방허공을 비유로 하여 수보리에게 묻되 동방허공을 다 헤아릴 수 있느냐고 하심에 못하옵니다. 세존이시여, 한 것은 수보리가 동방허공을 사량思量할 수 없음을 말함이라.

본문 | 수보리야, 남서북방과 사유(사간방) 상하 허공을 다 헤아릴 수 있느냐?

하지 못하옵니다. 세존이시여,

수보리야, 보살이 무주상으로 보시하는 복덕도 또한 그와 같이 이루 다 헤아릴 수 없느니라.

설의 | 보살의 수행 중 무념이 근본이라 일단 그 근본을 터득하고 보면 행하는 것마다 옳지 않은 것이 없나니 그에 따라 얻는 복덕이 허공같이 무량하리라.

육조 | 세존께서 말씀하셨다. 허공이 가없어 헤아릴 수 없듯이 보살의 무주상 보시로서 얻는 공덕도 가없느니라. 세계에서 가장 큰 것은 허공보다 더한 것은 없듯이 일체 성품 중에서 가장 큰 것은 불성보다 더한 것은 없느니라. 왜냐하면 무릇 현상이 있는 것은 크다고 할 수 없고 허공은 형상이 없는 고로 크다고 할 수 있느니라. 일체의 모든 성품은 다 한계가 있어 크다고 할 수 없고 불성은 한계가 없어 크다고 할 수 있느니라. 이 허공중에 본래부터 동서남북이 없나니 만약 동서남북이 있다고 보면 상(相)에 집착되어 해탈할 수 없느니라.

불성은 본래 사상四相이 없나니 사상이 있다고 치면 바로 중생이라 불성이라 할 수 없나니 결국 상에 주住한 보시가 되느니라. 망심으로 동서남북이 있다하겠으나 불리佛理로 봐서는 없느니라. 동서가 참이 아니라면 남북인들 어찌 다르리오. 자성은 본래 공적하여 실체와 하나되어 분별함이 없나니, 그래서 여래께서 분별하지 않음을 대단히 칭찬하셨느니라.

본문 | 수보리야, 보살은 다만 내가 일러 준대로 살아야 하느니라.

육조 | 응應이란 따른다(順)는 뜻이니라. 다만 위에서 가르쳐 준 대로 따라 무상보시를 행해가야 보살이 되느니라.

부대사 | 무상보시를 말하면 그 공덕이 지극하여 헤아릴 수 없나니, 자비심으로 심신양면상 가난한 자를 제도하되 그 과보를 바라지 말아야 하니라. 범부는 정情에 사로잡혀 있기에 처음엔 잠깐 간략히 칭찬함이니 보시의 모습을 알고자 하면 허공이 시방에 두루 함과 같나이다.

야부 | 그 자의 예禮를 가히 알 수 있도다.(무주상보시를 할 줄 아니까)

설의 | 무주(無執)란 만행의 근본(大本)이라. 만행이란 무주의 작용(大用)이니라. 자존께서 무주로 주할 것을 설하셨으니 대본大本이 이미 밝게 드러났음에 대용大用을 불가불 알게 되니라. 예禮란 인간세에 있어서 필요한 행위(大用)라 사는 동안이나 죽음에 당해서도 예를 따라야 하고 화禍와 복福이 그로부터 일어나느니라. 사람이 예를 알면 나아감과 물러남이 아름답고 행동거지가 도리에 맞아 하는 행위가 옳지 않음이 없느니라. 정말로 예를 모른다면 비록 마음에 번거로운 일이 없다 해도 늘 예에 어긋나기 십상이니 어찌 사람으로서 나아감과 물러남(橫的行爲), 오름과 내려감(縱的行爲)이 훌륭하겠는가. 이로써 보건대 예라는 것은 알아야지 소홀히 하면 안 되느니라.

야부 | 허공경계를 헤아릴 수 있을까. 대도大道는 맑고 그윽하며 더욱 뛰어남이라. 다만 오호伍湖에 청풍명월이 있으면 봄이 돌아옴에 변화 없이 백화가 난만하리라(本地는 주위 인연에 따라 應現함).

설의 | 무주(無住)를 주로 삼으니 텅 비어 허공과 같느니라. 그렇다 해도 대도는 유주와 무주에 속하지 않나니 해인海印(바다가 다 비춤)에 비유하고, 저 크고 넓은 하늘(太虛)을 초월함이라. 태허太虛 속에는 오호五湖에 청풍명월이 있어도 괜찮고 무주 속에 대용이 빈번히 생겨도 무방함이라. 옛사람은 말했노라. '무심無心을 도道라고 하지 말라. 무심도 외려 한 겹의 관문으로 막혀 있음이라.'

무심은 바로 무주의 뜻이라. 무주를 향해 가려면 대용(용맹정진)

심을 일으켜 만덕을 원만히 갖추어야 비로소 대도를 성취하리라. 이런 경지에 도달하고 보면 견문각지見聞覺知가 전과 변함없이 수용하던 것이고, 색, 향 등 육진 경계가 원래부터 즐기며 노는 장소에 불과하니라(벗어나야할 대상이 아니라 무심으로 내가 즐길 바로 불국토란 뜻).

종경 │ 주상보시는 마치 해와 달이 한계가 있는 것과 같고 육진 경계에 집착하지 않는 보시는 허공이 끝이 없는 것과 같도다. 결국 나와 남이 다 이로워 그 복덕을 이루 다 헤아리기 어려우니라. 걸림 없이 무상 보시심을 활용하면 소식(깨침의 기미)이 빨라지고 언행은 걸림 없이 자유자재로워지도다. 잠깐 말해보라. 바로 주착처가 있는가? 묘체(그 자리)는 본래 처소가 없나니 모두가 어떻게 다시 자취가 있을 손가?

설의 │ 주상보시는 함부로 삶의 이목을 현혹시키고 무주대도에 어긋남이라. 다만 유루의 과보로 가없는 큰 이익을 잃음은 마치 저 해와 달이 번갈아 밝아도 낮과 밤이 대체할 수 없음과 같느니라. 무주보시는 몸과 마음이 산뜻하고 조용하며 내외가 한결같아 무주대도에 계합하여 마침내 가없는 큰 이익을 얻게 됨이 저 넓은 허공이 확 트여 끝이 없는 것과 같느니라. 그런 상태를 자기로 삼은 후에 다른 사람에게도 미치게 한다면 얻는 복덕이 실로 헤아리기 어렵도다. 복덕이 헤아리기 어려움을 차치하고 무엇이 무주의 도리인고? 확 트인 상태로 작용하여 신령스럽게 통하게 함이요, 텅 빈 상태에서 종횡으로 자유자재함이로다. 잠시 말해보라! 바로 주착처(집착)가 있는가? 묘체(해탈, 열반)엔 처소가 없나니 온전히 자취가 없도다.

종경 | 단바라밀을 힘써 행해 진상에 계합되니 허공같은 복을 다 헤아리기 어렵도다. 그림자 없는 나무에 꽃이 흐드러지게 피었으니 맘대로 그가 꺾어 부처님 전에 공양 올리도다.

설의 | 무주상 보시는 곧 성공性空에 일치함이니 성공엔 끝이 없음이라. 따라서 복 또한 가이없도다. 무주로써 만행을 행하지 않으면 결과적으로 원상圓常에 부족함이 생기며 무주가 원상을 성취함에 장애가 되리라.(性空임에 유주 즉 무주, 무주 즉 유주이고 行 즉 불행, 不行卽行이라)

무주에 따라 만행을 행하여 얻는 복이 가없으면 무주를 행한 결과에 큰 이익이 있어 물론 원상성취에 방해가 되지 않느니라. 이미 무방하다면야 하나하나 행위가 집착함이 없어 받을 복조차 없음이 물론 당연하도다. 무엇 때문에 그러한가? 나무가 있어도 그림자가 없는 상태의 시간 밖의 봄에서 생장함이라. 신령스러운 뿌리가 촘촘히 많은 세계에 뿌리내렸으니 차가운 가지에 그림자조차 없어 새조차 깃들지 않음이라. 그런 나무를 이상향에서 재배한다고 말하지 말라. 시간 밖 춘풍에 꽃들이 활짝 피도다. 활짝 핀 꽃이여! 그가 맘대로 꺾어 부처님께 공양 올리도다.(무주의 그 자리에서 무애 자재로움을 노래함)

여리실견분 — 제5

(이치대로 참답게 봄)

본문

수보리야, 어떻게 생각하느냐? 모습으로 여래(佛性)를 볼 수 있느냐?

아닙니다. 세존이시여, 모습으로는 여래를 보지 못합니다.

육조 | 색신은 상이요, 법신은 무상이라. 색신이란 4대(지수화풍)가 화합한 것이니 부모가 물려준 것이라. 육안으로 볼 수 있거니와 법신은 모습이 없어 청, 황, 적, 백 등 색상이 없고 일체 상모가 없어 육안으로 볼 수 없으며 혜안이라야 볼 수 있느니라. 범부는 다만 모습을 띤 여래만 보고 내면의 법신여래를 보지 못하느니라. 법신은 크기가 허공과 같느니라. 그래서 세존이 선현(수보리)에게 물으셨다. 신상身相으로 여래를 볼 수 있는가? 범부는 색신여래만 보고 법신여래를 보지 못함을 공생(수보리)이 알고, 아닙니다. 세존 하, 신상으로는 여래를 볼 수 없다고 대답했느니라.

본문 | 왜냐하면 여래께서 말씀하신 신상은 곧장 신상이 아닙니다.

설의 | 세존께서 신상을 들어 공생에게 물은 뜻은 묘하고도 원만한(곧 그 자리, 불성) 것은 모습이 없음을 분명히 밝히고자 함이라. 공생은 원시 사자족속이라 흙덩이를 쫓을 수준은 아니고 적어도 사람을 물 정도(본질 추구)니라. 무상을 단공斷空으로 여기지 말라. 형상이 아니라고 해서 마침내 형상을 외면한 것은 아니니라.

육조 | 색신은 상相이고, 법신은 성性이라. 일체 선악이 다 법신으로부터 시작되는 것이지, 색신으로 시작되는 것이 아니라 법신이 악하면 색신에 선한 것이 생기지 않나니 법신이 착하면 색신이 악처로 떨어지지 않느니라. 범부는 색신만 보고 법신을 보지 못하나니, 그래서 무주상보시를 못하고 모든 것에 대해 평등한 처신을 못하며 일체 모든 중생들을 공경하지 못하느니라. 법신을 보는 자는 무주상보시를 할 수 있고 일체중생을 차별 없이 공경하며 '반야바라밀'행을 열심히 닦아 바로 일체 중생이 동일한 진성(佛性)이 있음을 믿게 되느니라.

그 자리(불성, 각성, 열반경, 해탈경)는 본래 청정하여 더러움이 아예 없어 항하의 모래알 수만 한 신통 묘력을 함유하고 있느니라.

야부 | 잠시 말해보라. 현하, 행, 주, 좌, 와는 무슨 상인고? 앉

아서 졸지 말지라.

설의 | 나의 이 색신이 바로 상신법신常身法身이라. 색신을 여의고서 달리 상신법신을 구하지 말라. 색신을 떠나 달리 상신법신을 찾는다면 자씨궁(미륵궁, 주처는 도솔천)에서 도솔천에 태어나길 바라고 함원전(장안이 있는 궁전)에서 장안을 찾는 격이라. 그래서 말하노니 현행의 행, 주, 좌, 와는 대체 무슨 상인고 함이라. 상신 법신을 보고 싶으면 바로 지금의 행, 주, 좌, 와, 처를 향해 보아버려야 하느니라. 일상의 작용을 버리고 달리 상신법신을 구한다면 바로 귀신 굴에서 살림을 꾸려나가는 격이라(불법과 무관한 번잡한 생활狀) 해서 말하길 앉아서 꾸벅꾸벅 졸지마라 하니라.

야부 | 몸을 바닷물 속에 두면서 물을 구하지 말하며 매일같이 산을 찾으면서 산을 찾지 말지어다. 앵무새소리와 제비소리가 엇비슷하니 전삼삼 후삼삼(한결같은 모습)한 실상을 묻지 말지어다.

설의 | 맑은 물에 노니는 물고기가 스스로 길을 잃고 밝디 밝은 한낮에도 맹인은 보지 못하나니 늘 그 가운데 처해 있으면서도 나다니고 앉고 눕되 사람들이 스스로 미혹되어 밖을 향해 공연히 찾고 있느니라. 몸이 바닷물 속에 있으면서 어떻게 애써 물을 찾으며 날마다 산행을 하면서도 산을 찾다니 앵무새와 앵무새의 울음소리는 둘이 아니고 제비와 제비소리가 매일반이라. 물물이 다른 물건이 아니

라면 만물이 천차만별인들 무슨 지장이 있으랴!

본문 | 세존께서 선현에게 이르셨다. 모든 상은 죄다 허망함이라. 모든 상이 상이 아님을 관하면 바로 여래를 보게 되리라.

설의 | 눈앞에 법이 없어도 눈에 띄는 것은 죄다 여여 함이라. 다만 그렇게 모아가면 바로 부처를 만나게 되리.

육조 | 여래께서 법신을 나타내고자 일체상이 다들 허망하다 설하시니 만약 일체상이 죄다 허망하여 실답지 못함을 깨닫게 되면 곧장 여래의 무상한 이치를 알게 되리라.

부대사 | 여래께서 신상身相을 들어 세간의 마음을 따르게 했으나 중생이 단견斷見을 낼까봐 두려워 방편삼아 잠시 모른 체하고 32상을 말하니 80종호도 공연한 소리라. 몸(물체)이 있으면 각의 체(佛性)가 아니요, 상이 없어야 이에 곧 진형(참된 모습, 각체)이로다(미한 중생제도상 유, 무 설정. 그 자리는 양변초월).

야부 | 산은 산이고 물은 물인데 부처는 어느 곳에 거처하나.

설의 | 한결 같이 부처가 무상이라면 상을 떠나 어디에 불신

이 있어야 할 터인데, 지금 산을 봄에 산은 산이고 물은 물인데 부처가 어디에 있단 말인가요.

야부 │ 상이 있다, 구함이 있다함은 모두 망상이라. 그렇다고 형태가 없다. 견해가 없다하면 한 쪽으로 치우침이라. 의젓하고도 촘촘한데 어디에 빈틈이 있으리오. 한 줄기 싸늘한 빛이 허공에 빛나도다.

설의 │ 유에 집착하거나 무에 집착하거나 다 사견邪見이니 유, 무가 한결같아야 줄곧 그 자리가 늘 나타나느니라.

종경 │ 금신金身이 환하게 드러남이여, 해상 위로 우뚝 솟은 외딴 산봉우리요, 장엄한 묘상이여, 밝은 별무리 가운데서 가장 둥근 달이로다. 그렇다하더라도 결국엔 참된 것이 아니라. 경에서 이르노라. 진眞과 비진非眞에 미혹될까봐 자주로 내가 얘기하지 않나니 잠시 말해보라. 그 의도가 무엇이겠는가? 공중에 하나의 달이 지상 모든 물에 널리 비추는데 지상의 달을 하나의 달로 거둬들임이라.

설의 │ 보신, 화신의 높고 큰 것은 바다 위 산봉우리가 우뚝 솟음과 한결같고 장엄한 묘상妙相은 마치 강물에 비친 달의 밝음과 같느니라. 하지만 이 몸, 이 모습이 인연을 만나면 나타나고 인연이 다하면 숨게 되느니라. 저 보신 화신이 제 뜻대로 숨고 나타나 적광의 진신이 늘 깊고 고요하니라. 물에 비친 달을 맘대로 있고 없게 함은 하늘의 둥근달이 늘 밝게 빛나고 있기 때문이라. 한 몸이 천백억 개가 됨이여 천백억 개의 몸이 한 몸으로 거둬들이로다.

종경 ｜ 보신, 화신은 참됨이 아니라 망연에 의한 것인 줄 알아야 하고 법신은 청정하여 가이 없도다. 천강에 물이 있으니 천강마다 달이 비치고 만 리에 구름이 없으니 만 리가 한결같은 하늘이로다.

설의 ｜ 무대의 인형극을 잘 보시라. 인형 줄의 밀고 당김은 전적으로 무대 뒤 조종인에 달렸음이라. 조종인이여, 역량이 넓디넓음이여, 맑고 밝은 하늘에 구름 한 점 없는 것과 같도다. 구름 한 점 없이 맑음이여, 기회를 따라 널리 백억의 몸을 나투고 무수한 국토에 기연機緣이 있으면 무수한 몸을 나투고 무수한 국토에 감지(情的作用)함이 없으면 바로 그게 진리의 몸(佛의 진실상)이니라.(만물은 그 자리의 隨機應變에 불과함)

정신희유분 — 제6

(올바른 믿음의 어려움)

본문

공생이 부처님께 아뢰었다.

세존이시여, 자못 많은 중생이 위와 같은 말씀을 듣거나 또한 경문을 읽고서 실다운 신심을 내겠습니까?

육조 │ 수보리가 물었다.

중생들이 이 같은 법문을 듣고 뜻이 너무 깊어 믿고 이해하기를 어려워하리니 말세 범부는 지혜가 하열함에 어떻게 믿을 수 있으리오? 부처님의 답은 아래에 있도다.

본문 │ 세존이 수보리에게 말씀하셨다.

그런 말(위에서 한 말)하지 말라. 여래가 멸도한 후 오백 세가 지난 뒤에도 계를 지키고 복을 닦는 자가 있어 나의 이 경문을 읽고 신심을 내어 참답게 여기게 될 것이니라.

설의 │ 여태까지의 문답은 오로지 무주, 무상의 도리를 밝힘이라. 무주, 무상의 뜻이라면 깊고도 깊어 이해하기 어려워 사람의 감정으론 접근하기가 쉽지 않느니라. 여래께서 열반하신지가 멀기도 하여 혹 불신할 수도 있기에 이렇게 질문하기도 하느니라. 그러나 이는 물론 일상의 행동에서 벗어나지 않을뿐더러 또한 과거, 현재, 미래에도 다 통하느니라. 그래서 말세라 할지라도 수승한 기근機根을 가졌으면 반드시 신심을 발하게 되어 무주무상無住無相의 도리를 사실로 여길 터이니라.

무상은 텅 비고 그윽하고도 묘한 도를 말함이고 무주는 참다운 근본이란 것에 집착하지 않음이라. 만약 진실하고도 미묘한 도리라면 법신 향상向上을 의미함이지 향하向下와는 관계가 없느니라. 그렇다면 그로써 사실로 여긴다는 것은 바로 법신향상(實際理地)을 사실로 여김이라 법신향상을 사실로 삼는다면 삼신(법신, 보신, 화신)은 모두 향하에 속해 이는 방편이지 실다운 것이 아님이 명백하도다. 무엇 때문에 그러한가? 삼신은 모두다 개인별 기근에 따라 나타냄이라. 결국엔 참다운 것(그 자리의 모습)이 아니기 때문이라.

조주승이 말했도다. 금불은 용광로를 건너지 못하고 목불은 불을 이겨내지 못하고 흙불은 물을 견뎌내지 못 하느니라. 참 부처는 내 속에 정좌해 있으니 진불은 바로 향상인이고 삼불은 바로 삼신(법신, 보신, 응신, 곧향하인)이라.

임제 승이 말했다. 정묘국토(서방정토)에 들어가선 정묘한 옷을 입고 법신불을 설하시고 차별국토에 들어가선 차별 옷을 입고 보신

불을 설하시고 해탈국토에 들어가선 해탈 옷을 입고 화신불을 설하도다.(임제가 설정한 부처경지를 삼종으로 나눈 것. 곧 삼안국토)

대혜 선사가 자기 생각을 덧붙여 말했다. 임제 노승의 의중의 뜻을 알고자하는가? 법신, 보신, 화신이라. 이크! 다들 괴물과 정령(요정)에 지나지 않는 것. 삼안국(임제 승 설정. 정묘국토 무차별국토 해탈국토)에서 만나 무위진인을 웃겨주는 군. 바로 향상은 참됨이요, 삼신은 방편임이 뚜렷하고 뚜렷함이라. 경문에 나타난 법신은 실다운 것이라. 법신이 실다우면 보화는 자연 방편이지 실다운 것이 아님이 명명백백(明明白白)하니라.

본문 │ 마땅히 알지어다. 위와 같은 사람은 일불, 이불, 삼사오불에게 선근을 심었을 뿐만 아니라 이미 한없는 천만 불의 처소에서 모든 선근을 심었기에 이런 경문의 장구章句를 듣고 읽어도 일순간에 깨끗한 신심을 일으키게 되느니라.

육조 │ 부처님이 멸도하신 후 오백 세가 지난 후 어떤 사람이 대승 무상계를 굳게 지켜 함부로 모든 상을 취하지 않으며 생사 업을 짓지 않아 늘 마음이 공적하여 모든 상에 속박되지 않는다면 그게 바로 안주함이 없는 마음이니라. 여래의 심심한 법에 대해 마음으로 능히 이해할 수 있는 사람의 말은 진실로 믿을 만 하리라. 왜냐하면 이런 사람은 일 겁, 이 겁, 삼사 오 겁에 걸쳐 선근을 심었을 뿐만 아니라 이미 무량천만 억 겁에 걸쳐 모든 선근을 심었나니 그런고로 여래께서 설하셨도다. 내가 멸도 후 오백 세에 상을 여읜 수행자가 있으면 그는 일 이 삼 사 오 부처에 걸쳐 모든 선근을 심었음을 당연히 알아야 하리라. 어떻게하여 제선근을 심는다고 하는가?

아래에 간략히 설하리라. 이를테면 모든 부처가 계시는 곳에서 일심으로 공경하고 교법에 수순하고 모든 보살과 선지식과 사승, 부모, 연로자, 숙덕, 존장이 계시는 곳에서 늘 그들을 공경 공양하고 그들의 가르침을 받들어 그들의 뜻을 어기지 않음을 종제선근種諸善根이라 하니라. 또한 육도중생에 대하여 살해를 가하지 않고 속이지 않으며 천하게 여기지 않으며, 헐뜯거나 욕되게 하지 않고, 구마駒馬를 타도 채찍질하지도 않으며, 나아가 그 고기도 먹지 않고 늘 이롭게 베풂을 종제선근이라 함이라. 일체 빈곤한 중생에 대하여 어여삐 여기는 마음을 내어 업신여기거나 싫어하지 않고 요구하는 것이 있다면 힘닿는 대로 은혜를 베풂이 또한 종제선근이라 하니라. 일체 악한 무리에 대하여 부드럽게 대하여 끝까지 참아 기쁜 마음으로 맞이하여 그들의 뜻을 거역하지 않고 그들 악인들로 하여금 환희심을 일으키고 오만하고 횡포한 마음을 버리게 함을 종제선근이라 하니라.

믿는 마음이란 '반야바라밀'을 믿어 일체의 번뇌를 제거함이고, '반야바라밀'을 믿어 일체 출세간의 공덕을 성취함이며 '반야바라밀'을 믿어 일체 제불을 있는 힘을 다해 시봉하며 자신 속의 불성이 본래 청정하여 때 묻지 않아 모든 불성과 하나같이 평등함을 믿고 6도 중생이 본래부터 무상함을 믿으며 일체 중생이 구경엔 다들 성불될 수 있음을 믿나니 이를 정신심淨信心이라 하느니라.

부대사 │ 인이 깊으면 과果역시 깊으니라. 이치가 치밀심오하여 찾아보기 어려우니라. 오직 미래 말법세에 불법이 침체沈滯될까바 염려함이라. 공생이 마음으로 불법에 통달하지 못해 뜻을 듣고서도 감당하기 어려워함이니 만약 이 법을 확신할 수만 있다면 반드시 마음을 깨닫게 되리라.

야부 │ 금불은 용광로를 이겨내지 못하고 목불은 불을 이겨내지 못하고 토불은 물을 이겨내지 못하니라.

설의 │ 삼불(금불 목불 토불)이 처음부터 허물어지지 않을 수 없나니 삼신三身(법신 보신 화신)도 또한 마찬가지라. 결국엔 본질이 아니라 삼불로 삼신에 배대한 의미가 무엇일까? 법신은 견고불변하고 보신은 위로는 도의 그윽한 경지에 들면서도 아래로는 뭇 요구에 응함이고 화신은 극진히 시의時宜에 수순함이라. 금강은 강하지만 부드럽지 않고 나무는 부드러우면서도 강하고 흙은 부드럽기만 하지 강하지는 않느니라. 삼불로 삼신에 배대하는 의도가 이 때문이라. 금강의 성질은 가을날의 싸늘함과 같나니 그 바탕이 땅에 있으면 확실히 견고하기 마련이니 이는 사물의 본체에 기(基)한 말이고 나무의 성질은 몸의 따뜻함에 해당되니 그 바탕이 땅에 있어서 색이 푸르러 당연히 푸른색을 띄어 이는 사물의 작용에 해당되는 말이며, 흙은 4계절보다 더 왕성하며 금, 목 등이 의지하나니 이는 금, 목 중간에 해당되는 말이라. 금불은 한 번의 주조로 완성되니 이는 중간 구에 해당되고 목불은 깎고 깎아(줄이고 줄여) 만드니 이는 무구無句에 해당되고 토불은 더 보태고 보태어 만드니 이는 유구有句에 배대 되느니라. 금불은 용광로를 지나지 못하나니 지나게 되면 곧장 녹아버리고 목불은 불길을 견딜 수 없으니 불속에 들면 바로 타 버리고 말며, 토불은 물을 건너지 못하나니 물속에 들면 풀려 허물어지고 마니라. 상이 삼구 하나하나가 실다운 것이 아니라, 그렇다면 이런 것을 실답게 여길 것은 삼구외의 일구를 실답게 삼아야 하리라. 금불은 용광로를 건너서는 안 되고, 목불은 불길 속을 건너서는 안 되고 토불泥佛은 물속을 건너서는 안 되니 이 삼구 하나하나가 절대로 움직이지 말아야 하느니라. 이렇게만 하면 유구라도 환히 바르고 확실하게 되고 무구라도 환히 바르고 확실하며 중간구도 역시 밝고 바르게 확실하리니 본체와 작용도 또한 그러하리라. 법신도 필경에는 공적空寂으로 머물기 마련인데 무슨 소리가 있어 들을 것이며 무슨 상이 있어 본다 하리요. 그 자리는 금상이나 나무 등으로 본뜰 수 있는 것이 아니요, 오로지 보화만이 그 묘상이 단엄하여 중생들이 즐겨보며 그의 음성이 청아하여 그의 말을 듣기 좋아하다가 적멸한 후엔 중생이 그를 사모한 나머지 모상模像하되 금으로 주조하거나 나무로 조각하거나 흙으로 빚느니라. 그렇다면 목전의 금불, 목불, 토불은 다들 보신불, 화신불 수준에서 방편삼아 빚어낸 것이니라. 부도노不度爐, 부도화不度火, 부도수不度水는 보화는 실다운 것이 아님을 뚜렷상이 드러낸 것이니라.

야부 | 삼불의 모습이 다들 참된 것이 아니며 눈동자 속에 비

친 건 앞에 서 있는 사람의 모습상이라. 자신의 보배를 믿을 수 있다면 지저귀는 새, 산에 핀 뭇 꽃들이 한결같은 봄이로다.

설의 | 삼신이 다만 그 사람의 그림자일 뿐 깨치고 보면 그림자가 다른 게 아니로다. 삼구는 오로지 일구에서 나오니 일구를 깨치고 보면 삼이 바로 일이라. 보화(보신불 화신불)는 참된 게 아니라 온전히 그림자에 지나지 않느니라. 진실을 깨달으면 그림자 자체도 다른 게 아니라.

본문 | 수보리야, 여래는 모든 중생이 그와 같이 한없는 복덕을 받게 되는 걸 다 보고 다 아느니라.

설의 | 제불이 증득하신 것도 오로지 이런 법이요, 중생들이 믿는 것도 바로 이 법이라. 믿음은 과거세에 훈습된 것에서 비롯됨이라. 인행因行이 없는 것도 아님이라. 믿으면 반드시 증득할 수 있어 결국엔 부처가 되리라.

부대사 | 신근심信根心(삼보, 사제를 믿는 마음)상이 한 찰나에 일어나도 제불이 다 알 수 있느니라. 오늘에 닦은 인행으로 미래시에 증과하리라. 삼대 아승지 겁에 걸쳐 육도만행을 쉬지 않고 어떻게 닦으랴? 수행으로 무루종자를 이뤄야 바야흐로 부처라 할 만하리.

야부 | 참외를 심으면 참외를 얻고 과일을 심으면 과일을 얻도다.

설의 | 지난날에 배운 것이 오늘날 믿음의 바탕이 되고 인행시 수습한 것이 과위果位에서 증득하는 바가 되니라.

야부 | 일불이불 천만 불도 하나 빠짐없이 두 눈은 횡으로 놓이고 코는 종으로 되어 있음이라. 지난날에 선근을 친히 심어 왔기에 금일에 이르러 이같이 그런 공덕을 향유함이라. 수보리 수보리여, 옷 입고 식사함이 다반사이거늘 어떻게 일부러 그에 의심을 낸단 말이요?

설의 | 제불이 안횡비직眼橫鼻直 함을 다함께 증명하시니 제불을 받들어 모심은 단지 안횡비직한 상태를 배우기만 하면 되도다. 안횡비직한 몸은 제불뿐만 아니라 평범한 필부필부匹夫匹婦도 다들 똑같이 구유하고 있나니 이미 과거에 다 배워 마친 것이지만 지금에서 비로소 확신을 갖게 됨이라. 수보리 수보리야! 일상의 행동거지가 바로 그런 것인데 무슨 이해하기 어려운 점이 있단 말인고?

본문 | (위 본문을 이어서) 왜 어째서 그런가? 모든 중생이 아상, 인상, 중생상, 수자상이 없으며 법상도 없고 법 아닌 상도 없기에 그러니라.

설의 |

온갖 때(垢)가 다 없어지면 원만하고도 밝은 몸체가 오로지 다 들어남이라.

육조 |

어떤 사람이 여래 멸도 후에 '반야바라밀'심을 발하여 그것을 수습해서 깨쳐 부처님의 깊은 뜻을 터득한 자를 부처님은 다 알 수 있느니라. 어떤 이가 상승법을 듣고 일심으로 수지하면 '반야바라밀'의 무상, 무착행을 행하여 마침내 사상四相이 없게 되리라. 무아無我란 오온상이 없음이고, 무인無人이란 사대가 불실함을 알아 마침내 사대를 되돌려 보냄이요, 무중생無衆生이란 생멸심이 없음이요, 무수자無壽者란 나란 몸이 본래 없는데 어찌 수명이 있으리오. 사상이 이미 없다면 법안이 아주 밝아 유무 양변에 집착하지 않고 이변을 멀리 떠나보내어 자심여래를 스스로 깨달아 영원히 번뇌망상을 멀리 여의면 자연히 얻는 복덕이 가없으리라. 무법상無法相이란 명名과 상을 다 여의고 문자에 구애받지 않음이라. 법상 아님도 없다. 란 뜻은 '반야바라밀' 법이 없다고는 말할 수 없나니, 만약 그것이 없다고 하면 바로 불법을 비방하는 격이니라.

야부 |

원만함이 저 허공과 같아 모자람도 남음도 없도다.

설의 │ 사람이 가진 이 몸이여, 원만하고도 공적하도다. 사람이 가진 마음이여, 광대하면서도 신령스럽게 그 자리로 통함이라. 사람에게 신심이 누군들 없으리오. 다만 무명 탓으로 깨치지 못해 함부로 사대를 잘못 알아 자신의 모습으로 여기고 6진 경계의 그림자 같은 인연들을 자심으로 여길 새 이로써 몸이 원만한 체로 껍질 같은 형태 속에 숨어들고 또한 영통한 작용력을 가진 마음은 제 8아뢰야식 내에 잠복함이니 혹 그릇됨을 알아도 결국엔 단견을 이루게 됨이라. 심신이변心身二邊에 갇혀 원만한 체와 영통한 작용이 밖으로 드러나지 않나니 지금 아법我法(身心)을 다 잊어버리고 그 잊음조차도 잊어버리면 그 자리의 원만한 체와 신령한 작용이 활짝 눈앞에 나타나 처음부터 넘치고 부족함이 없으리라.

야부 │ 법이여, 비법이여. 주먹을 펴니 손바닥이 되고 구름이 푸른 하늘에서 흩어지니 온 하늘이 한결같은 푸른 하늘이로다.

설의 │ 바른 법이여, 틀린 법이여. 하나는 상常이고 하나는 단斷이니 단상斷常이 다르긴 하나 치우치면 병이 되는 것은 매한가지라. 주먹을 펴니 손바닥이 되는 격이라. 주먹을 펴 손바닥을 만듦이여! 어떻게 한쪽만 취한다거나 안 취할 필요가 있겠는가? 단상을 다 없애버리면 곧장 그 자리가 바로 나타느니라.

본문 │ 무엇 때문인가? 모든 중생이 마음으로 상을 취하면 바로 사상四相에 집착하게 되나니 왜냐하면 마음에 법이라도 취하면 사상에 집착하게 되고 비법을 갖게 되어도 사상에 집착하게 되느니라.

육조 │ 이 사상四相(아상 인상 중생상 수자상)을 갖게 되면 곧장 사견邪見에 떨어져 미망한 사람이 되고 경의 뜻을 제대로 알지 못하니라.

따라서 수행인으로서 여래의 32상을 애착하지 말 것이며, 내가 '반야바라밀'법을 요해한다고 말하지 말 것이며, 또한 '반야바라밀' 행을 행하지 않고서 성불한다고도 말하지 말지어다.

부대사 │ 마음이 공하고 법 또한 공함이여, 이상二相(客體와 主體)이 본질적으로 같음이라. 변계 소집성은 애초부터 헛된 분별상이고, 의타기성은 가로막혀 통하지 않음이고 원성실성은 식識의 바다에 침잠되어 떠돌아다님이 바람에 흩날리는 쑥과 같느니라. 무생성을 알고자 함이면 무심중에 뭇 행위자취를 끊어야하리.

본문 │ 그래서 법을 취하지 말 것이며, 비법도 응당 취하지 말아야 하리.

설의 │ 법을 취함은 단지 시법是法이 비법非法인줄 모르기 때문이요, 비법을 취함은 비법이 시법인 줄 모르기 때문이라. 한결 참된 법계는 시도 없고 비도 없나니 여기에 없다는 것도 없느니라. 그래서 말하노라. 어떻게 동일한 한 법 가운데 법이 있고 불법이 있는가. 가령 시법과 비법을 두고 분별한들 하나는 거머쥐고 하나는 놓아 버리는 꼴이니 언제 깨달아 끝마칠 기약이 있겠는가?

부대사 ㅣ   실제 인因이 있다함은 가짜 명칭이고 무상은 사실 무근의 떠도는 이름에 지나지 않느니라. 유有다 무無다 함엔 별난 체體가 없고, 유무엔 뚜렷한 형체가 없느니라. 유와 무엔 자성이 없거늘 함부로 유무의 감정을 일으키니 본시 유무가 흡사 빈 골짜기의 메아리와 같아 유무란 소리에 집착하지 말아야 하느니라.

야부 ㅣ   금은 금으로서 바꾸지 않고 물은 물을 씻지 못함이라.

설의 ㅣ   단지 다 같은 금인데 바꾸는 금과 바뀌는 금으로 어찌 분리하겠는가, 다 같은 물인데 씻는 물과 씻기는 물로 어찌 분리할 수 있으리오? 그렇다면 법이 곧 한 맛인데 견見에는 두 가지 취함이 있게 되니 두 가지 취함이 다 없어져야 비로소 일미一味(그 자리)가 바야흐로 나타나리라.

야부 ㅣ   나무를 만나 가지를 더 위를 잡아 오름은 아주 기이한 일이 아니라. 천길 낭떠러지(千仞斷崖)에서 잡은 손을 놓아버려야 진정 대장부니라. 물은 차고 밤기운은 쌀쌀한데 고기들은 먹이를 물지 않으니 빈 배를 그대로 띄워 두었다가 달빛만 싣고 돌아가도다.

설의 | 한 마음을 가지고 있음이 특별한 게 아니라 그 하나의 마음조차 없애야 정말 장부라 할만하다. 이런 경지에 이르러서 범부의 정이 다 없어지고 성해聖解 조차 없어져 다만 사감私感없이 대상을 비춘다 한들 끝내 잘잘못을 따지는 경계를 떠나질 못하니라.

본문 | 그래서 여래가 늘 말씀하셨다. 너희들 비구는 내가 설하는 법을 뗏목에 비유한 뜻을 알아야 하나니 법조차 반드시 버려야 하거늘 황차 비법에 있어서랴.

설의 | 부처님이 설하신 법은 다만 입도入道를 위한 방편이니 방편에 따라 도에 들어가게 되거니와 방편만 고수한 채 그 방편을 버리지 못한다면 좋지 않느니라. 방편은 반드시 버려야 할 터인데 이를 자꾸 맘속에 품고 있으면 어찌 하리요!

육조 | 법이란 '반야바라밀'법을 말함이고 비법이란 극락에 태어나게 하는 법이라. '반야바라밀'법은 일체중생으로 하여금 생사의 대해를 건너게 함인데 이미 건넌 이후엔 반드시 그것에 집착하지 말아야하거늘 하물며 생천生天 등 법에 어찌 집착하겠는가!

부대사 | 강을 건넘엔 뗏목이 필요하고 건넌 후면 건너는 도구가 필요치 않느니라. 인人과 법法에 실제 나(實我)가 없음을 안다면

그 이치를 깨닫고 나서 어찌 계속 힘써 통발질(대로 만든 물고기 잡는 기구명)을 하랴. 중류中流도 여전히 침닉沈溺되기 쉬운데 누가 이변을 논하고 있는가? 유무 간에 그 중 한쪽만이라도 취하게 되면 바로 마음밭이 더럽혀지리라.

야부 │ 물이 흘러 고이면 개울은 절로 이뤄지리라.

설의 │ 부처님이 설하신 법은 진眞이자 속俗이라. 바로 속인고로 해탈이 바로 문자와 말씀이라. 그리하여 49년 동안 이곳저곳 장소를 가리지 않고 설법하셨느니라. 진인 까닭에 문자언어가 바로 해탈이라. 삼백여회의 법회에서 일찍이 한 자 한 말도 하신 적이 없느니라. 문언에 집착했더라면 지류만 보고 원천을 모르게 됨이라. 문자를 버리면 근본을 보지만 지말엔 미혹하게 되니 근원과 지류에 걸쳐 다 헷갈리지 않으면 바로 법성의 바다에 흘러들게 되느니라. 일단 법성의 바다에 흘러든 후면 무념지無念智가 눈앞에 나타나나니 무념지가 현전함이여, 가는 길에 장애가 없고 닿는 곳마다 다 통하리라.

야부 │ 종일토록 눈코 뜰 새 없이 황망한데도 무슨 일이든 거리낌이 없도다. 해탈을 구하지 않고 천당도 바라지 않도다. 다만 한 생각을 무념으로 되돌릴 수 있다면 비로자나 정수리 위를 높이 걸어가리라. ※무애자재 모

설의 | 무념지가 나타남이여, 이변저변을 다 합쳐 하나로 만듦이라. 묶임과 벗어남이 둘이 아니고 오르고 내려옴이 동시로다. 이미 바른 인행을 알아차렸으면 다만 달리 착각하지 말고 비로자나불 정수리 위로 높이 걸어 다닐 수 있어야 자연스레 진정한 쾌활감(깨침의 환희심)을 맘껏 누리리라.

종경 | 인因도 수승하고 과果도 수승함이여. 신심이 뚜렷하여 의심의 여지가 없고 인공법공人空法空이여, 진성眞性이 본래부터 평등함이로다. 설사 명名과 상相이 다 없어지고 취사심取捨心을 다 잊어버린다 해도 결국엔 여전히 뗏목은 남아있도다. 이咦(허허) 손가락 한 번 튕기는 순간 벌써 생사해를 뛰어넘으니 어떻게 사람을 건네주는 선박이 필요하리요. 선근이 성숙하여 믿음이 요지부동한데 상을 취하고 현묘한 진리를 구할수록 더욱 그 자리에서 역행하게 되느니라. 한 순간 몰록 공겁 밖으로 뛰쳐나가니 처음부터 달마에게 이런 소식을 알려주길 바리지 안했도다.

무득무설분 — 제7

(얻을(깨칠) 것도 없고 설할 것도 없음)

본문

수보리야, 어떠하냐? 여래가 무상정등정각을 성취했느냐. 여래
가 법을 설했는가?

수보리가 말했다. 제가 세존께서 말씀하신 뜻을 헤아려 보건데
정작 아뇩다라삼먁삼보리라고 할 만한 법이 없으며 여래께서 설하신
고정된 법도 없나이다.

설의 |　진여, 불성, 보리 등 열반, 나아가 육도, 사제, 12인연
등 일체 법수들은 모두가 청자의 근기에 따라 부득이하게 말한 것이
니라. 사실에 입각해보면 애시 당초 그런 일은 없음이라. 때를 봐가며
얘기했으나 실로 사람들에게 들려준 진법은 없느니라.

육조 |　아뇩다라는 밖에서 얻는 게 아니라 다만 마음속에 아
소我所가 없으면 되느니라. 오로지 병에 대하여 그에 맞는 처방을 내

리듯이 시의時宜에 따라 설법하시니 무슨 정한 법이 따로 있겠는가? 여래께서 설하셨도다. 위없는 정법은 본질적으로 얻는 게 없고 그렇다고 얻지 않음도 없나니 다만 중생의 소견상이 한결같지 않아 여래가 그들 근성에 부응하여 종종의 방편으로 이끌고 교도하셔서 그들로 하여금 모든 집착을 여의케 하심이라. 일체 중생의 망심妄心은 잠시도 쉬지 않고 생멸하며 경계에 따라 늘 요동치느니라. 전념前念이 잠시 일어나면 뒷생각이 바로 알아차리느니라. 알아차림이 오래 머물지 않으니 사물에 대한 일정한 견해도 가지지 않음이라. 그런데 어찌 여래가 설한 일정한 법이 있을 수 있겠는가? '아阿'란 마음에 망념이 없다는 뜻이고 '녹다라耨多羅'란 마음에 교만기가 없음이고, '삼三'이란 이 마음이 항상 정법에 안주함이라. '먁藐'이란 마음이 늘 바른 지혜에 머뭄이고, '삼보리三菩提(正等覺)'란 마음이 항상 공적하여 한 생각에 범심凡心을 순간 없애면 바로 불성을 보게 됨을 이름이라.

야부 │ 추우면 춥다고 말하고 더우면 덥다고 말함이라.

설의 │ 청중이 이승二乘(소승) 수준이니까 이승을 말하고 대승 수준이니까 대승을 설함이라. 상대에 따라 방편을 쓸 뿐 고정된 법이 없느니라. 인연에 따라 이치를 세워 그물과 굴레에서 벗어나게 할 뿐이라.(無碍自在貌)

야부 │ 남산에서 구름이 일어나니 북산에서 비가 내리도다.

나귀류 이름자에 마자馬字변이 얼마인고? 물이 한없이 넓고 아득해도 인정人情의 물이 전연 없음을 보라. 몇 군데를 모난 것에 채우고 몇 군데를 둥근데 채웠던고.(상대, 상황에 따라 융통성 있게 대응)

설의 │ 그럴싸하게 사제四諦, 십이인연을 설하고 다시 6도 만행에 대해서도 말하니 기근機根이 다들 같지 않기에 상대해서 설한 법도 또한 일정하지 않느니라. 이로부터 수만 가지 법을 설하게 되나니 무념의 지智로써 수많은 근기에 대응하시니 부처님이 일대교설一代敎說(半滿偏圓)을 얼마나 많이 설하셨던고? 그렇게 많이 한 말이라도 실제로는 한 글자, 한 마디 말도 한 적이 없도다.

본문 │ 왜냐하면 여래께서 설하신 법은 모두 취할 수 없으며 말로 할 수 없으며 법이 아니고 법아님도 아니니라.

설의 │ 부처님이 설한 법은 유상이거나 무상이거나 간에 유무에 다 통하는 원화圓話로써 자재로와 끝내 한 쪽에만 치우치지 않음이라. 그래서 어느 한편을 취해 말한 것이 아니니라. 부처님이 설한 법은 법이라 하여도 옳지 않고 법이 아니라고 하여도 옳지 않느니라. 진정 법이 아니라하면 강을 건너매 반드시 뗏목을 써야하거니와 정말 법이라면 강 저편에 도착한 후면 하등의 도하물渡河物이 필요치가 않느니라. 그래서 때에 따라 말했다. 지극한 이치의 한 마디 말이 범인을 돌려 성인이 되게 하고 어떤 때엔 말하기로 3승 12분교는 무언가? 하니 뜨거운 사발에 물 끓는 소리 같은 실속 없는 소리라 금쪽 같이 훌륭한 말이다. 시시해 말같잖은 말이라고 하는 것도 다 이런 사정 때문이라.

육조 | 사람들이 여래가 설한 언설장구에 집착해 무상의 도리를 깨닫지 못하고 함부로 알음알이를 낼까봐 여래의 말을 전적으로 받아들여선 안 된다고 하느니라. 세존이 종종의 중생을 교화하기 위해 상대의 기근과 국량에 따라 말하는데 무슨 일정함이 있겠는가? 학인이 여래의 깊은 뜻을 이해하지 못하고 오로지 여래께서 설하신 교법만을 구송하고 여래의 본심을 요달하지 못해 결국 성불이 못됨이라. 그래서 불가설不可說이라 말하나이다. 입으로만 염송하고 마음으로 행하지 않으면 바로 비법이요, 입으로 염하고 마음으로 행하여 마침내 더 이상 얻을 바가 없다면 그게 바로 법아님도 아닌 경지이니라.

부대사 | 보리는 언어를 떠남이라. 여태껏 보리를 온전히 터득한 이가 없도다. 반드시 이공二空(我空, 法空)의 이치에 따라 법왕신을 증득해야 하니라. 유심有心이면 죄다 망상이고, 무집無執이라야 바로 진眞이라. 만약 비비법非非法을 깨닫게만 되면 6진 경계를 벗어나 유유자적하리라.

야부 | 이 뭐꼬? 부처님이 설한 법은 물에 떠있는 표주박을

어루만지는 것 같아 닿는 데로 움직여 취할만한 고정된 법이 없고, 얘기할 일정한 법이 없느니라. 만약 일정한 말거리가 있다면 있지 않은 경우는 어찌하며 일정한 설說이 없다면 없지도 않는 경우엔 어찌 하리요? 이미 유무법이 아니라면 필경 무엇이란 말인가. 법이다, 법이 아니다함은 다 옳지 않나니 필경엔 무엇이라 할꼬? 할喝!

야부 | 그렇게 해선 안 되고, 그렇게 하지 않아도 되지 않나니 넓디넓을 하늘에 새가 날아도 자취하나 없도다. 咄(아이쿠).

기계바퀴를 확 밀어 바로 돌림에 외려 거꾸로 도나니 남북 동서를 맘대로 왕래하도다.

설의 | 진정 있다, 진정 없다함은 다 옳지 않느니라. 사구분별(有, 無, 有而無, 無而有)로 여래를 찾지 말지라. 여래는 사구 중에 있지 않나니 새가 허공을 날아감에 자취를 남기지 않음이로다. 咄!(아이쿠).

한층 더 곤고困苦한 정진의 길로 나아가야하리. 남북동서, 이 한 천지에서 경계를 짓지 말고 임의대로 오감이라. 법과 비법이 둘 다 맞지 않나니. 이견二見(法과 非法)이 다 불심이 아니라 누가 공중에서 새의 날아간 흔적을 찾을 수 있을까? 咄! 비록 할 수 있다하더라도 이 또한 불의 본심이 아니니라. 불본심을 참말로 알고자 함인데 법이라 해도 괜찮고 비법이라 해도 역시 무방하니라.

본문 | 그 이유인즉슨 일체 현성賢聖은 모두 무위법으로써 차

별상을 짓기 때문이라.

설의 │ 일체 현성들이 증득한 법은 다들 무위법으로 차별을 지었으니 바로 이 차별을 여읨이 곧 무위라 중간과 이변二辺을 멀리 벗어남이로다. 그렇다면 바로 한결같은 무위법이 성문聲聞에 있으면 사제고 연각에 있어선 인연이라 하니라. 보살에 있어선 육도라. 육도 인연과 사제, 그 하나하나가 취할 것도 없고 설할 수도 없느니라.

육조 │ 삼승의 근성으로 봐서 법의 이해정도가 같질 않아 견해에 깊고 얕음이 있나니 그래서 차별이라 하니라. 부처가 설한 무위법이란 바로 무주無住(無執)이니 무주가 곧 무상이며 무상이 무기無起(無生)이고 무기가 무멸無滅이라. 텅 비어 공적하여 능조能照(주체)와 소조所照(객체)를 일제히 거둬들이고 상대를 감별해 알아보는 힘이 자재로우니 바로 이게 참되게 해탈된 불성이니라. 부처는 각覺이며 각은 관조觀照요, 관조는 지혜智慧이며 지혜는 바로 '반야바라밀'이니라.

부대사 │인因과 법法은 다 집착의 결과요 알고 보면 둘 다 무위(不加作爲而任自然貌)라. 보살은 중생과 함께 증득함이요, 성문정도는 자기 하나만의 깨침을 지향함이라.
　　소지장과 번뇌장을 수탈修脫하면 공중에서 의지할 것이 없나니, 쉬지 않고 이렇게 관심해 나간다면 증과證果하기는 따 놓은 당상이니라.

야부 | 터럭만치 차이가 나도 하늘과 땅 사이로다.

설의 | 법은 비록 동일본지同一本旨나 지견엔 천차만별하니 그래서 천차는 다만 한 생각에 있나니 일념의 차로써 벌어짐이 하늘과 땅 같도다. 그렇다 해도 천지는 하나로 통일된 것이니 그러하다면 야 금으로 많은 그릇을 만듦에 그릇그릇이 죄다 금이요, 전단향은 조각조각 다 향내가 나는 격이니라.

야부 | 정직한 이가 삿된 말을 하면 사법이 모두 정법이 되고 삿된 이가 정법을 말하면 정법이 죄다 사법이라. 강북의 탱자가 강남 가서는 귤나무가 되느니라 하지만. 봄이 오면 온 천지에 한결 같이 꽃이 피도다.

설의 | 한결같은 무위법이 정正이 되기도 하고 사邪가 되기도 하니라. 같은 종자가 남북으로 나누어도 남북에 한결같은 꽃이로다.

종경 | 해득함도 틀리고 설함도 맞지 않아 능인(부처)의 솜씨가 빠르기가 전광석화라 취할 수도 없고 버릴 수도 없음이여, 수보리(공생)의 혀 놀림이 유창하기 그지없도다. 잠시 말해보라. 무위법에 뭣 때문에 차별이 있게 되는가? 오랜 세월 맑은 호수에 비친 공중의 달을 여러 번에 걸쳐 건져 올릴 수 있어야 비로소 알리라.

설의 │ 얻되 얻음이 없고, 설하되 설함이 없나니 신묘한 기근機根이여, 번갯불은 손으로 움켜쥐기 어려움이라. 취해도 취할 수 없고 버린다 해도 버릴 수 없나니 그 혀 놀림이 잽싸도다. 사나운 파도여, 거칠게 치솟았다가 곤두박질치도다. 이런 정황은 잠시 그만두고 이를테면 무위법이 무엇 때문에 차별이 생기는가? 굳이 지금 무위의 도리를 알려면 천차만별 가운데를 떠나지 말아야하니라.

그렇다 하나 공중의 달이 호수에 비칠 때 어리석은 원숭이가 헛되이 그것을 건져 올리려고 하는 것과 어떻게 같은지를 알아야 하리라.

종경 │ 구름 걷힌 가을하늘, 달이 호수에 비치니 가없는 싸늘한 달빛이 누구와 함께 얘기를 나누는가? 그 마음 활짝 열려 철저히 천안으로 통하니(깨친 마음) 대도가 분명해져 더 이상 참구參究 할 필요가 없도다.

설의 │ 공중의 달이 호수에 비치지 않으면 그 달의 싸늘한 빛이 한 없이 넓음을 어떻게 말할 수 있으랴. 천지간의 만물을 다 비추니 한없는 이 정취를 누구에게 말하겠는가? 다만 정수리에 또 하나의 눈을 가진 자라면 달리 또한 어느 곳을 향해 현묘한 종지를 찾겠는가.(畢參 境地)

의법출생분 — 제8

(법에 따라 지극정진 하다)

출생(出生); 어떤 일에 몸을 바치다.

본문

수보리야, 어떻게 생각하느냐? 어떤 이가 삼천대천세계에 가득 찬 칠보를 가지고 보시한다면 얻는 복덕이 그만큼 많겠지?

수보리가 말했다.

대단히 많겠나이다. 세존이시여. 왜냐하면 그 복덕은 복덕성이 아니라서 여래께서 복덕이 많다고 하셨나이다.

육조 | 삼천대천세계의 칠보를 다 가져 보시한다면 받는 복 덕이 많겠으나 본성상本性上에 있어서 아무런 이익이 없느니라. '마하 반야바라밀다'에 따라 수행하여 자성이 제유諸有에 떨어지지 않게 되면 이를 복덕성이라 하니라. 맘에 능能(주체)과 소所(객체)가 있으면 복 덕성이 아니라 능소심能所心이 없어야 복덕성이라 하나니, 마음이 불

교에 따라 불행佛行과 같이하면 이게 복덕성이요, 불교佛敎대로 하지 않거나 불행佛行대로 행하지 않으면 복덕성이라 할 수 없느니라.

본문 | 혹 어떤 이가 이 경經이나, 나아가 경經 중의 사구게 정도라도 가져 남에게 설해준다면 그 복이 재시財施보다 더 수승하리라.

설의 | 복덕성이란 능소(주객)을 여의고 시비를 없애며 존망이 사라지고 득실이 없어 참되고 깨끗해 무루無漏한 것이라. 이 같은 복덕은 허공과 같아서 헤아릴 수가 없고 필적할게 없어 여타 상대할 만한 말로 거론할 수 없느니라. 만약 이 경의 법리를 깨달아 무주행을 행한다면 짓는 소행상이 무심에서 나와 하는 행동 하나하나가 다 청정하리라. 그래서 받는 복덕이 의당 참되고 깨끗해져 무루함을 이루 다 말할 수가 없느니라. 그래서 앞에서 찬탄한 바와 같이 보살이 무주상으로 보시하면 받는 복덕이 다 헤아릴 수 없다하니라.

부대사 | 삼천대천계를 가득 채운 보배로 복전을 지어도 유루법이 되어 끝내 인천人天을 벗어나지 못하거니와 경내의 사구게四句偈 정도를 염송해도 성현과 좋은 인연을 짓는 게 되느니라. 무위無爲의 바다에 들고자 하면 반드시 반야의 선박을 타야 하느니라.

육조 | 십이부교의 대의가 다 사구게 속에 들어 있느니라. 어

째서 그러한고! 금강경 중에서 찬탄한 사구게가 바로 '마하반야바라밀다'이니 '마하반야'는 곧 제불의 어머니 격이라. 삼세제불이 모두 이 경에 따라 수행하여 마침내 성불하셨느니라. 반야심경에서 말씀하셨다. 삼세제불이 "반야바라밀'다"를 따라 수행하여 무상정등정각을 성취하심이라. 스승을 쫓아 배움을 수受라 하고, 의미를 알고 수행함을 지持라 함이라. 스스로 알아 스스로 행함을 자리自利요, 타인을 위해 설함은 이타利他이니 그 공덕이 광대하여 가없느니라.

야부 | 일은 무심해야 이뤄지느니라.

설의 | 이 경을 믿으면 무아리無我理가 드러나고 무아를 알면 마음에 산란함이 없어지도다. 마음속이 산란하지 않으면 가슴 속이 후련해져 청정하기가 허공과 같아지나이다. 마음이 이미 청정하면 제불조의 후곤後昆(후배:수자들)과 법거량 시 신통스런 기략機略과 언동 그 밖의 전에 미처 얻지 못한 미묘한 뜻을 죄다 이 경에서 다 얻게 되느니라.

야부 | 보배가 삼천대계에 가득 찬다 해도 그 과복果福은 기껏 인천복人天福을 떠나지 못하니라. 그것에 복덕성이 원래 없음을 안다면 풍광을 사는데 돈이 필요 없는 격이로다.

설의 | 칠보는 인간세상에서 귀중히 여기는 것이고 보시함은

인정상 행하기 어려우니라. 이제 칠보로 삼천계를 다 채워 보시한다 하니 가히 하기 힘든 일을 능히 한 격이라. 그렇다면 그 보시가 만약에 무념진종에 부합되지 않는다면 그 받는 과보가 단지 인천의 유루복에 지나지 않거니와 만약 이 금강경에 따라 복덕성이 공한 줄 알게되면 보시공덕 대신 본지 풍광(그 자리)이 자연히 활짝 드러나리라.

본문 | (본문에 이어서) 왜냐하면 수보리야, 모든 부처와 제불의 아뇩다라삼먁삼보리법이 모두 이 금강경에서 나왔기 때문이니라.

설의 | 이 한 권의 경은 그 양이 허공을 다 감싸고 체体가 일체에 두루하며 부처와 법의 심원함이 여기에 다 뿌리박고 있느니라. 삼신의 부처를 인성人性 중에 본시 갖고 있지만(皆有佛性) 다만 무명에 덮여 씌워져 밖으로 나타나지 못함이라. 지금 지혜의 입으로 무명의 껍데기를 깨물어 벗겨놓으니 삼신의 부처가 그 자리에 당장 나타나느니라.

육조 | 이 경이란 이 한 권의 경에 쓰인 문자를 지칭하는 것이 아니라 불성을 나타내고자 함에는 체体에서 용用을 내나니 묘리가 무궁함이라. 반야란 지혜라. 지智는 방편으로 사용하여 일의 능률로 삼고 혜慧는 사안을 결단함에 사용되느니라. 바로 늘 사리를 깨달아 훤히 내실을 비춰보는 마음이라. 모든 부처와 무상정등정각법이 모두 각조覺照하는 마음에서 생기니 그래서 이 경에서 나온다고 하니라.(경

은 문자를 통해 혜심慧心을 담고 있음)

야부 │ 잠시 말해보라! 이 경은 어디서 나왔는가? 수미산 꼭대기(아주 높은데)에서 나왔고, 광망한 파도(가장 낮은 곳)에서 나왔느니라.

설의 │ 사람들은 다만 그 자식만 알고 그의 아버지는 모르고 비록 아버지가 있음을 알아도 그의 조부가 있는 줄은 잘 모르기도 하나니, 수미정상과 대해 파도가 어찌 조부의 면목격이 아니리오. 수미정상이여! 모습과 명칭으론 나타낼 수 없고 대해파심이여! 몹시 두드러지게 변화가 뚜렷하도다. 변화가 몹시 역연함이여, 넓고 넓어 끝이 없도다. 형명形名으로 나타내지 못함이여! 천정부지로 우뚝 솟아 더위를 잡고 오르기 어렵느니라. 이런 상황에 이르면 부처와 부처, 조사와 조사로도 비교할 수 없고 여타 일체의 물건으로써도 비교할 수 없느니라.

야부 │ 불조佛祖께서 자비를 베풂에 실로 방편을 사용하시니 말씀마다 이 경을 여의지 않고 설하셨도다. 이 경의 출처를 바로 알겠는가? 곧장 허공을 향해 철선을 띄워 보내는 격이니 절대로 잘못 알지 말지어다.

설의 │ 순간 큰일을 성취하고서 풀이 죽은 형색으로 이렇게 왔어 바싹 마른 모습을 축이기 위해 감로수를 뿌리니 방울방울이 모두 이 경으로부터 나옴이라 이 경의 출처를 알고자하면 꽃향기 그윽한 둑을 산책함이 좋으리라. 절대로 잘못 알지 말지라. 무슨 곡해가 있단 말이오. 구름이 걷히니 산마루가 드러나고 달이 뜨면 파도에 비침이로다. 달이 떠 파도에 비침이여, 구름위쪽엔 달빛이 한결같고 구름이 걷히니 산마루가 드러나도다. 펴고 거둠이 예사롭도다.

본문 | 공생아! 말하자면 불법이란 것이 실은 불법이 아니니라.

설의 | 진성(佛性)은 방편에 지장을 주지 않고 경은 최대한 불법을 나타내나니 방편은 진성에 장애가 되지 않느니라. 그래서 불법이 바로 불법이 아니로다.(불법이라 명함도 하나의 방편임)

육조 | 여기서 말한 일체 문자들은 표시한다거나 지시한다는 것과 같나니. 표시와 지시는 상호간에 영향을 끼친다는 뜻이니라. 표시함에 따라 물건을 취하게 되고 손가락으로 가리킴으로 해서 달을 보게 되나, 원래 달은 손가락이 아니고 표지 그 자체는 물건이 아니라 다만 경에 의거해서 법을 얻을 수 있어도 경 그 자체가 법은 아니니라. 경문經文은 육안肉眼으로 볼 수 있지만 법法은 혜안慧眼이래야 볼 수 있느니라. 혜안이 없다면 다만 형식적 경만보고 그 뜻(법)은 보지 못하니라. 법(뜻)을 볼 수 없다면 부처의 뜻을 헤아릴 수 없나니 불의

佛意를 모르면 결국 불도를 이루지 못하느니라.

야부 | 달고 단 과일을 가지고 너의 쓰디쓴 조롱박과 교환함
이라.(불성으로 네 번뇌를 換置 貌)

설의 | 법이여, 그건 저 달고 단 과일과 같음이요, 비불법이
여, 저 쓴 조롱박과 같도다. 불비불이여, 법비법이여. 꿀과 과일로서
쓴 조롱박으로 바꿈과 같거니와 더 나아가서 단과일은 꼭지까지 달
고 쓴 조롱박은 뿌리조차 쓴걸 알아야하리.

야부 | 불법, 비법이여, 종탈자재縱奪自在로소이다. 놓아주기
도 하고 거둬들이기도 하고 살리기도 하고 죽이기도 함이라. 눈썹 사
이로 늘 백호 광을 밝히고 있어도(佛法常說) 어리석은 이는 여전히 보
살에게 물어보려고 한다.

설의 | 임의대로 모나게 하거나 둥글게 하느니라. 흰 백로가
눈 위에 서 있어도 눈과 동색이 아니고, 곤륜인(중국 남방의 살갗 검은 민
족)이 코끼리를 타니(그 색깔이 코끼리 피부색과 비슷함) 조금은 엇비슷하
도다. 사람마다 다들 한 쌍의 눈썹을 갖고 있고 그 눈썹 사이로 백호
광白虎光을 발함이라. 백호 광을 발함이여! 본시 갖춰져 있는 걸 어떻
게 밖을 향해 공연히 찾을 필요가 있으리오.

종경 | 보물을 삼천대계에 가득 채워 보시한들 그건 끝이 있

는 것이고 경의 사구게 정도라도 설하는 법시法施의 공덕은 끝이 없느니라. 지혜광명을 밝혀 진여묘도眞如妙道를 한없이 흘려보내도다. 그래서 법의 혜택이 보다 더 수승함을 찬양하시고 성공性空을 요달하여 제불의 근원을 철견徹見케하셔서 일경一經의 안목이 활짝 열리게 하시니 바로 이 사구게의 절실한 뜻을 알겠는가. 진성이 환히 드러남은 반야에 의함이니 애쓸 필요없이 손가락 한번 튕기는 순간 깨치고 말리라.

한갓 칠보로 삼천대계를 가득 채워 보시함보다는 경문 중 사구게 정도라도 친히 듣고 깨친다면 이 사람이야말로 상근기인이리라. 무량한 겁에 걸쳐 제불조들이 이를 통해 열반문을 활짝 열어 재꼈노라.

설의 │ 쓸데없이 칠보를 가지고 삼천 대계에 보시한다 해도 단지 인천의 유류인복에 지나지 않나니, 사구게를 친히 들어 요달한 상근기라면 당연히 무여 대열반을 증득하리라. 청정한 무여 대열반이여! 제불조들은 모두 다 이 사구게를 통해 구경을 깨쳤노라.

일상무상분 — 제9

(모든 相은 상이 아님)

본문

선현아 어떻게 생각하느냐? 수다원과를 증득한 이가 내가 수다원과를 증득했다는 생각을 하고 있겠는가?

육조 │ 수다원이란 말은 인도 말이고 한문으론 역류逆流라하니 생사의 흐름에 역행하여 육진에 물들지 않고 한결 같이 무루업을 닦아 추중麤重한 번뇌가 생기지 않도록 해야 진정 지옥, 축생, 아수라 등의 후신을 받지 않나니 이를 수다원과라 하니라. 만약에 무상법을 요달하면 득과했다는 마음이 없나니 조금이라도 득과의 마음이 있다면 수다원이라고 할 수 없음이라. 그래서 부不(bú)이라고 대답했느니라.

본문 │ 수보리가 말했다.

아닙니다. 세존 하, 왜냐면? 수다원을 입류入流(무리류)라고 하지만 어디 들어감이 없고 6진에 들어가지도 않지만 그저 수다원이라 이름만 할 뿐이니라.

육조 │ 류流란 성인의 무리이고 수다원은 이미 추중麤重한 번뇌를 여읜 까닭에 성류聖流에 들어감이지만 들어간 바가 없어 과위를 증득했단 마음이 없느니라. 수다원은 바로 수행인의 초과에 불과하니라.

본문 │ 수보리야, 어떻게 생각하나? 사다함이 사다함을 증득했다는 생각을 하겠는가? 수보리가 대답했다. 아니옵니다. 세존 하, 왜냐면 사다함을 왕래라 하는데 실지로 왕래함이 없어 사다함이라 이름命名만 할 뿐이외다.

육조 │ 사다함은 범어이고 한문은 일왕래라. 삼계의 속박을 벗어버리고 삼계의 결사結使(번뇌, 속박)가 다 되어 사다함이라 하니라. 사다함을 일명 일왕래라고 하는 것은 인간 세에 죽어 천상에 태어나고 천상에서 도리어 인간계로 하강하여 태어나 마침내 생사를 벗어나 삼계의 업을 다 마치게 됨을 사다함과라 하니라.

본문 │ 수보리야, 어떻게 생각하느냐? 아나함과를 증득한 이가 내가 아나함과를 증득했다고 생각하면 되겠는가? 수보리가 대답했다. 아니되옵니다. 세존이시여, 왜냐면 아나함은 '불래不來'라 하

141

는데 실로 오지 않음도 없음일 새, 해서 아나함이라 말하나이다.

설의 | (이 본문에 본래 無不의 不자 없는데 今에 야부승의 頌本를 상고하여 더 보탠 것이니라)

일체불법이 모두 이 경으로부터 나옴이요, 일체현성一切賢聖이 모두 무위법으로서 차별심을 짓나니 불법이 이미 불법이 아니라면 성과聖果를 차별함이 무슨 실용이 있으리오. 그렇다면 혹 불이나 혹 법이나, 혹 승보라도 필경에는 하나의 심기心機에 명합冥合되리라.

육조 | 아나함은 범어고 한문으로론 '불환不還'이며 또한 출욕出欲이라 하니라. 출욕이란 밖으론 안주하고 싶어 하고 갖고 싶어 하는 대상을 보지 않고 안으로 얻고 싶어하는 욕심이 없어 진정 욕계에 태어나지 않음일세. 고로 불래不來라 하나 실로 오지 않음도 없음이라. 또한 불환이라고도 하나니 욕습이 다하여 진정 다시 와서 생을 받지 않나니 이런고로 아나함이라 하나이다.

부대사 | 범위凡位를 떠나 성위聖位로 들어감이여! 번뇌가 점차로 경미해져 결국엔 인아집人我執을 끊어버리고 비로소 처음으로 무위의 경지에 이르도다. 십이인연과 6진 경계 및 나(我)와 아소我所를 지금에 와서 그른 줄 아니 인천人天을 일곱 번 왕래한 후 적멸로 향한 후 돌아올 줄 모르도다.

야부 | 제행이 무상하며 일체가 다 고苦로다.

설의 | (皆苦를 他本엔 '皆空'이라 한다. 空字가 여기엔 근사하다)
사과四果가 곧 무과無果라. 다들 하나의 묘한 공으로 돌아가도다.

야부 | 삼승(성문, 연각, 보살승)이 이미 육진 경계를 벗어났으나 인천人天을 왕래하며 적정寂靜을 구함에 친소親疏가 생김이라. 명백明白한 과가 본래 과가 없으니 법신이 바로 환화幻化(幻은 本無實을 환술조작, 化는 불보살의 신통 묘력에 의한 변화상)로서 실체가 없는 몸이니라.

설의 | 육진六塵경계를 온전히 다 벗어났으나 열반성 앞에선 친소가 있음이라. 친소가 있어 사과로 나뉘니 실상엔 사과가 무과로 환화공신幻化空身에 지나지 않도다. 환화공신이여! 하나로 융합되어 평등한 가운데 친소가 없도다.

본문 | 수보리야! 어떻게 생각하느냐? 아라한이 내가 아라한 도를 증득했다고 생각하겠는가?

육조 | 모든 루漏(곧 번뇌)가 다하여 다시는 번뇌가 없는 이를 아라한이라 하나니, 아라한은 번뇌를 영원히 다 멸진하여 상대와 다툼이 없느니라. 아라한과를 증득했다는 마음을 갖게 되면 바로 다툴

마음이 생기고 다툴 마음이 생기면 참된 아라한이 아니니라.

본문 ㅣ 수보리가 말했다. 아닙니다. 세존 하! 왜냐하면 실로 아라한이라 부를 만한 법이 없나이다. 세존 하! 만약에 아라한이 아라한 도를 증득했다는 생각을 갖게 되면 바로 그는 사상四相에 집착한 셈이 되나이다.

육조 ㅣ 아라한은 범어이고 한어론 무쟁無諍이라. 번뇌가 전혀 없고 삼독이 없어 정말로 위순違順이 없으니 마음과 대경對境이 다 공하고 내외가 늘 적정寂靜함을 아라한이라 하노라. 득과得果의 마음 티가 조금만 남아있어도 범부와 다름이 없나니 그래서 '아닙니다.'라고 대답했느니라.

본문 ㅣ 세존 하! 부처님이 말씀하시기를 수보리인 제가 무쟁삼매無諍三昧인 중에서 제가 제일가는 이욕離欲아라한이라 하셨나니

설의 ㅣ 안으로는 견문見聞의 혹사를 당하지 않고 밖으론 성색聲色에 물들지 않아 내외가 청정하고 확 트여 텅 비고 한가로움을 무쟁無諍이라 하며 또한 이욕離欲이라 하느니라.

육조 ㅣ 무엇을 무쟁삼매 라고 하느냐? 아라한이 그 마음에 생멸거래가 없고 오로지 본각(본성, 각체)상이 있어 늘 대상을 비쳐보기

에 무쟁삼매라 하느니라. 삼매란 범어고 한문으로는 정수正受, 또는 정견正見이라 하니라. 95종(外道) 사견邪見(佛在世時外道數)을 멀리 여의는 것을 정견이라 하니라. 하지만 공空 중엔 명암明暗의 투쟁이 있고 성중性中엔 사정邪正간의 다툼이 있나니 정定 만을 늘 생각하여 한 순간도 사심邪心이 없어야 바로 무쟁삼매 할 수 있느니라. 이런 삼매를 닦아 무리 중에서 가장 수승한 수자修者가 되었으나 일념 간에도 득과의 티가 남아있다면 무쟁삼매 수좌라 할 수 없느니라.

야부 │ 잡고 있으면 구름이 골짜기 입구에 빈틈없이 걸쳐있는 꼴이고 놓아버리면 달이 차가운 호수에 두루 내려 비치는 격이라.(※把定-공부할 시엔 짬지게 놓고 교화 시엔 두루 무애자재 貌)

설의 │ 유에 의해 움직임이 없고 6근 6진과 법 중에서도 흔적이 없음이여 무에 의해 고요하기만 한 것도 아니라 이 방면 저 방면에 걸쳐 전혀 부족함이 없느니라.

응당, 부족함이 없음이여! 달빛이 싸늘한 깊은 연못에 두루 비침이요, 흔적이 없음이여, 구름이 곡구谷口에 걸쳐 있음이라. 파정把定이 옳은가! 방행放行이 옳은가. 파정(入定)과 방행(放行)이 죄다 옳지 않으니 온통 삼천리 밖으로 쓸어버릴 일이다.(파정. 방행. 분별 지을 것 어디 있는가)

야부 │ 말이라고 소리친다고 해서 말이 생기나, 소를 소리쳐 부른들 딱히 소일 수 없나니. 이 두 쪽을 다 놓아버리고 중간도 일시로 쉬어버려라. 육문六門(六根)에서 떠나 창공의 송골매 마냥 높이 솟아 날아오르니 독보적인 존재라 천지에 당할 자가 없도다.

설의 │ 말이라 부르고 소라 불러도 반드시 그렇게 되지 못하니 방행과 파정이 다 옳지 못하니라. 이미 명암 양면에 관계하지 않고 비로자나불의 정수리에도 앉지 않나니 6근 문두에 자취가 없도다. 삼천리 밖에서 한가로이 홀로 걷나니 한가로이 홀로 걸음이여 빠르기는 창공의 송골매 같고 천지가 거둬들일 수 없으니 우주가 어찌 갈무리할 수 있을까!

본문 │ 저는 이욕離欲(無諍)아라한이 되었단 생각을 하고 있지 않나이다.
세존 하! 제가 만약 아라한 도를 증득했다는 생각을 하면 수보리는 아란나(무쟁)행을 수행하길 좋아하는 사람이라고 세존께서 말씀하시질 않겠나이다. 사실 수보리는 실로 행하는 바가 없기에 수보리가 아란나행을 수행하길 좋아한다고 하시도다.

설의 │ 이욕과 무쟁함이 이미 제일이라도 더 이상 이에 더 보탤 것이 없다는 생각일랑 하지 않나이다(하심해서 중단 없는 용맹정진 필요성 강조). 이에 반한다면 어떻게 진정한 무쟁의 경지에 이를 수 있겠나이까?

육조 ┃ 아란야는 범어고 한어로는 무쟁행無諍行이라. 무쟁행이 바로 청정행이라. 청정행이란 얻을 바가 있다는 마음을 제거함이니 소득심이 조금만이라도 있으면 유쟁이 되느니라.

다툼(갈등)이 있으면 청정도淸淨道가 아니니라. 늘 무소득심을 실천해야 바로 무쟁행(아란나행)이 되느니라.

부대사 ┃ 생도 없고 멸도 없음이여! 나我도 없고 인人도 없음이라. 번뇌장을 영원히 버리고 후유신后有身을 길이 버림이로다. 경계가 없으면 마음 또한 없어지고 나아가 또한 삼독심(탐 진 치)도 일어나지 않느니라. 값싼 자비심 없이 텅빈 채, 지혜로써 자유자재로 홀로 자연대로 살아가리라.

야부 ┃ 잘못 착각하면 여전히 또한 옳지 않나이다.

설의 ┃ 무쟁의 실다움이 있기에 그에 따른 무쟁이란 이름이 있기 마련이라. 명과 실을 다 잊어버려야 하나니 잊지 못하면 여전히 옳지 못하느니라.

야부 ┃ 진주조개 속에 진주가 들어있고 바위 속에 푸른 옥이 들어 있느니라. 사향노루엔 자연히 향기가 나기 마련이니 무엇 때문에 바람에 맞서 설 필요가 있으리오(애써 고행할 필요없음). 그대가 일용하는 살림자재가 하나도 없는 것과 같으나 일에 씀에는 하나하나 다 갖춰져 있음이라.

설의 | 명주明珠와 벽옥碧玉이 숨어 드러나지 않나니 대지大智는 바보와 같고 겉보기엔 천치와 같도다. 속에 도가 있다면 자연히 밖으로 나타나기 마련이니 어떻게 구구하게 사전에 사람들이 알아봐주길 바라겠는가? 그가 살림살이가 없다고 말하지 말라. 일상 씀에는 하나하나 다 충분히 갖춰져 있느니라.

종경 | 인천人天으로 왕래 중에 모든 번뇌가 다 없어지지 않고 수도와 증과를 다 잊음엔 무쟁(아라한)이 제일이라 범위凡位를 뛰어넘어 성위聖位에 들어감이여! 처음부터 헤아려 밝혀야 하나니 자기의 위치를 바꾸고 마음을 일신하여 철저히 자신을 수습할지어다. 잘 알아듣겠는가? 무심이 도라고 섣불리 말하지 말라. 무심도 여전히 한 겹의 관문에 가로막혀 있도다.

설의 | 범위凡位를 벗어나 성위聖位에 들어섬이여! 처음부터 헤아려 밝혔다하나 고인 물에 깔아 앉았으니 어찌 하리요? 고인 물속에서 몸과 마음을 되돌려 이리로 향해 나와 대적멸해大寂滅海에서 밑바닥까지 깊이 들어가 남김없이 철저하게 증득해야 바로 뜻을 상세하게 알 수 있느니라. 멸진정을 구경으로 여기지 말지어다. 도道로 들어감에 있어서 여전히 한 칸이 미달이로다.

종경 │ 성문위聲聞位를 이룬 이가 홀로 그 몸을 잘 다스려 조용한 가운데 늘 정定에 들어 있어도 본시 참된 것이 아니라. 마음을 돌려 여래의 바다에 빨리 들어가 자비의 배를 거꾸로 몰아 고해를 건너고자 하는 이들을 맞이해야 하느니라.

설의 │ 성문聲聞이 홀로 자신을 다스림은 인인仁人이 아니라. 어진 사람이라면 천하天下도 겸하여 잘 다스려야 하니라. 고요한 가운데 늘 정定에 듦은 고인 물에 침잠함이니 참된 용이라면 고인 물에 머물지 않느니라. 고인 물속에서 몸을 되돌려 대 적멸의 바다로 뛰어들어 자비심을 발하여 중생을 제도해야만 하느니라.(보살은 修化 —如 貌)

장엄정토문 — 제10

본문

부처님께서 수보리에게 말했다. 어떻게 생각하느냐? 여래가 과거 연등불처소에서 법을 전수받았겠는가? 수보리가 대답했다. 아닙니다. 세존 하! 여래께서 과거 연등불 처소에서 실로 전수받은 법이 없사옵니다.

설의 | 성문승들은 취한 것이 없음을 이미 밝혔고 또한 보살도 취한 상이 없었다하니, 수보리가 인행因行을 먼저 말할 제 스승 역시 말씀이 없었고 수보리 또한 들은바가 없었나이다. 불이 얻은바 없음을 공생이 간파하고 참으로 부처님께서 얻은 바가 없다고 대답했나이다. 무엇 때문에 얻은바가 없다고 말했던가? 세존의 행적으로 논하건대 수행 당시 석가가 그때 연등불께서 설하시는 법요를 듣고 나서 정각을 성취하셨는데 어찌 얻은 바가 없다고 하리요? 하지만 이는 연緣을 빌려 도道를 보아 터득했을 뿐이라. 실상으로 말하건데 석가

는 본시 천상천하에 홀로 높고 홀로 귀한 분이라. 그 위력이 모든 부처를 뛰어나 만덕萬德을 완비하셨으니, 언제 타인으로부터 점안을 받았겠으며 어떻게 다시 더 받을 법이 있었겠나이까? 그런 까닭으로 말하노라. 연등불의 수기를 받았음에도 옛 상태 그대로인 것을 어찌 알랴!

육조 │ 부처님이 아마도 수보리가 득법의 마음을 가질까봐 의심한 나머지 그것을 풀어주기 위해 짐짓 물음을 던졌느니라. 수보리가 법을 알아도 의미를 깨치지 못해 부처님의 물음에 대한 대답으로 불야不也(아니다)라 하셨느니라. 연등불은 석가모니불에게 수기授記(성불예언)하신 분이라. 그래서 수보리에게 묻기를 내가 연등불 처소에서 청법 할 시 마음에 얻었다고 여길 법이 있었겠는가? 수보리가 응대했다. 법이야 법사가 대중에게 설시說示한다해도 실상으론 얻은 바가 없었나이다. 자성만 깨친다면 본래가 청정하여 처음부터 번뇌가 없고 적정寂靜해서 항상 대상의 실상을 훤히 비추게 되며 자연히 성불되느니라. 마땅히 알지어다. 세존께서 전생에 연등불처소에 계실 적에 법에 대해서 실로 얻은 바가 없느니라. 여래의 법은 한낮의 햇빛이 밝게 사위를 비추어 끝이 없어도 그걸 취할 수 없음과 같나이다.

부대사 │ 부처를 옛날엔 선혜善慧라고 했는데 오늘날엔 능인能人이라고도 하느니라. 본질적으로 연緣이란 곧 망심妄心이요, 실체를 알아보면 그 체는 참됨이 아니로다. 법성法性은 인과因果가 아니요,

여여한 진리는 꼭 인因을 따르지 않나니 연등불로부터 수기를 받았다 해도 옛 몸(수기 받기 이전) 그대로인줄 어찌 알리오.

야부 │ 예나 지금이나 매 한가지로다.

설의 │ 비단 지난날에 무소득일 뿐만 아니라 금세에도 또한 무득無得이로다. 그렇다면 옛날에도 그와 같았다면 금세에도 그와 같도다.

야부 │ 한 손으로 하늘을 가리키고 한 손으로 땅을 가리키시니 동서남북에 추호도 빈틈이 없도다. 타고난 간담의 크기가 하늘만 하니 한없는 마魔의 무리들이 항복하고 말도다.

설의 │ 하늘을 가리키고 땅을 가리킨 뜻을 간파하는가? 남북 동서 온통 한 석가로다. 온통 한 석가여, 누구라서 그를 가둬둘 수 있으랴! 간담이 크고 넓어 하늘같나니 한 입에 제불조를 삼켜 버리느니라. 불조조차 또한 삼켜지는데 악마와 외도가 어찌 항복하지 않을 수 있으랴!

본문 │ 수보리야! 보살이 불토를 장엄한다고 생각하느냐? 아니옵니다. 세존 하! 왜냐면 불토를 장엄한다는 것은 실은 장엄이 아니라 형식상 장엄이라 지칭指称 할 뿐이외다.

설의 | 안으로는 육근六根(眼,耳,鼻,舌,身,意)과 밖으로는 자연계 모두가 청정한 능관能觀의 마음과 소관所觀의 대상對象이라 하나하나가 조작이 없는 불국토이니라. 육근과 기세간器世間을 무엇 때문에 청정 지경智境과 무위불토라 하는가? 두 손으로 눈을 힘주어 비벼보면 공중에 헛꽃들이 주룩주룩 떨어지느니라. 그렇지 않는다면 눈 가득히 맑은 파란 하늘이라 어떻게 장엄한단 말인가. 정情을 버리면 친소가 없고 지견知見이 다하면 내외가 없어지느니라. 무엇이 비 장엄인고? 정과 지견을 버린 곳에 자취조차 남기지 않는다면 불조를 만나도 원수같이 여기리라.

육조 | 불국토가 청정하여 모습도 형체도 없나니 무슨 물건으로써 능히 장엄한단 말인가? 오직 보배 같은 정定과 혜慧로서 임시로 장엄이라고 지칭함이라. 장엄엔 세 가지가 있나니 그중 첫째는 세간불토라 절을 짓고 경문을 베끼고 보시공양 등을 행함이고 둘째는 신불토身佛土이니, 일체 인人들을 다 빠짐없이 널리 공경함이요, 셋째는 심불토心佛土이니 마음이 깨끗하면 곧 불국토가 깨끗함이라. 생각 생각에 늘 얻은 바가 없는 마음을 행함이라.

야부 | 어머니가 만들어준 바지요, 청주산 거친 베저고리로다.

설의 | 엄마가 만든 바지는 순수하면서도 잡되지 않음이라.

하지만 오로지 옛것이고 지금의 것이 아니요, 청주산 거친 베저고리
는 검소해서 화려하지 않나니 그 바탕에 아름다운 무늬가 없고 본래
처음부터 몸에 맞아 바탕과 무늬가 알맞게 어울려 드디어 충분한 장
엄이라 지칭할 수 있느니라.

야부 | 온 몸을 다 털어버리니 하얗기가 서리보다 더하고 갈
대꽃과 눈밭에 비친 달빛이 그 빛을 서로 다투네. 때마침 으슥한 소택
에서 발돋움하고 서 있는 홍학이여, 게다가 정수리에 붉은 색을 더한
들 무슨 상관이랴.

설의 | 이룬 공에 따른 알맞은 지위로 나아감에 자질구레
한 것들은 죄다 던져버리고 지위에 임해 처신하니 광채 더욱 빛나도
다.(忍苦修鍊后의 소탈한 깨침의 처신)

본문 | 그래서 수보리야, 모든 '보살마하살'(10지 보살)이라면
이 같은 청정심을 내어야하나니 적어도 6근에 주해서 마음을 내지 말
아야 하느니라.

설의 | 무엇을 청정심이라고 하는가? 취함이 없고 집착함조
차 없는 것이니라. 만약에 취착심取着心이 있으면 반드시 지혜의 눈을
활짝 열어야 하나니, 일체 성현이 지혜의 눈을 연고로 모든 6근 경계
를 잘 분별하여 그 속에서 집착심을 싹 버려 마음의 자유 자재력을 갖

추게 되느니라. 이런 연고로 육근 육식의 경계가 확 트여 걸림이 없게

되어 하나하나가 명묘明妙하고 낱낱이 청정하여 허공과 같이 되나니,

이를 일러 하늘과 물이 하나로 이어져 한 가지 색이 된다하느니라. 게

다가 맑은 빛을 가로막을 얇은 구름조차 끼지 않음이라. 반야의 이용

이 이와 같이 아주 깊고 이와 같이 자재하니, 지혜안을 반드시 열어

널리 육근문六根門(=六根) 작용에 부응하되 생각 생각에 청정하여 그

때마다 해탈해야 하나니 무지하여 제경諸境에 물들어서는 안 되느니

라.

육조 | 모든 수행인은 타인의 시비문제를 논하지 말아야 하

나니 스스로 말하길 나만이 능력이 있고 나만이 잘 안다고 하면서 마

음으로 미처 배우지 못한 이들을 가벼이 여기면 이는 청정심이 아니

니라. 자성에 늘 지혜를 일으켜 평등한 자비행을 행하며 하심하면서

일체중생을 공경하는 것이 바로 수행인의 청정심이니라. 그 마음을

스스로 깨끗이 하지 않으면서 청정처에 집착한 나머지 마음속에 안

주安住함이 있으면 이는 법에 침착함이 되니라. 색色을 보고 색에 집

착하고 색에 안주하여 마음을 일으킴은 바로 미혹된 사람이요, 색을

보되 색을 떠나 색에 안주하지 않고 마음을 냄은 바로 깨달은 사람이

라. 색에 안주하고 집착하여 마음을 일으킴은 구름이 하늘을 가리는

것과 같고 색에 안주하지 않고 내는 마음은 마치 하늘에 구름 한 점

없는 것과 같느니라. 색에 안주하여 일으킨 마음은 곧 망념妄念이요,

색에 안주하지 않고 낸 마음은 바로 참된 지혜라. 망념이 생기면 곧

어두워지고 진지眞智의 빛이 비치면 바로 밝아지나니 밝으면 곧장 번뇌가 생기지 않고 어둠이 생기면 6진 경계가 다투어 일어나도다.

부대사 | 심의지心意地(마음, 생각)을 제거하면 정토인淨土人(극락인)이라 하나니, 복과 지혜를 논하지 말고 우선 탐 진 심을 여의어야 하느니라. 장엄은 능소가 없고 나(我)도 상대(人)도 없나니 단斷(끊음)과 상常(상속)에 다 물들지 않으면 시끄러운 진세塵世(속세)를 초연히 뛰쳐나오리라.

야부 | 그렇다하나 목전물目前物은 어찌할꼬?

설의 | 색성色聲에 안주하지 않는다 해도 색성이 목전에 있는데 어찌하랴.

야부 | 색色을 본대도 색에 간섭받지 않고 소리를 들어도 소리가 아니라. 색성色聲이 장애하지 않는 곳인 법왕성에 몸소 이를지어다.

설의 | 목전의 제법이 거울에 비친 물체를 몸과 같음이라. 거울에 비친 물체는 나를 장애하지 않나니 눈썹과 눈이 분명한 정상인이라. 별난 사람이 아니도다. 별남이 아님이여, 이게 바로 늘 법왕을 보는 곳이다. 그래서 말하도다. 거울 속에 누구의 모습을 보는가? 빈

골짜기 속에서는 자기 소리만이 들림이라. 제반 보고 들음에 미혹되지 않으면 어느 곳이든 길이 통하지 않겠는가?

본문 | 마땅히 집착심 없이 그 마음을 내어야 하느니라.

설의 | 쓸데없이 풍파를 뒤따르지 말고 늘 멸진정(心과 心所 모두 단절한 삼매) 상태에서 제 기근機根에 응해야하나니 이게 바로 암暗중의 명明이라고 하느니라. 안주함이 없음은 마침내 내외가 없고 중간도 비어 물物이 없어 거울이 텅 비고 저울대가 형평을 유지하는 것같아 선악시비를 가슴 속에 개입하지 않음이요, 그 마음을 낸다는 것은 무주심으로 사물에 응대하되 사물에 의해 사로잡히지 않음이라. 공자가 말했다. 군자가 천하에 머무름에 옳은 것도 없고, 옳지 않는 것도 없어 의義를 따라 행할 뿐이라. 이는 마음에 어디하나 의지함이 없이 의로써 일을 처리함이니, 의로써 일을 하면 반드시 물에 연루되지 않으며 물에 연루되지 않으면 반드시 그 적당함을 잃지 않으리라. 성인은 때는 달라도 그 도는 변함이 없고 말은 달라도 서로 바라는 바가 같음은 이에서 가히 알 수 있느니라. 사씨謝氏(謝靈運 남조 宋때 시인)의 무적막無適莫(맞는 것도 안 맞는 것도 없음)구句의 주註(공자의 논어. 註. 군자의 치우치지 않은 행. 君子時中之道) 중에서 경의 이 구(應無所住 而生其心)를 인용해 버릇없이 제멋대로 굴려 성인으로부터 죄를 짓게 되었음이라. 어떻게 그 말이 심중하지 못하고 그런 정도로 심하게 되었던고(사씨는 집착심을 가지고 뒤는 집착심 버림 차이) 옛적에 노행자(혜능)가

오조 홍인대사 처소에서 금강경을 듣고 이 구절에(應無所住而行其心) 이르러 마음의 꽃이 갑자기 피어나 홍인사로부터 의발을 전수받아 제육대 조사가 되었느니라. 일대부터 오세 대 걸쳐 열매가 맺어 그 법향이 천지를 뒤덮었으니 단지 이구절이 한없는 인천의 도사를 출생시켰음을 알아야 하리라. 오호! 슬프다. 사씨여! 어찌 그런 좁은 소견으로 넓고 푸른 하늘을 가리려고 했던가!

야부 │ 뒤로 물러서라. 뒤로 물러서라! 보아라! 잡석이 움직이고 있네.

설의 │ 밝음 가운데서 자취를 남기지 말고 도리어 암중暗中을 향해 들어갈지어다. 잘 보아라! 아주 움직이지 않는 것이 지금 움직이네. 움직임이 바로 움직임이 아니도다.(一切唯心造)

야부 │ 산속 전당殿堂, 고요한 밤 말없이 앉았으니 고요하고 쓸쓸함이 본래의 자연이라. 무슨 일로 서풍이 들풀을 흔들어 놓는고. 차가운 밤하늘에 한결같은 소리의 기러기는 먼 하늘을 울며 가노라.(무위도 본성이고 유위도 본성이라)

설의 │ 본래 움직임이 없는데 어떻게 움직일 필요가 있는가? 잘 알아야 하느니라. 온 바다에 파도가 고요하니 용이 편안히 잠들고 높은 하늘에 구름이 없으니 학이 높이 높이 날도다.

본문 │ 수보리야! 비유컨대 어떤 사람의 몸이 산중에서 제일 높은 수미산왕 만큼 하다면 그 몸이 크다고 생각하느냐? 수보리가 대답했다. 대단히 크나이다. 세존 하. 왜냐하면 세존께서 본질적으로 몸 아닌 걸 말씀하셔 큰 몸이라고 지칭하시기 때문이옵니다.

설의 │ 18계(6진 6근 6식)를 내려놓으니 청정하기가 이를 데 없도다. 원만하고 텅 빈 고요한 본체가 이에서 활짝 나타나리라. 본체는 마치 거북의 털인 양(실체가 없음을 비유) 모습이 우뚝 솟았네. 수미산이 팔해(7산 8해 구조)를 채우니 주위 뭇 산들이 보잘 것 없도다. 세존께서 공생에게 물은 것은 다 깊은 이유가 있느니라. 아마도 사람들이 이에 대단히 잘못 착각하기 마련인데 공생이 참으로 부처님의 의중의 뜻을 미리 잘 간파하여 몸이 아니다. 란 것으로 답하니 아주 뛰어난 지음知音임에 틀림없도다. 이를테면 몸이 아니다. 란 도리를 어떻게 말할 것인가? 일찍이 잠시도 있은 적이 없었으나 형상은 분명하니 형상이 분명하나 토끼의 뿔과 같도다.(본체는 離有無, 像은 오온으로 구성. 필경 괴멸 而歸空 貌)

육조 │ 색신은 크나 내심內心의 국량이 작으면 대신이라 할 수 없고 내심의 기량이 커서 허공과 같으면 큰 몸이라고 할 수 있나니 색신이 수미산 같다 해도 마침내 크다고 할 수 없나이다.

부대사 │ 수미산이 높고 큼이여! 바로 법왕신에 비유됨이라.

칠보를 온 몸에 가지런히 휘두르고 육바라밀을 스스로 정진함이로다. 사색(赤.靑.白.黑)은 산상山相이 되고 자비는 불인佛因이 되도다. 유형은 결국 큰 것이 아니요, 무상이 바로 참이 되느니라.

야부 │ 설사 있다한들 어느 곳에 둘 것인가?

설의 │ 다행이도 토끼의 뿔과도 같음이라. 설사 있다한들 어디에다 둘 것인가? 강렬한 불꽃 속엔 잠시도 물物이 버틸 수 없느니라.

야부 │ 수미산을 가지고 덧없는 육체를 만들고 그대의 간담이 크고 마음이 뛰어나 목전에 여러 가지를 가리키려고 한들 나는 말하리라. 그 가운데 하나도 없다고 곧장 그곳으로 들어갈지어다.(그곳은 바로 그 자리)

설의 │ 큰 몸을 몸이 아니라고 말함이여! 간담이 아주 크구려. 다행히 몸이 아니다 라고 하니 설사 몸이라고 부른들 나는 말하리라. 그것은 죄다 거북이 털에 지나지 않는다고. 간절히 바라노니 알고자 하는 이들은 그 속으로 뛰어 들어 갈지어다.

종경 │ 여래께서 연등불로부터 법등을 이었으나 실지론 이은 법이 없음이요, 보살이 불토를 장엄하나 장엄에 착한 마음이 응당 없음이라. 모든 망상이 다 없어짐에 따라 하나의 참됨만이 청정하나이다. 옛날 법화경의 묘지妙旨를 궁구타가 보현보살의 가르침을 친히 듣게 되어 신심이 청정해져 편안한 자세로 진실을 참구하여 깊은 뜻에 그윽히 부합되어 활짝 전인前因을 깨달아 심법心法을 다 잃고 육근육진의 경계가 다 없어졌도다. 잠시 말해보라! 무엇을 장엄했던가? 손가락 한번 튕기는 순간에 팔만사천법문이 원만히 성취되고 찰나에 삼아승지겁을 뛰어넘도다.

설의 ┃ 연등불의 법등을 이어받았다고는 하나 무엇을 전수伝授했다는 말이며, 무엇을 전수받았단 말인가? 불토를 장엄했다고 하나 장엄의 대상은 무슨 국토인가? 장엄한 이는 누구인가? 능소能所가 이미 없음에 마음에 응당 안주함이 없느니라. 마음속에 이미 집착상이 없으니 모든 망상이 사라지고 망념이 사라지니 일진一眞이 현현顯現함이라. 옛날 법화경의 묘지妙旨를 참구하다가 영검을 받아 실상에 계합하고 나서 바로 심법을 다 잃고 육근육진 경계가 다 없어졌음이라. 잠시 말해보라. 무엇을 장엄했단 말인가? 일탄지一彈指 순간에 원만하게 성취하지 못한 법이 없었느니라. 일찰나 간에 그동안 지은 죄를 다 멸해 버리게 되었느니라. 정토를 장엄한 일이 이와 같나니 실상과 조금도 어긋남이 없느니라.

종경 ┃ 정법안 중에서 얻은 바가 없나니 열반심을 떠나 함부로 장엄함이라. 육진이 본래 공적空寂함을 아는 사람이 없나니 수미

산을 넘어뜨려 달 속으로 던져버려라.(除去 고정관념)

설의 | 정토를 장엄함은 무슨 뜻인가? 정법안과 경의 참된 핵심을 터득함이로다. 정법안이란 무엇인가? 법엔 영원불변의 존재하는 바가 없음을 요달함이요. 법에 이미 상존함이 없다면 일체 마음도 또한 없나니 마음이 없고 감득심도 없다면 이를 열반심이라고 하느니라. 이런 참된 장엄을 중생은 알지 못하나니 모습에 해당되는 몸과 국토를 취取하여 마구 장엄함일세. 고로 대신大身을 신身이 아니라고 하여 드디어 지견知見에 맡기지 않게 하니라.

무위복승분 — 제11

(무위의 복이 더 좋음)

본문

수보리야! 항하에 있는 모래수 만큼 많은 항하가 또 있다면 어떻게 생각하느냐? 그 항하의 모래수가 그렇게 많겠는가? 수보리가 말했다. 심히 많겠나이다. 세존 하! 다만 모든 항하도 오히려 무수히 많은데 하물며 그 모래수이겠습니까?

설의 │ 일 항하의 모래수가 한없는데 그 모래수 같은 항하 또한 상이 없도다. 일성중—性中에 항하의 모래수 만한 묘용妙用이 있으니 항하의 모래수 만한 법도 무진함이라. 하나하나의 항하사도 무진하니 하나하나의 법 가운데 항사의 작용이 있도다.

야부 │ 전 삼삼, 후 삼삼이로다.(시종, 전후 변화없음)

설의 │ 천지일월과 삼라만상과 성상공유性相空有와 명암살활

明暗殺活과 범성인과凡聖因果의 모든 법교法教(불교 전문용어, 곧 불법)를 한 마디로 다 설파했도다.

야부 | 일, 이, 삼, 사로 항사 수를 다 셈이여, 모래수 만한 항하의 수가 다시 또한 많도다. 다 세어서 목전에 한 법도 없어야 바야흐로 고요한 곳에서 불교의 일체지를 증득하리라.

설의 | 일, 이, 삼, 사의 수가 항하와 같음이여. 일 항하의 모래수로 셈하니 일 항하의 모래수가 오히려 부족함이라. 모래수 같은 항하의 수가 더욱 많도다. 제법이 가없어 그 수를 다 헤아리기 어려우니 제법諸法을 다 궁구窮究해도 다른 법이 없도다. 법에 별다른 법이 없음을 깨달아야 바야흐로 고요한 곳에서 불법의 모든 지혜를 갖추게 되리라.

본문 | 수보리야. 내가 지금 진실한 말로 너에게 고하노라. 선남선녀인이 칠보를 가지고 이곳 항하사恒河沙만한 수의 삼천대천세계에 가득 채워 보시한다면 얻는 복이 많겠는가? 수보리가 대답했다.

대단히 많겠나이다. 세존 하!

세존이 수보리에게 말했다. 선남선녀가 이경중의 사구게 정도라도 인용하여 다른 사람을 위해 설한다면 이 복덕은 앞의 칠보 보시공덕보다 더 수승하리라.

설의 | 보물을 보시함은 마침내 생사업과를 받게 되어 보다 못하게 되고 법을 설함은 마땅히 보리로 나아가게 되어 보다 더 수승하다 하니라.

육조 | 칠보를 보시하면 삼계에 걸쳐 부귀의 과보를 받게 되고 대승경전을 강설하면 모든 청자로 하여금 대지혜를 일으켜 무상의 도를 이루게 되나니 경구를 수지한 복덕이 앞의 칠보보시 복덕보다 더 수승하니라.

부대사 | 항하의 수는 대단히 많은데 게다가 그 모래수는 더욱 헤아리기 어려우니라. 모래알 수 같은 칠보를 가지고 보시하거나 미음 한 사발 정도라도 보시함은 상을 갖게 되어 다 환상幻像에 지나지 않느니라. 다만 지혜가 물시物施보다 더 뛰어나다고 말하나니 법의 사구게에 비쳐본다면 결국 이 물복物福은 뛰어나지 못하도다.

야부 | 금빛이 나는 진짜 고급 놋쇠라도 금과는 바꿀 수 없느니라.

설의 | 진유眞鍮가 진귀하나 정금精金에 비교하면 여전히 하급한 보배에 지나지 않고 시복施福이 수승하나 경經 복에 비교하면 여전히 하열한 복에 지나지 않느니라.

야부 | 바다 속에 들어가 모래알을 세면 헛되이 힘만 쓰게 되고 잡다한 속사俗事로 돌아 다녀도 성과는 별무別無하리니 자가自家의 보배를 끌어내어 고목枯木에다 꽃을 피워 봄기운을 조성함만 어찌 같겠는가?

설의 | 근본을 버리고 풍파를 따르니 마침내 유루인有漏因이 되도다. 유루인이여, 바로 자기를 밝힘만 어떻게 같겠는가? 무엇 때문에 자기를 밝히려고 하는가? 사람들의 서 있는 그 자리가 바로 청정하여 본래의 해탈이라. 게다가 금일사今日事를 밝히면 달리 또 하나의 다른 봄 경치가 펼쳐지리라.

종경 | 항하수 만큼 가득 찬 칠보로 삼천대천세계에 두루 보시하면 얻는 복덕이 분명하야 과果와 인因에 어둡지 않거니와 능히 사구게를 선설하면 앞서 말한 물시보다는 수만 배 더 수승함이라. 참된 지혜로써 어리석음을 비춰봄이 마치 급류를 만나 재빨리 뒤로 물러남과 같나이다. 잠깐 말해보라. 물러난 후엔 어떻게 하겠는가? 코끼리가 항하를 건널 때에 강 밑바닥에까지 철저히 밟고 건너는 것처럼 대천사계大千沙界가 산산조각이 남이로다.

설의 | 칠보를 보시한 복덕의 과와 인이 분명함이나 경중의 사구게를 선설함이 앞의 재물보시보다 수만 배 더 수승함이라. 이 경을 가지고 선설宣說함이 무엇 때문에 앞의 재물보시 복덕보다 더 수

승한가? 앞의 재물보시는 지안智眼이 밝지 못해 어리석은 마음을 제거하지 못하거니와 법시는 지혜로써 어리석음을 비춰봐 우치한 기운이 없어짐이라. 잠깐 말해보라! 이후엔 어쩌겠는가? 예리한 기근機根으로 경에 따라 뜻을 이해하면 이 도의 근원을 환히 밝히리니 근원을 환히 밝히고 나면 오랜 시간에 걸친 무명이 당장에 사라지리라. 무명이 다 사라져버린 후면 목전의 경계가 무슨 상관이리오!

종경 │ 칠보를 더 늘려 항사수 만큼 가득 채움이여, 달콤한 참외를 버리고 쓴 참외를 찾는 것과 같음이여. 진공眞空은 원래 허물어지지 않음을 활짝 깨친다면 백 천 가지 삼매가 모두 헛된 꽃에 불과하도다.

설의 │ 달디 단 참외를 먹고 나면 기분이 좋고 쓴 참외를 먹고 나면 기분이 씁쓸하니라. 경을 받아 지니면 당연히 무상의 즐거움을 느끼고 재물보시엔 마침내 유루有漏의 인이 되느니라. 재보시는 무엇 때문에 결국 유루가 되는가? 경을 수지受持함은 무엇 때문에 즐거움 상이 끝이 없는가? 지경持經은 진공眞空을 활짝 깨침에 있고 재보시는 부질없이 상相에 안주하게 되나니 주상住相보시는 생천生天의 복이라. 마치 허공을 우러러보며 화살을 쏘아 올리는 것과 같느니라. 진공이 본래 허물어지지 않음을 활연히 깨치고 보면 백 천 삼매(온갖 수행사)가 결국엔 헛된 꽃에 지나지 않느니라.

존중정교분 — 제12

(바른 敎를 존중함)

본문

또한 수보리야! 이 경, 나아가 경속의 사구게 정도라도 몸에 지
녀 남을 위해 선설宣說하면 선설하는 그곳은 일체 세간 천인 아수라
가 부처님 유골을 모셔놓은 탐묘塔廟에 공양하는 것 같이 여김을 알
아야 하느니라.

육조 | 있는 곳에서 사람을 만나면 이 경을 설하되 늘 생각 생
각에 무념심과 무소득심을 행할지니 능소심으로 설하지 말아야 하느
니라. 만약에 모든 마음을 멀리 여의어 늘 무소득심을 따르면 바로 그
몸에 여래의 전신사리를 갖게 되어 바로 움직이는 불탑묘佛塔廟라고
하니라.

무소득심으로 이 경을 설하는 이는 천룡팔부가 다 와서 듣고 있
음을 느낄 수 있거니와 마음이 만약 청정하지 못하면서 다만 세간의
평판과 호의호식을 위하여 이 경을 설하는 이는 죽어 삼악도에 떨어

지리니 이 경을 설한들 무슨 이익이 있으리오. 일심이 청정하여 이 경을 설하는 이는 모든 청자聽者로 하여금 미망심迷妄心을 없애고 또한 본래의 불성을 깨쳐 항상 진실을 행하게 되면 천인, 아수라, 비인 등이 다 와서 공양하리라.

본문 │ 게다가 어떤 사람이 이 경을 다 독송함에 있어서랴! 수보리야, 그 사람은 최상의 제일가는 희유한 법을 성취한 줄로 알아야 하니라.

설의 │ 사구게란 금강경 전체에 비해서 소분에 지나지 않음을 말하느니라. 소분일지라도 소분을 설하는 곳마다 중생들이 불탑마냥 공양하나니, 소분도 또한 그와 같음인데 하물며 전 경을 다 지설持說함에 있어서랴. 전경지설全經持說한다면 불탑묘처럼 존숭할 뿐만 아니라 그 전경지설全經持說하는 자는 최상 무상의 제일가는 비교불능의 정도로 희유하여 얻기 어려운 법을 진정 성취했음을 알아야 하느니라.

본문 │ 왜냐면 이 경전이 있는 곳은 부처님과 또한 존중하는 제자들이 있는 것과 같기 때문이로다.

설의 │ 앞에선 경보經報의 수승함을 밝히고 다음엔 인人과 법法을 존숭하도록 가르치느니라. 여기엔 경이 수승한 이유를 나타냄이니 인간세에서 존중하는 것은 현성賢聖이요, 성인이 존중하는 것은 부처이니라. 부처님이 존중하는 것은 경이라. 이 경은 부처와 현성賢聖조차도 또한 중하게 여기니 이 경의 수승함을 알만하도다. 앞에선 불법승 삼보가 모두 이 경으로부터 유출流出되었고 일체 불법이 모두가 이 경으로부터 다 나왔음을 말하고 있느니라. 일체 현성이 모두 무위법으로써 차별을 짓느니라. 이는 삼보가 필연코 일경一經으로 취착되는 걸 밝혀 경전이 있는 곳엔 부처와 존중하는 제자가 있는 걸로 여기느니라. 전술前述한 바는 체에서 용을 일으킴이요, 후자에선 용을 거둬들여 체로 귀착시킴이로다. 앞서 밝힌 삼보 하나하나가 흔적도 없이 사라져 불법이 법이 아니고 사과(수다원과, 사다함과, 아나함과, 아라함과)가 다 과가 없고 나아가 장엄이 장엄이 아니고 신身이 신이 아니니 이는 불법승 삼보가 되려 한 곳을 향해 살아있음을 밝히고 있어 경전이 있는 곳은 바로 부처와 또한 존중하는 제자들이 있는 거와 같다고 말하느니라. 앞에서와 같이 굳게 지니고 있으면 천지가 캄캄한 암흑이 되고 후자같이 놓아주면 일월과 같이 밝도다. 그렇다면 이 한 줄의 문장을 전체구全体句라 하고 또한 전용구全用句라 하나니 이를 일러 쌍명쌍암雙明雙暗이라 하며 또한 쌍방쌍수雙放雙收라고 하니라.

육조 | 스스로 이 경을 염송하고 자심으로 이 경의 뜻을 요해하고 게다가 무착무상의 도리를 체득하여 머문 곳에서 늘 불행佛行을 닦아 생각 생각에 쉼이 없으면 바로 자심이 부처佛라. 그래서 머문 곳에 바로 부처가 계신다고 하느니라.

부대사 | 항사(항하의 모래수)를 대충 헤아려 여섯 가지로 뛰어나다고는 하나 그런데도 경을 수지하거나 사구게 정도라도 취람取覽하면 칠보시七寶施가 어찌 그것을 능가하겠는가? 법문을 하는 곳에 공양하면 아수라조차도 감동하리라. 많은 경중에서 다 가장 수승하다고 하니 모두들 존경함이 부처와도 같으리라.

야부 | 마땅히 그와 같으니라.(경이 있는 곳은 불제자가 있음과 동일)

설의 | 서권舒卷이 자재롭고 은현隱現이 무애無碍하니 당연히 그와 같으니라. 백운은 확실히 청산에 있어 산이 백운을 머금고 있음이 참말로 알맞은 양상이니라.

야부 | 바다같이 깊음이요, 산같이 견고함이로다. 한 자리에서 이리저리 돌고 돌아도 떠나거나 한 자리에 착하지도 않느니라. 굴에서 나온 금털사자가 더없는 위엄으로 포효하니 여우같은 잡수들이 두려워 어쩔 줄 몰라 하느니라. 깊이 생각해 무기를 사용하지 않고 바로 천마외도를 포섭하여 귀항시킴이로다.

설의 | 해와 달이 밝으나 그 밝음은 이 금강경에 미치지 못하고 겁화로 이 우주가 허물어질 때라도 금강경 사상思想은 허물어지지 않노라. 연이나 주인과 손님이 뒤섞이고서도 서로가 잘 통하여 걸림

없이 운신함에 대용大用을 십분 발휘하니 군사들이 스스로 항복하니라. 구중궁궐 같은 곳에서 아무 하는 일 없이 단정히 두 손 모으고 앉아 있어도 사해가 우러러보게 되도다.

종경 │ 삼근(상, 중, 하근)을 자비롭고 불쌍히 여겨 그들의 근기에 따라 선설하시니 이에 곧 인천이 경앙함이요, 사구게 정도라도 수지함에 모두가 부처님의 탑묘 마냥 존숭하도다. 늘 무념무상의 마음을 실천해간다면 바로 희유한 법이 되나니 어떤 것이 최상의 제일가는 한마디 말인가? 나 지금 혼자서 요달할 뿐만 아니라 항사 같은 모든 부처도 다 똑같이 체득함이로다. 법을 선설하는 곳마다 편의에 따를 뿐 공空에 체애滯碍되지 않나니 경속의 사구게 정도라도 지송持頌하면서 유통시킬 것을 권하도다. 천룡이 그런 불자를 빈틈없이 외호하면서 존숭하길 부처님의 탑묘 같이 하리라. 뜻있는 자의 유통의 공덕이 가없어 이루다 찬탄할 수 없느니라.

여법수지분 — 제13

(法대로 수지함)

본문

그 때에 수보리가 세존에게 아뢰었다.

세존이시여! 이 경의 명칭을 어떻게 정하옵고 어떻게 봉지하오
리까?

세존께서 수보리에게 말씀하셨다.

이 경의 명칭을 '금강반야바라밀'이라고 하고 그런 이름으로 너
희들은 잘 받들어 가질지어다.

설의 | 처음에 앉을 자리를 까는데 부터 시작해 마지막으로
여기까지 이르러 한 경의 체제가 두루 갖추어져 설하신 뜻이 주도면
밀했도다. 그런 연후 공생이 경의 이름을 붙여 봉지코자 하거늘 여래
가 이에 대해서 처음부터 끝까지 자상하게 일러주셔서 봉지자들에게
그 부절유통不絶流通을 신신당부 하시도다.

야부 | 오늘 조금 내놓고 크게 대접받음이로다.

설의 | 경의 이름을 한번 묻고 봉지코자 하거늘 소반채로 내밀어 주면서 친히 당부하시니 정말 그것을 대단한 대접이라고 하지 않겠는가?

야부 | 불火로써도 태울 수 없고 물水로써도 빠뜨릴 수 없으며 바람風으로서도 날려 보낼 수 없고 칼刀로써도 쪼갤 수 없느니라.
부드럽기는 도라면(목화솜)과 같고 단단하기는 철벽과도 같나니 천상과 인간에서 고금에 걸쳐 알 수 없도다. 咦(아이쿠).

설의 | '반야바라밀'이여! 수만 번을 변해도 본질은 변하지 않도다. 비록 변하지 않는다 해도 물物이 다가오면 바로 반응함이요, 물物에 반응해도 또한 본질은 변해버리지 않도다. 정식情識이 닿지 않는 곳이라. 어찌 사려思慮를 용납하리요.

본문 | 왜냐하면 수보리야 세존이 설한 '반야바라밀'이 바로 '반야바라밀'이 아니라 '반야바라밀'이라고 이름 붙여 지칭했을 뿐이니라.

설의 | 경을 얼마만큼 설하시고 나서 경에 제목을 붙여 신신 당부하시고 또한 말에 따라 알음알이를 낼까봐 두려워한 나머지 반

야가 반야가 아니라고 하시고 문자성이 본래 공함을 알게 하시니라.

육조 │ 세존이 '반야바라밀'을 설하사 이제 모든 학인들이 지혜를 사용하여 마음의 생멸을 다 없애버리시니라. 생멸이 다 없어지면 바로 피안에 이름이라. 마음속에 얻은 바가 있다면 피안에 도달한 것이 아니라 마음에 한 법도 얻은 것이 없어야 피안에 도달한 셈이니 입으로 말한 걸 마음으로 행해야 피안에 도달한 것이 되느니라.

야부 │ 여전히 아직도 조금은 미흡한 데가 있도다.

설의 │ 반야를 반야가 아니라 함이여, 옳긴 진실로 옳으나 여전히 좁다란 길을 사이에 두도다.

야부 │ 한 손으로는 들고 한 손으로는 억누르며 좌변은 취주하고 우변으론 박차를 치도다. 줄 없는 거문고로 무생곡을 타니 오음(궁,상,각,치,우) 등에 속하지 않아도 곡조가 아름답도다. 지음知音이 안 뒤엔 쓸데없이 평판만 멀리까지 퍼지도다.

설의 │ 반야가 바로 반야가 아니라 한 쪽은 들고 한 쪽은 억누르고 좌는 취주하고 우는 박자를 치도다. 들고 내려누름이나 취주 박차 맞춤을 잘하긴 잘하나 아직은 뛰어난 명수는 아니니라. 줄 없는 거문고로 무생곡을 탈 수 있어야 비로소 탄금명수彈琴名手라고 칭할 수 있으리니 무생곡이라면 대녁擡누를 닉搦과 취박吹拍에도 속하지 않느니라. 저 오음에 안 속해도 격조가 청신하여 일반 오음과는 구별되느니라. 이런 곡엔 예부터 화답하는 이가 드물어 종자기鍾子期(거문고 청음 명인)가 있어 듣는데도 더욱더 어쩔 줄 몰라 하리라.

본문 | 수보리야, 어떻게 생각하느냐? 여래가 선설한 법이 있는가? 수보리가 부처님께 아뢰었다. 세존이시여! 여래께서 설한 법이 없나이다.

설의 | 세존께서 공생이 공空을 잘 안다고 인정하실 정도라, 정말 부처께서 본래 말씀이 없을 때 그 뜻을 능히 잘 앎이로다. 그러나 아난이 결집한 이래로 경문과 그 해설문 등의 수많은 언사가 목판과 죽간 등에 실려 있어 인도에서 흘러와서 중국에 가득차서 지금까지 이르나니 황면노자(부처)가 한 마디도 안했다면 이 같은 법장을 누구가 설했겠나. 반드시 알지어다. 말씀을 했다고 해도 비방이 되고 하지 않았다 해도 또한 용납 못할 일이로다.

육조 | 세존께서 수보리에게 물으셨다. 내가 선설한 법을 맘속으로 얻은바(자각, 의식, 자아심)가 있느냐? 수보리가 알기론 여래가 설한 법에 대해서 마음으로 얻은 바가 없나이다. 여래께서 의도하신 것은 세인으로 하여금 여래의 법문에 의해 얻었다는 마음을 버리게끔 '반야바라밀'법을 설하사 일체 세인으로 하여금 듣게 하여 모두

다 보리심을 발하여 무생의 도리를 깨쳐 무상의 도를 성취시키고자 함이라.

부대사 | 명칭 가운데 도리가(義)이 없고 도리 가운데 또한 명칭만이 따로 없다. 금강은 진지眞智를 비유함이며 악을 파하고 정절 貞節(계율에 기반 한 바른 신심)을 견고히 함이로다. 저 언덕에 도착하려면 불리佛理에 들어가 미정迷情에서 벗어나야하니 지인智人은 마음을 자연히 깨치게 되고 어리석은 자는 마음 밖으로 나돌며 성교聲敎만을 찾아 헤매느니라.

야부 | 말소리를 낮춰라. 말소리를 낮춰.

설의 | 세존이 선설한 바가 없음이여, 옳긴 진실로 옳긴 하나 말씀 없음도 또한 부처의 본심이 아니니라. 그래서 소리를 낮춰라 낮춰라하시니 한결 같이 말씀이 없었다고 하지 말지어다. 인천의 고막이 찢어질듯 하도다. 소란함이여! 삼가 청하노니 음성을 낮추시라.

야부 | 범부위凡夫位에 들어가 낮은 방편으로 제도해도 어쩌지 못해 결국 날카로운 칼날로 잘라버린 후 손으로 어루만져 주도다. 비록 출입에 자취가 없을지라도 온전히 드러난 아름다운 무늬가 보이는가?

설의 │ 황면노인(부처님)을 알고자 하는가? 이 노인은 본래 낙초한落草漢을 좋아하지 않으며 또한 싫어하지도 않나니, 좋아하기에 낙(入)초하여도 이 노인을 볼 수 없고 싫어하기에 초에서 벗어나서 이 노인을 찾아봐도 찾을 수가 없느니라. 그래서 말하노라. 비록 또한 언어의 도에 따르지 않을지라도 무언설의 도에도 집착하지 않느니라. 보라! 황면노자께서 출두하셨도다. 마혜수라(색계 頂上의 천신) 눈 앞에선 몸을 숨길 여지가 없도다.

본문 │ 수보리야! 어떻게 생각하느냐? 삼천대천에 미세한 티끌이 많겠는가? 수보리가 말했다. 대단히 많겠나이다. 세존 하! 수보리야 그 모든 미진을 여래께선 실로 미진으로 여기지 않고 단지 미진이라고 이름 할 뿐이니라. 따라서 세계도 실상은 세계가 아니라 세계라고 이름하고 있을 뿐이다.

설의 │ 이는 진계塵界를 비유로 말해 다 말할 수 없는 상태를 밝힘이라. 일대지一大地에 삼천세계가 있으니 삼천계 속의 티끌은 다 헤아리기가 어려운지라. 본원적으로 일대지만 여의면 세계 미진이 결국 다 공하게 됨이라. 일불승에서 삼승을 선설하시니, 무진한 법문이 이로부터 비롯됨이라. 본래 있던 일승불을 버리면 법법이 모두 공해져 있지 않게 되나라. 그렇다면 처음 녹야원에서 사제법문(苦集滅道)을 시작해 지금의 반야경에 이르기까지 보일만한 법이 있고 선설할 말거리가 있었다고 하겠지만 실상으로 관컨대(法理로 봐서) 본래

한 말이 없으며 보인 법도 없느니라.

세존은 본래 무심이라. 따라서 나타낼 말도 있을 수 없느니라. 티끌이 티끌이 아니라면 법수가 바로 법수(불교) 아님이요, 계界가 계가 아니면 3승이 곧 3승이 아니라. 삼승을 알고자함에 어찌 영산회상을 기다릴 필요가 있는가? 기원정사 법좌상法座上에서 제일 먼저 일불승으로 귀의했도다.

육조 | 여래께서 설하셨다. 중생 성중性中의 망념이 삼천대천세계에 있는 티끌만큼이나 많나니 일체중생의 미진微塵만한 망념이 쉴 새 없이 일고 스러지면서 불성이 가리워져서 해탈할 수 없느니라. 만약 생각 생각에 참답고 바르게 해 '반야바라밀' 무착무상 행을 닦으면 망념 진노塵勞(번뇌)가 바로 청정법성임을 요달하리라. 망념이 없으면 바로 미진이 아니고 진眞이 바로 망妄이고, 망이 곧 진임을 요달하여 진과 망이 다 없어지면 그 이상 별다른 법이 있을 수 없느니라. 그래서 짐짓 미진이라고 지칭함이라. 성품 중에 진노(번뇌)가 없으면 바로 부처의 세계니라. 심중에 진로가 있으면 그게 바로 중생세계니라.

제망념이 공적함을 알고 있기에 세계가 세계가 아니라 하나니라. 여래 법신을 증득하여 미진수 같은 국토에 널리 시현하여 요구에 응하여 작용함에 무애자재하니 이를 일러 세계라 하느니라.

부대사 | 미진이 쌓여 세계가 되고 세계를 분석해 미진이 되

나니 계界는 인천의 과를 비유함이요, 티끌은 유루有漏(번뇌)의 인을 비유하도다. 진塵으로써의 인因은 참답지 못하고 계界에 있어서의 과果도 참답지 못하니 과와 인이 환상인줄 알기만 하면 유유자적한 사람이 되리라.

야부 │ 남섬부주南贍部洲요, 북울단월北鬱單越(수미 사주 중 가장 수승한 곳)이로다.

설의 │ 지금에 야부사가 바로 진계塵界를 취하여 평상의 부동不動(무위)을 밝히시니 진塵이 진이 아니면 진이 바로 정묘신淨妙身이라. 계界가 계가 아니면 계가 바로 황금국(불국토)이니 계가 이미 황금국임을 알았다면 다시 뭣 때문에 또 다른 계를 말하는가? 진이 이미 정묘신임을 알면 다시는 바로 미진이 아니라 단지 남섬부주요, 북울단월일 뿐이다.

야부 │ 머리는 하늘을 향하고 발은 땅을 밟기 마련. 배고프면 밥 먹고 곤하면 자는 것이다. 차토가 서천이요, 서천이 차토로다. 이르는 곳마다 원정元正이란 말은 바로 새해이니 남북동서에 걸쳐 다만 이것일 뿐이다.

설의 │ 하늘을 향하고 땅을 밟고 서는 것은 사람마다 다 같음이라. 배고프면 밥 먹고, 피곤하면 자는 것이야 누군들 못하랴. 오직

이 참다운 소식은 피차에 두 종류가 다름이 없느니라. 그런데 두 종류가 없는 도리를 어떻게 말하리오. 매화가지 한 편의 흰 꽃송이로 천하에 봄이 왔음을 족히 알고 오동나무 한 잎에서 천하에 가을이 왔음을 알 수 있느니라. 이로써 천하사를 의심하지 않나니 천하인들이 죄다 나와 같도다. 응당 나와 같음이여! 오랜 가뭄에 단비를 만나니 누군들 기쁘지 않으리오. 또한 머리가 하늘을 향한다는 건 평상에 줄곧 움직이지 않은 도리고 본문중의 차토 운운은 피차에 두 가지가 없음이요, 도처到處운운은 사사로움이 없는 그 하나가 일체처를 다 포용함을 뜻하도다.

본문 | 수보리야, 32상으로 여래를 볼 수 있다고 생각하느냐? 아닙니다. 세존 하. 32상으로 여래를 볼 수 없습니다. 왜냐하면 여래께서 선설하신 32상은 바로 상相이 아니라 단지 방편 상 32상이라 지칭했을 뿐입니다.

설의 | 상相이 맞다 상相이 틀렸다고 하는 것은 모두 부처가 아니고 상相이 바로 상相이 아니라고 함이 바로 곧 참됨이라. 이와 같이 확실히 안다면 천진天眞(本來) 모습을 또한 어떻게 의심하랴!

육조 | 32상이란 32 청정행이니 오근五根 중에서 6바라밀을 닦고 의근 중에서 무상無相과 무위無爲를 닦으면 32 청정행이 되느니라. 이 32 청정행을 늘 닦으면 바로 성불할 수 있나니, 32 청정행을 수

181

행하지 않으면 끝내 성불할 수 없느니라. 다만 여래의 32 청정행을 애착만 하고 몸소 32행을 수습하지 않으면 끝내 여래를 친견하지 못하리라.

부대사 | 세존이 공생에게 상相을 물었다. 수보리는 답했다. 상相이 아닙니다. 하나의 상相조차도 전혀 없는데 무상을 가지고 세존이 어떻게 하겠습니까? 인공人空의 이치만 요달했지 법공을 미처 알지 못했도다. 일체에 걸쳐서 온전히 상相이 없어야 바야흐로 대자비(佛)라고 할 수 있느니라.

야부 | 할머니의 옷을 빌려 입고 할머니께 예배하도다.

설의 | 세존이 무상을 얘기코자 하심에 정말 상相이 아니라고 답했지, 만약에 여래께서 상相을 물었다면 또한 상相으로써 답했으리.

야부 | 네가 있으니 내가 있고 네가 없으니 나 또한 없나니 유와 무가 다 없으니 서로 만나서도 할 말 없어 입만 쭉 내민 채 있더라.

설의 | 물음을 받잡고 답함에 어긋남이 없나니 네가 있고 없음에 나 또한 그러하니 유와 무를 다 내세우지 않음에 서로 간 상대해도 묵연하다(말이 없다). 부처가 유와 무를 세우지 않는 중에 무언으로써 상대하니 외도가 부처님께 묻는 물음에 아무 말씀이 없이 잠시 그

대로 계셨다는 것도 다 그러한 이치니라. 그는 도적의 말을 타고 도적을 쫓는 격이요, 이는 할머니의 옷을 빌려 입고 할머니에게 예배하는 격이니라(대상에 맞게 응대함).

본문 | 수보리야! 선남자 선여인이 항하의 모래알 수만 한 신명으로 보시할지라도,

부대사 | 신명으로 보시함이 항하의 모래수와 같음이여, 인천人天의 업이 더욱 심하여 보리상菩堤相을 가리게 되고 열반심을 가로막게 되느니라. 원숭이가 물속 달을 더듬고 독초를 꽃비녀 용으로 취함이라. 애하愛河에 떴다가 가라앉고 고해를 벗어났다가 바로 침몰하도다.

본문 | 어떤 사람이 이 경이나 경내 사구게 정도라도 수지하여 남을 위해 선설한다면 그 복덕은 심히 많으리라.

설의 | 지혜안 없이 공연히 보시하면 그건 보리로 향한 바른 길이 아니라 도리어 생사의 윤회를 초래하리라. 사구게 정도라도 수지하여 상대의 혜안을 열어준다면 이게 바로 참다운 보리로 향한 바른 길이라. 그로써 열반의 진실 상주하는 여래의 법을 마땅히 증득하리니 유위와 무위의 우열이 분명하도다.

육조 | 세간에서 중하게 여기는 것에 목숨보다 더한 것은 없는데 보살이 법을 위해 무량한 세월에 걸쳐 목숨을 보시하여 일체 중생에게 나눠주면 그 복덕이 비록 많으나 사구게를 수지한 복보다는 못하노라. 다겁多劫에 걸쳐서 신명을 보시해도 공의空義를 알지 못하면 망심을 제거하지 못해 중생을 벗어나지 못하고 한결같이 경을 수지하여 아인상我人相을 순간 다 없애면 망상이 없어져 법문이 끝나자마자 성불할 수 있나니 따라서 다겁에 걸쳐 신명을 보시함이 경중의 사구게를 수지한 복보다 못하니라.

부대사 | 경經 중에 사구게를 수지함이여, 응당 몸에서 잠시도 떠나지 말아야 하나니 어리석은 사람은 봐도 꿈만 같고, 지혜인은 보되 오로지 참답게 여기도다. 법성엔 전후가 없고 무無 중엔 옛것과 새로운 것이 없도다. 오온(색,수,相,행,식)상이 공하여 실체가 없나니 무엇을 근거로 하여 상대(대상)를 보고 있는가?

야부 | 두 사람이 던진 주사위가 한번 비겼다.(피장파장)

설의 | 우열이 분명함은 없지 않으나 모두 수련해서 단멸시켜야 하느니라. 본래면목에 계합한 납승이라면 동정 간에 간단없이 늘 보시하리니 어찌 굳이 애써 신명을 희사할 것이며 어묵語黙간에 늘 경문을 읽는데 어찌 따로 번거롭게 문자를 읽는단 말이요. 그렇다면 경책을 수지함과 보시함을 짐짓 겸하지 않아도 자연히 겸하고 있

는 셈이니라.

야부 │ 쓰기에 좋은 질이 잡힌 망치를 대검과 바꾸지 않나니 잘 사용하는 사람은 늘 편리함이라. 애써 자주 다루지 않아도 본래 용술이 갖춰져 있나니 이는 아마도 재능이 출중한 사람이리라. 라라리 리라라여(흥겨운 콧노래 소리). 산에는 꽃이 피고 들에는 새가 지저귀도다. 이런 경지에서 의지意旨를 터득할 수 있다면 가는 곳마다 살바하(다 성취하다)하리라.

설의 │ 만약 자기 본래 모습으로 되돌아 간 수준의 사람이라면 바로 나날이 작용함이 곧장 미묘한 작용일진대 어떻게 수단修斷의 방편을 빌릴 필요가 있으리오. 금일에 애써 처리하지 않아도 미묘한 작용이 본래부터 스스로 다 이뤄져 있나니, 이는 저열한 기근의 경계가 아니라 반드시 출중한 사람이어야 하리라. 이를 테면 과량인過量人의 경계를 어떻게 말하리오. 바다가 잠잠하고 강물이 맑아 경치가 한결 더 좋으니 사람마다 태평가를 다 함께 부르노라. 어떻게 사람만이 이러하리오. 꽃은 산자락에서 피어 천기를 누설하고 새는 수풀 밖에서 울어 무생곡을 노래하네. 낱낱이 스스로 무궁한 뜻이 있나니 깨치고 나면 처처가 안락국이니라.

종경 │ 대각 세존께서 처음부터 한 글자도 쓰지 않고 바로 사람의 마음을 지적하셨으니 수보리가 별다른 까닭 없이 경명經名을 청해 그로인해 지엽적인 일들이 발생함이라. 설사 항하사의 모래알 수만 한 신명을 보시한다 할지라도 그 대가로 구할 것도 없고 세계를 미진같이 분석할 만한 능력을 가졌다쳐도 말로써 나타낼 법이 없느니라. 잠시 말해보라! 그렇다면 대체 무엇을 견지堅持한단 말이오? 咄(아이쿠!)

금강보검을 하늘 높이 빼드니 간담이 서늘해져 외도와 사마邪魔가 모두 혼비백산하도다.

설의 | 돌咄!(아이쿠) 밖을 향해 마구 멋대로 구하지 말지니 멋대로 구하면 금강보검에 의해 두 토막이 나리라.

종경 | 이 속엔 본래 문자가 없으니 텅 빈 가운데 누가 기꺼이 애써 이름을 붙이려고 했던가? 예사롭게 금강에 점안하여 마왕의 팔만 개 성채를 다 환히 비춰버리도다.(절복시킴)

설의 | 일은 처음부터 설명할 필요가 없는데 누가 텅 빈 가운데서 애써 명칭을 붙였을까? 밖을 향해 마구 달려 나가 구해서는 안 되나니 다만 금강에 눈을 그려 넣어야만 하느니라. 예사롭게 금강에 점안하니 눈 가득 허공이 어지럽게 흩어져 내리니라. 눈 가득 허공이 흩어지고 보니 마군이 발 붙일 곳이 없어지도다.

이상적멸분 — 제14

(상을 떠나 고요함)

본문

　그 때에 수보리가 이 경을 설하심을 듣고서 그 뜻을 깊이 이해하고 비통히 울면서 부처님께 아뢰었다. 희유하외다, 세존 하! 부처님이 선설하신 이 같은 아주 깊은 법을 제가 옛부터 터득한 혜안으로서는 일찍이 들어본 바가 없나이다.

　설의　｜　금강경의 첫 분에선 상근기로서 깨닫게 했기에 곧장 슬퍼하거나 기뻐하지 않고 바로 희유하외다로 찬탄했거니와 여기에선 수정修程을 보통 근기와 같이 하여 방편삼아 깨달음을 보임일세. 고로 슬픔과 기쁨이 뒤섞인 심정이 되어 '부처님이여 희유하외다'라고 찬탄하느니라.

　부대사　｜　법을 듣고 뜻을 깊이 이해한 나머지 마음이 기쁘고도 슬픈지라. 옛날엔 번뇌장을 없애고 지금은 소지장을 여의도다. 삼

187

성 중 변계소집성은 먼저 요달하고 원성실성은 이제야 증득함이라. 일찍이 무애혜를 이용하여 이제 방편삼아 중생들이 행지行持토록 권하도다.

야부 | 우습기도 하지만 마주 보기가 뭣해서 피해버리다.

설의 | 눈앞에 기쁜 일상이 벌어지면 웃음이 터지기가 쉬운데 눈물을 흘리고 슬피 우는 것은 단지 두려워해 피해버리고자 함이라. 또한 부처님의 의중의 뜻을 깊이 깨달으며 차마 감히 기쁘다고 말은 못하고 내심으로 기쁘면서도 밖으론 슬픈 표정을 지음은 웃음을 참는 까닭이니라.

야부 | 젊은 시절부터 유랑하여 먼 지방에 익숙하니 그간 몇 번이나 형악산을 감돌고 소상강을 건넜던고. 하루아침에 고향으로 향하는 길을 밟으니 길 위에서 많은 세월을 보냈음을 비로소 깨닫게 되도다.

설의 | 어릴 적 궁핍으로 인해 집을 뛰쳐나와 한없이 먼 곳으로 떠도는 중 몇 번이나 아인산我人山 방면으로 왕복했으며 몇 번이나 은혜와 애정의 강물에 부침했던고? 문득 선량한 친우의 가르침을 받아 늘 즐거운 고향 땅을 밟고서야 비로소 지난 날 생사의 길에서 수없이 필요 없는 세월을 허송했는지를 알게 되도다.

본문 | 세존 하! 어떤 사람이 이 경을 듣고서 신심이 청정해지면 바로 실상(참모습, 참마음)이 생기리니 그런 사람은 제일 희유한 공덕을 이룬 자임을 알아야 하겠나이다.

육조 | 자성이 우치하지 않음이 혜안이고 법을 듣고 스스로 그 의미를 알 수 있으면 법안이니라. 수보리는 아라한이라. 오백 제자 중에서 해공解空제일이고 이미 많은 부처를 부지런히 시봉했으니 어찌 이 같은 깊은 법을 듣지 못하고 이제 석가모니불의 처소에서 비로소 처음 듣게 되었겠는가? 하지만 혹 수보리가 지난날에 터득한 것은 바로 성문의 혜안 수준이고 이제야 비로소 이 같은 깊은 법을 듣고 바야흐로 부처님의 뜻을 깨닫게 됨이라. 여태까지 미처 깨닫지 못함을 슬퍼해서 눈물을 흘리고 슬피 울었느니라.

법을 듣고 자세히 이해함을 청정(淸淨, 깨끗함)이라 하니라. 청정 중에서 '반야바라밀다'의 깊은 법이 흘러나오니 제불의 공덕(유익함)을 끝내 성취했음을 알아야 하느니라.

본문 | 세존 하! 실상實相이란 것은 바로 상相이 아니라 그래서 여래께서 방편삼아 실상이라 하시니라.

설의 | 경에선 진상 묘체를 나타내니 법문을 듣고 믿으면 묘체 실상實相이 그 자리에서 눈앞에 나타나리라. 그래서 신심이 청정하면 바로 실상이 생긴다하느니라. 이 실상은 견문각지見聞覺智로 구

할 수 없으며 색, 성, 향, 미, 촉, 법(육진)으로도 찾을 수 없느니라. 그래서 실상이란 상相이 아니라 그런 까닭에 여래께서 방편삼아 실상이라 하시니라. 또한 실상이란 유도 아니며 비유非有도 아니고 비무非無도 아니라. 그래서 여래께서 실상이라 이름한다 하시느니라.

육조 | 비록 청정을 행한다할지라도 구정垢淨의 이상二相을 마음에 간직하고 있으면 모두 구심垢心이라. 바로 청정심이 아니라 오로지 마음에 얻은 바가 있다면 실상이 아니니라.

부대사 | 일찍이 마음 없는 경계도 없고 경계 없는 마음도 없음이라. 경계가 없으면 마음도 따라서 없어지고 마음이 사라지면 경계가 들이닥칠 곳이 없느니라. 경 가운데서 실상이라고 말함이여! 선설한 묘리가 아주 심원하여 부처님만이 증지證知할 수 있나니 수준미달의 서인이 어찌 감당하리요?

야부 | 산하대지를 처음엔 어디에서 얻어왔는가?

설의 | 한결같이 상相이 아니라고 한다면 현하 산하대지가 분명 상相인데 애초 어디서 얻어왔던가?

야부 | 멀리서 바라보니 산은 색이 있고 가까이서 들으니 물에는 소리가 없도다(遠은 迷, 近은 悟를 비유). 봄은 가도 꽃들은 여전히

있고 사람이 가까이가도 새가 놀라지 않도다. 낱낱이 다 드러내니 물물의 그 본체는 원래 평등하니라. 어떻게 그 본체를 모른다고 말하리오. 공교롭게도 너무나도 분명한 것을.

설의 │ 마음이 미혹되면 목전에 법이 있게 되어 도道하고는 더욱더 멀어지고 깨치게 되면 귓가에 소리가 없나니 도에 그만큼 더 가까워지느니라. 중생의 망견으로 보면 갖가지로 분잡하거니와 여래의 실견으로 보면 일체가 참답고 고요함이라. 비록 색성色聲이 없다 하나 상相이 늘 명료하니라. 늘 명료하더라도 그 상들을 다 알 수가 없느니라. 상相도 없고 공空도 없고 불공不空도 없음이 바로 여래의 진실이니라. 이 진실은 낱낱이 나타나고 갖가지 물건 위에 분명히 드러나 때와 처소에 상관없이 늘 분명히 드러나느니라. 이미 낱낱 상相에 드러나고 갖가지 물건상에 훤히 나타나고 있는데도 육조 혜능대사는 무엇 때문에 불법을 알지 못한다고 하는가? 눈썹 밑 두 눈이 아주 분명하니 눈동자가 어떤 모양인지 되돌아볼지어다.

본문 │ 제가 지금 이 같은 경전을 확실히 이해하고 항상 잊지 않고 기억하고 있음은 어렵지 않거니와,

야부 │ 만약에 그 후에 한 말을 제대로 이해 못하면, 앞에서 한 말도 원만해득이 어려우리라.

설의 | 공생으로 하여금 오로지 쉬운 것만 얘기하게하고 어려운 것을 얘기 못하게 하면 얘기에 원만을 기하지 못하거니와 지금 난이難易를 다 함께 말하니 얘기가 원만하게 되도다.

야부 | 어렵고 어렵고 어려움이여, 마치 평지에서 바로 하늘로 오름과 같도다. 쉽고 쉽고 쉬움이여, 옷 입은 채로 한 번 자고 깨어남과 같도다. 배를 저어감은 전적으로 키를 잡은 사람의 손에 달렸나니 파도가 맨 땅에서 일어난다고 누가 말하리?

설의 | 그 어려움을 말할진대 오목(오안: 육안, 천안, 혜안, 법안, 불안)으로도 보기 어렵고, 두 개의 귀로써도 듣기 어려움이라. 그 쉬움을 말하자면 눈 뜨면 곧 보이고 귀를 기울이면 바로 들림이라. 입만 열면 모두 다 말하고 발을 들면 걸음마다 밟으니 평지에서 하늘로 뛰어오름은 진실로 쉽지 않으나 옷 입은 채 자는 것이 어찌 어려우리오! 보라! 어렵고 쉬움은 오로지 그 한 사람의 임기응변에 달려있도다.

본문 | 오백 세나 지난 미래에 어떤 중생이 이 경전을 듣고 확실히 이해하고 마음에 새겨가지는 사람은 정말로 제일 희유한 이가 되느니라.

설의 | 경에선 사람마다 본래 갖고 있음을 나타내고 여기에

본래 있는 그 하나는 단단하기론 철벽과 같고 부드럽기는 목화솜과 같도다. 부드럽기가 목화솜과 같기에 수지하기가 쉽고 굳기가 철벽 같아서 수지하기가 어렵게 되나니 그래서 공생이 이리저리 두들겨서 그 중간을 나타냄이로다.

야부 │ 행주좌와行住坐臥 함과 옷 입고 밥 먹고 나면 그 뿐이 지 그 이상 또 무슨 할 일이 있단 말이오?

설의 │ 불법이 오로지 일상의 행주좌와 처와 착의끽반 시에 있어 일체시 일체처에서 하나하나 다 드러나 빠뜨림이 없나니 이미 그러하다면 신해수지信解受持함에 무슨 어려움이 있으리오. 비록 확 실히 이해할 수 있음을 또한 어찌 희유하다고까지 하리요?

야부 │ 얼음은 뜨겁지 않고 불은 차지 않도다. 흙은 습하지 않 고 물은 건조하지 않도다. 금강신장(불법 수호신장)은 발로 땅을 밟고 깃대머리는 하늘을 가리키도다. 만약, 누구라도 이 도리를 알 수 있다 면 북두北斗를 남을 향해 앉아 보리라.

설의 │ 얼음은 뜨겁지 않고 ~깃대 머리가 하늘을 가리킨다. 까지는 평상에 결코 움직일 수 없는 도리니라. 말하자면 평상의 도리 를 어떻게 말하리오. 배를 저어감에는 의당 노를 잡아야하고 말을 달 리게 하려면 채찍을 가해야 하느니라. 배가 고프면 밥을 먹어야하고 피곤하면 잠을 자야지. 그대가 지금 평상의 도를 알고자하면 북두칠성과 남두칠성의 위치가 다르지 않나니 이를테면 다르지 않는 도리를 또한 어떻게 말할 수 있겠는가? 비오는 중에 훤한 달구경을 하고 불 속에서 맑은 샘물을 길러 올리도다. 바로 섰는데 머리는 땅으로 드리우고 옆으로 누웠는데 발은 하늘을 향하도다.

본문 | 왜냐하면 이 사람은 사상四相이 없느니라. 그 까닭은 사상은 본질적으로 상이 아니다. 왜냐하면 일체 상을 여윈 자라야 부처라 할 수 있느니라.

설의 | 뛰어넘어 홀로 걸어가기 때문이라. 사상을 멀리 떠나는 것이 그리 쉽지 않은데 어떻게 멀리 여읠 수 있겠는가? 지혜의 눈을 떠서 사상四相이 본래 공함을 알아야 하는 연유라. 상相이 본래 텅빔을 알아 사상을 멀리 떠남을 어떻게 제일 희유라 하는가? 일체 상을 여의면 바로 부처라고 할 수 있기 때문이라.

육조 | 수보리가 부처님의 뜻을 깊이 깨달아 자기의 견처見處를 내보이니 업이 다하고 번뇌가 없어져 혜안이 아주 밝아져 신해수지 함이 어렵지 않느니라. 세존께서 살아생전 설법하실 때에도 무량한 중생이 신해수지信解受持 할 수 없었는데 구태여 유독 불멸 후 오백 세를 말할 필요가 있나이까? 아마도 부처님 제세 시엔 하근기라 알지 못해 의심이 있는 자라면 부처님께 물으면 편의대로 설하시어

듣는 자가 다 알아듣게 되었느니라. 헌데 세존이 멸도한 후 오백 세를 지나 점차 말법시대로 접어드나니, 성인(부처님)이 돌아가신 지가 오래되어 다만 언교言敎만이 남게 되었느니라. 사람들이 의심이 나도 물어 해결할 곳이 없게 되어 어리석고 미혹한 가운데 고집이 세서 무생의 도리를 알지 못하고 상에 집착하여 밖으로 내달으며 구하기에 끝내 삼계를 윤회하게 되느니라. 차제에 심오한 경전을 듣고 깨끗한 마음으로 삼가 믿어 무생의 도리를 깨닫는 것은 매우 희유함이라. 그래서 제일 희유라고 말하느니라.

여래께서 멸도하신 후 오백 세를 지나 어떤 이가 '반야바라밀'의 아주 깊은 의미의 경전을 이해하고 수지할 수 있으면 이 사람은 사상四相이 없나니 사상四相이 없으면 실상이라 하며 바로 그것이 불심이라. 고로 일체제상을 여의면 바로 부처라고 하니라.

부대사 │ 공생이 묘한 법을 들음이여, 마치 쑥이 삼대 밭 속에 심겨져있는 것과 같느니라. 평범한 무리들이 이런 법을 알면 불 속에서 연꽃이 피어나는 것과 같도다. 중생이 단견을 낼까봐 저어하여 대성께서 미리 열고 닫으시니 제상을 여읠 수만 있다면 정히 법왕가의 집에 들어가리라.

야부 │ 마음에 상대자를 실망시키는 일이 없으면 얼굴에 부끄러워하는 기색이 없으리라.

설의 | 부처님은 삼신이 있으니 법신이요, 보신이요, 화신이라. 저 비로자나불의 주처를 보시오. 삼도 아니고 일도 아니면서도 삼이고 일이니라.

만약 문수로 하여금 도중에 오게 하지 않거나 보현으로 하여금 청산(곧 본체)을 잊게 했다면 벌써 비로자나불의 뜻을 져버린 셈이라. 비로자나불의 뜻을 헛되게 했으면 미안한 감이 들어 얼굴에 부끄러운 기색이 완연할 터 지금은 그렇지 않아 한산은 올 때의 길을 잃어버렸고 습득은 한산과 함께 손을 잡고 돌아오는지라. 마음에 겸연慊然한 감이 없어 얼굴에 부끄러운 기색이 없음이라(문수는 大智, 体, 청산을 의미. 상징인물은 한산, 보현은 大行, 大用, 백운을 의미. 상징인물을 습득).

야부 | 묵은 대竹에서 새 순이 돋고 갓 핀 꽃은 묵은 가지에서 자라네. 비는 나그네의 길을 재촉하고 바람은 조각배를 돌아가게 하네. 대나무가 조밀해도 물 흐름에 장애되지 않고 산이 높은들 뭉게구름 흘러감을 어찌 막으랴!

설의 | 시초에 단짝이 되어 아버지와 아들이 일을 함께 했음이라. 집안일에 연련하지 않고 사이좋은 길동무가 되기도 하며 또한 도중사途中事에 미련을 두지 말고 바로 집을 향해 돌아감이라. 그렇다하나 도중사가 집안일을 장애하지 않고 집안일이 도중사에 장애를 주지 않도다. 보라! 문수보현이 이리저리 빈틈없이 활약하여 비로자나불의 얼굴에 기쁨의 웃음이 가득하도다.

본문 | 부처님이 수보리에게 이르셨다. 그렇고 그렇도다.

육조 | 부처님이 수보리가 이해한 것이 부처님의 마음에 딱 계합되어 인가하시는 의미로 그렇고 그러하다고 거듭 말씀하셨느니라.

본문 | 또한 어떤 사람이 이 경을 듣고 나서 놀라거나 무서워하거나 두려워하지 않으면 그 사람은 아주 희유한 자인 줄 알아야 하느니라.

설의 | 공생의 희유하단 말이 법리에 묘하게 계합할 때 부처님께서 그렇고 그러니라. 라고 찬탄하셨다. 중생이 각왕과 어긋난 지가 오래 되었음이라. 부처님이 선설하심을 듣고 마침 경포심驚怖心이 생기니 만약 경포심이 안 생긴다면 그게 외려 희유한 짓이라. 비유컨대 가난한 자식이 객지로 나와 온갖 고생 끝에 몸조차 성치 못한데 고독하고 돌보는 이 없는 신세로 전락한지가 오래라. 그런 상태에서 부왕을 만나게 됨은 천만다행이라. 허나 그의 아버지가 사는 대문의 치레가 높고도 장엄한지라. 그간 가난에 찌들려 초라해진 그 아들은 의지가 약하고 비열해져 보고서 경포심을 버리지 못하나니 보고서 놀래고 무서워하지 않는다면 오히려 그것이 심히 희유한 일일거야.

육조 | 성문聲聞은 법에 집착한지가 오래되어 유위의 알음알

이를 고집하여 제법이 본래 공함을 알지 못함이라. 일체 문자는 다 임시방편으로 나타내나니 홀연히 깊은 법을 듣고 제상諸相이 생기지 않으면 말이 떨어지자마자 곧 부처가 되도다. 그래서 경포하거니와 오로지 상근上根보살은 이런 이치를 듣고서 기꺼이 수지하여 무서워하거나 두려워하며 물러나지 않으니라. 이와 같은 부류가 매우 희유함이라.

부대사 | 능히 발심한자라면 이변二邊을 응당 떠나야하나니 열반은 상相이 없고 보리는 상대적 연緣을 떠났음이라. 탈 것과 탈 사람이 없음이여(主客이 없는 모). 사람과 법을 다 버리니 진여리를 요달코자 하려면 응당 근본을 알아야 하리라.

야부 | 오로지 자기의 것이니라.

설의 | 경포를 일으키지 않음을 희유라 하니 옳긴 옳으나 부자父子가 본래부터 기질이 같고 또한 자연히 집도 같은데 언제 경포한 적이 있으며 비록 경포하지 않는다해도 또한 희유하다고 할게 무엇이냐!

야부 | 털 한 터럭이 큰 바닷물을 받아들이고 겨자씨 하나에 수미산을 들이우다. 푸른 하늘에 붉은 해가 가득하여 밝은 빛이 육합六合으로 빛나도다. 고향땅을 밟고 서자 마음이 안정, 믿음직해지니

다시는 남북과 동서가 없도다.

설의 | 티끌, 털, 개자는 물상 중에서 가장 작은 것이요, 거해 와 수미는 물상 중에서 가장 큰 것이라. 가장 작은 것이 가장 큰 것을 받아들인다는 것은 이치상 있을 수 없겠으나 지혜로써 비춰보면 티 끌, 털, 개자가 결코 작지 않고 거해와 수미도 또한 결코 크지 않나니 거해를 티끌 속에 거둬들이고 수미를 겨자씨 속에 거둬들일 수 있음 이 우리들의 상식常識이라 타의 기술을 빌린 게 아니라 무엇 때문에 이러한고? 하늘같은 성품과 둥글게 밝은 달 같은 깨달음이 텅 비어 신령스럽게 밝아 육합에 널리 비치고 빛이 만상에 미치어 상의 대소 에 상관없이 그 빛을 수용하지 않음이 없느니라. 그러한 경계에 서서 그러한 소식을 들을 수 있으면 다시 무슨 동서남북을 말한다 말이오? 남북동서가 모두 내가 만든 것이라. 일체가 나 때문이라. 절대로 염려 할 필요가 없나니 그렇다면 건립도 나에게 달려있고 다 쓸어버림도 또한 다 나에게 달려 있느니라.

본문 | 왜냐면? 수보리야, 내가 선설한 제일바라밀이 실은 제 일바라밀이 아니라 제일바라밀이라고 이름命名할 뿐이다.

설의 | 이 경을 듣고 무서워하지 않은 걸 두고 무엇 때문에 아 주 희유하다고 하는가? 이 법에 의하건대 사물이 같지 않으면서도 다 같다함이라. 뜻이 깊고 깊어 인정으로는 접근하지 못하나니 듣는 자

가 경포심을 많이 내고 믿고 이해하기가 진실로 어려운지라. 지금 능히 정신淨信이 생겨 경포심이 일어나지 않는 고로 희유하도다. 라고 하느니라.

육조 ┃ 입으로만 말하고 마음으로 행하지 않으면 옳지 않고 입으로 말하고 마음으로 행한다면 옳은 것이라. 마음에 능소가 있으면 옳지 않고 마음에 능소가 없으면 옳은 것이야.

부대사 ┃ 바라波羅는 피안이란 뜻이니라. 거기까지엔 이름이 수없이 많으니라. 높고 낮음도 망식 때문이고 차제次第는 미정迷情때문이라. 화염 속에서 물을 찾고 허공에서 소리를 찾음이라. 진여에 무슨 좋고 나쁨이 있으랴. 이제야 비로소 원성圓成이라 하리.

야부 ┃ 팔자八字형으로 활짝 열어 재껴 양손으로 떠받쳐 주셨다.

설의 ┃ 제일바라밀이여, 더 이상 올라갈 것이 없음이라. 제일바라밀이 아님이여, 향하向下와는 다르도다. 제일바라밀이라고 함이여! 향상向上의 뜻인가? 향하의 뜻인가? 향상과 향하를 일시로 다 내보여 양수兩手로 다 남김없이 넘겨주셨도다.

야부 ┃ 제일바라밀이라고 함이여! 천차만별이 다 이로부터

유출됨이라. 기괴한 몰골로 정면으로 다가설 때 서로 간 알지 못한다
고 말하지 말라.

본문 │   수보리야, 여래께선 인욕바라밀은 실은 인욕바라밀이
아니지만 방편 상 인욕바라밀이라고 지칭하느니라. 왜냐면 수보리
야, 내가 과거세에 가리왕에 의하여 사지를 절단당한 것과 같느니라.
내가 그때 사상四相이 전혀 없었는지라. 왜냐면 내가 그 당시 사지를
갈갈이 찢어발김을 당할 시 만약 사상四相이 있었더라면 펄펄 화를
내며 원망했으리라.

설의 │   위에서 확실히 해득함을 상찬賞讚하사 그로써 발심단
계를 끝내게 하시고 이젠 보살이 상을 떠나 발심토록 권하고자 먼저
자기가 보살도를 닦을 때 어려움을 만나 참고 견디며 상을 여읜 행적
을 들어 보여 주셨느니라.

　인욕바라밀이란 난사를 당해도 편안한 마음으로 참고 견디며 피
안에 도달코자 함이라. 인욕바라밀이 아니란 것은 욕된 경계가 본래
공하고 참는 마음이 본래 고요하여 닿아야 할 피안이 아예 없느니라.
어째서 그런가하면 내가 지난 적 가리왕에 의해 신체를 절단당할 시
마음으로 받아들인 욕된 경계가 없었고 피해를 당한다는 신심身心자
체에 대한 감이 없어 다시 말해 처음부터 사상四相감이 없었는지라.
본래부터 욕경辱境과 신심에 대한 감이 없었는데 어찌 도착해야할 피
안을 생각조차 하리요? 어떻게 하여 아상이 없음을 알리오? 내가 그

201

때에 아상 등 사상四相이 있었더라면 응당 화를 내고 원망했을 텐데 그렇게 안했음을 통해 내게 상이 없었음을 알 수 있느니라.

육조 | 욕경辱境이 마음에 있으면 그른 것이고, 그러지 않으면 좋은 것이니라. 해악을 당하는 신상감身相感을 가지면 나쁜 것이고 그렇지 않으면 올바른 것이니라. 여래가 인행因行시 초지初地의 인욕선인仙人이 되었을 때, 가리왕에 의해 신체를 절단당할 때 조금도 아주 괴로워하는 마음이 없었느니라. 몹시 괴로운 마음이 있었다면 화를 내면서 원망했으리라.

가리왕은 범어요, 한어로는 극악무도한 임금을 뜻하느니라. 일설에 여래께서 인행 시에 한 나라 국왕이 되어 십선업을 행하여 많은 백성들을 이롭게 하시니 나라 사람들이 그 왕을 칭송하여 가리歌利라 했느니라. 또 한편 왕이 무상보리를 구하기 위해서 인욕행을 닦으심에 그때 제석천왕이 최하천인으로 시현하여 왕에게 살을 구걸하거늘 왕께서 주저 없이 살을 베어 주심에 조금도 화기나 고통의 기색을 뵈지 안했다 하느니라. 지금은 이런 두 가지 설이 있으나 뜻에 있어선 다 통하느니라.

야부 | 지혜로운 자는 어리석은 자를 책망하지 않느니라.

설의 | 선인仙人은 어려움을 당해도 마음이 흔들리지 않도다. 가리왕은 선인이 공을 증득한 것을 몰랐으니 우치와 지혜가 뚜렷함

이라. 난사를 당해도 마음이 흔들리지 않음이 바로 어리석음을 책責하지 않음이라.

야부 | 칼로 물 베기고 불을 불어 밝게 함과 같으니라. 밝음이 오면 어둠이 사라지니 무슨 일이라도 상관없도다. 가리왕이여, 멀리 자욱한 안개 속 파도에 달리 좋은 즐길 거리가 있는 줄 누가 알랴!

설의 | (商은 어떤 곳엔 思라고 썼음). 신령스런 근원은 고요하며 휘저어도 움직이지 않고 신령한 불꽃은 너무나 빛나 불어도 꺼지지 않도다. 아무리 저 팔풍八風(八法, 利, 衰, 毁, 譽, 稱, 譏, 苦, 樂)이 동시에 빨리 퍼진다하더라도 내지內智가 깊고 고요하여 늘 쥐죽은 듯 조용하니 가리왕의 우치로 인해 난사를 당한 중에 무한한 좋은 소식을 갖추고 있음을 어찌 알랴?

본문 | 수보리야, 또한 생각건대 지나간 오백 세에 걸쳐서 인욕선인이 되어 수행할 시, 그 때에도 나에겐 사상四相이 없었느니라.

설의 | 비단, 일생을 잘 참아 상相이 없었을 뿐만 아니라, 오백생에 걸쳐 자주 그러한 고통을 당하여도 그때마다 상相이 없었느니라.

육조 | 세世란 생애라. 여래께서 인행 시에 오백생에 걸쳐 인

욕바라밀을 수행하여 사상四相이 일어나지 않게 되었느니라. 여래께서 지난날의 인행사를 몸소 말씀하심은 일체 수행인으로 하여금 인욕바라밀을 성취케 함이라. 인욕바라밀을 행하고자 하는 자는 우선 모든 사람들의 허물과 잘못을 보지 말아야 하고 원수와 친구를 평등하게 대하며 시비가 없어야 하고 구타를 당하고 욕을 얻어먹고 상처를 당하더라도 기꺼이 받아들여 더욱 더 공경할지니, 이상과 같이 행하는 자는 종내 인욕바라밀을 성취할 수 있으리라.

부대사 │ 포악하여 전혀 도가 없어 그 당시에 가리왕이라 칭했도다. 그 때 한 성인은 임금이 수렵하러온 것을 만나 뜻밖에 그의 화살에 상처를 입게 되었다. 오백 생애가 여러 번 경과하여 전후로 지극히 긴 시간이라. 그 때 그 선인의 인욕력을 이어받아 지금 이에 진실상주眞實常住의 불법佛法을 증득하도다.

야부 │ 눈앞에 법이 없으니 제 뜻대로 버들은 푸르고 꽃은 붉도다. 귓가에 들림이 없으니 꾀꼬리와 매미가 맘대로 우짖게 하라.

설의 │ 법성이 공함을 깊이 통달하여 해치고 달래줌에 무심하니라. 성性이 공함을 통달하면 6근과 6경에 걸림이 없고 무심하면 일마다 아무렇지도 않도다. 그래서 말하도다. 지혜가 밝으면 낱낱이 밝아지고 마음이 한가로워지면 일마다 한가로워지느니라.

야부 | 사대四大엔 원래 나我가 없고 오온이 모두 공함이라. 넓고도 고요하며 허무한 도리여! 천지는 영원히 변함이 없어라. 묘봉 (수미산)이 우뚝 솟아 늘 한결같으며 물건들을 넘어뜨리며 울부짖는 듯 한 광풍을 누구라서 통제하리요!

설의 | 사대와 오온은 거울에 비친 상相과 같나니 공空하고 공하여 주主가 없고 객客도 없도다. 나도 없고 상대도 없으면서 성품 은 늘 주(住)하나니, 변함없는 땅, 변함없는 하늘, 예나 지금이나 매 한 가지로다. 예나 지금이나 매 한 가지여! 달리 변함이 없으니, 팔풍 (8가지 맘을 혼동시키는 것)이 맘대로 거세게 몰려들게 할지어다.

본문 | 그래서 수보리야, 보살은 응당 일체 상을 여의고 아뇩 다라삼먁삼보리심을 발해야 하느니라.

설의 | 자심自心을 깨치면 부처와 다르지 않나니 다시는 번뇌 에 집착하지 않고 망념을 일으키지 말아야 진발심眞發心이고 참된 보 살이라. 그래서 무릇 발심자는 당연히 상을 여의어야 하나니, 이는 이 상발심離相發心할 것을 바르게 권하는 것이니라. 또한 이상발심한 자 는 시비是非와 인아人我가 다 허망함을 알아 모두 멀리 여의게 되어 오로지 위없는 보리심만을 내게 됨이라. 그러나 상을 떠난다하는 것 은 다만 상이 허망한 것을 알아 능소심을 일으키지 않음을 이離라고 하지만 가히 여읠 상相이 따로 있는 것은 아니니라.

야부 | 이는 마음의 작용을 따른건가. 떠난 것인가!

설의 | 이미 이상離相하여 발심함인데 마음과 상相의 거리가 얼마인가? 속이 텅 비어 묘하고 순수하며 넓고 넓어 신령스럽게 밝아 모든 환망幻妄을 여의었으니 이를 일러 마음이라 함이요, 일상의 시비是非와 인아人我, 그리고 현전의 색향미촉色香味觸 등 모두가 허망하나니 이를 일러 상相이라 하니라. 하지만 상相은 외부에서 오는 것이 아니라 온전히 자기의 마음이 일으킨 작용이라. 그렇다면 이 마음이 그 작용을 따른 것인가, 아니면 이 작용을 떠난 것인가? 만약 이 작용을 따른 것이라면 어떻게 명상名相을 절리絶離했다 하겠으며 이런 작용을 떠난 것이라면 어떻게 제상諸相에 걸림이 있다고 하리요? 결국 어떻게 말하리? 만약에 사람이 마음만으로 알아차리면 대지에 손바닥 만 한 땅도 없으리(모두 마음으로만 보여서). 그래서 말하노니 한 터럭 끝에서도 불국토를 내뵈고 미세한 티끌 속에 앉아서도 대법륜(雪原)을 굴리느니라(心相一如 貌).

야부 | 얻는 것은 마음에 있고 응하는 것은 손에 달렸음이라. 설원에 비치는 달빛이요, 바람에 흩날리는 꽃이로다.(心相一如)
　하늘과 땅은 영원하도다. 아침마다 닭은 오경에 울고 봄이 오면 곳곳마다 산에는 꽃이 피도다.

설의 | 그 방면의 목적(의미)을 잃어버리면 일상적인 것을 떠

나 다른 생활거리를 구해야 되거니와 그 근원을 얻게 되면 어떤 기회나 경우에서도 손쉽게 잡아 사용할 수 있느니라. 그런 경지면 하나하나가 다 서방정토요, 물物마다 영원히 존재하는 부처의 진실한 몸이라. 일체의 소리가 다 불성이요, 일체의 색상이 다 불색이니 어디를 가든 순진한 마음이라. 함부로 비평할 명분이 없도다. 닭은 오경에 울고 곳곳마다 산에는 꽃이 피기 마련인데 정말 함부로 비평할 수 있겠는가?

본문 | 응당 색에 안주(집착)하지 말고 마음을 내어야하고 성, 향, 미, 촉, 법에도 안주하지 말고 마음을 내어야하며 일체 안주하는 바 없이 마음을 내어야 하느니라.

육조 | 색상에 안주하지 말고 마음을 쓰라는 것은 총체적으로 나타낸 것이고 그 다음 성향聲香 등은 따로 그런 명칭을 구체적으로 배열한 것이니라. 이런 육진심六塵心으로 증애심憎愛心을 일으키게 되니 이로써 망심이 쌓여 무량한 업이 맺혀 불성을 덮어씌우게 되느니라. 여러 가지로 애써 수행한다 해도 마음의 때를 제거하지 못하면 끝내 해탈할 수가 없느니라. 그 근본을 미루어 보건대 모두가 색상에 마음을 두기 때문이라. 만약 촌음도 아껴가며 늘 '반야바라밀'을 행하면 제법이 공함을 유추하여 사물을 따지지 않게 되고 순간순간 항상 스스로 정진하여 일심으로 수심修心을 계속하여 방탕됨이 없느니라. 《유마힐경》에 이르기를 일체지를 구하려면 때를 아껴가며 구해야하

며 《대반야경》에 이르기를 '보살마하살'은 주야로 쉬지 않고 정진해서 늘 '반야바라밀다'에 주한 채로 중생을 제도코자 하는 마음을 잠시도 버리지 않는다 하니라.

본문 | 만약에 마음속에 머무름(집착)이 있으면 그건 바로 진정한 머무름이 아니니라.

육조 | 마음이 열반에 머무르고 있으면 이는 보살이 머무를 곳이 아니라 열반에 머물지 않고 제법에 머물지 않으며 일체처에 머물지 않아야 비로소 보살이 머물 수 있는 곳이니라. 위에서 선설한 '응당 안주함이 없이 그 마음을 지어야 한다.'는 것이 바로 이를 나타냄이라.

본문 | 그래서 보살이라면 그 마음이 색상에 안주하지 말고 보시를 해야 한다고 부처님이 선설하셨도다.

육조 | 보살이라면 자신의 오욕 쾌락을 위해 보시하지 말고 오로지 자심自心의 간탐심을 버리고 일체중생에게 이익되게 보시할지어다.

본문 | 수보리야! 보살이 일체 중생에게 이익되게 하기 위하여, 이같이 보시해야 하느니라.

설의 | 식識의 파도가 맘속에 용솟음치면 육경(塵)의 바람이 일어나 늘 움직이고 지혜의 물이 고요하면 육진의 바람이 자게 되어 늘 조용하나니 조용해도 조용한 티가 없느니라. 참된 밝은 지혜가 자연히 비추니 이를 무주의 생심이라 하고 나아가 참된 보살의 주처住處이니라. 그래서 발심한 자는 무릇 그 마음을 쓰는 계제엔 무념으로 반응해야하고 우정 신경을 써가며 대상을 위요하여 생각해서는 안 되느니라. 뜻에 집착하면 마의 구덩이에 빠져 참 보살이 머물 곳이 안 되느니라. 그렇게 되는 까닭은 보살의 발심은 단지 중생을 이롭게 함에 있기 때문이라. 자기 스스로 맘에 안주함이 있으면서 어찌 남으로 하여금 안주하지 말라 하리요? 말하자면 자기가 먼저 닦은 후에 남에게 그것을 구할 것이고 자기가 먼저 없앤 연후에 남에게도 하지 말라 함이 옳으리니 다시 말해 무념과 무주는 마치 맑은 가을에 들판의 물 위에 삼라만상이 저절로 훤히 비치는 것 같나니 어찌 식은 재와 마른 나무 마냥 한결같이 멍하니 잊고 있는 거와 같겠는가?

혼침 상태로 멍청히 맘 놓고 있으면 귀굴鬼窟(암흑의 장소. 우치한 學人경계)에 빠지게 되니 이 또한 보살이 주할 곳이 못되도다. 참다운 주처를 말한다면 유주有住와 무주無住는 물론 중도에도 안주住하지 말아야 진정한 주住가 되느니라.

육조 | 보살은 법시와 재시를 행하여 중생을 이롭게 함이 끝이 없나니 이익되게 한다는 마음을 가지면 법다움이 아니라. 이익되게 한다는 마음을 갖지 않음이 무주라 하니 무주라서 바로 불심이

니라.

부대사 │ 보살이 심오한 지혜를 가져 어느 땐들 자비를 갖지 않겠는가? 굶주린 호랑이를 위해 먹이용으로 몸을 내던지고 배고파 하는 매에게 신육身肉을 베어 먹임이라. 이같이 삼대겁에 걸쳐 정근함에 한 순간도 피염疲厭해 한 적이 없었느니라. 이같이 할 수 있다면 모두가 인천의 대도사가 되리라.

야부 │ 세존이 있는 곳에 안주하지 말고 세존이 없는 곳에는 재빨리 지나가라. 그렇게 하여 30여년이 지난 후 내가 전에 말하지 않았다고 하지 말라.

설의 │ 부처가 있는 곳에 따라 배워야할 것이(教) 있고 부처가 없는 곳엔 가히 본받을 것이 없느니라. 그래서 유교有教와 무교無教가 다 사람으로 하여금 초탈할 수 없게 하니, 이미 양변에 앉아있질 않음인데 중도에도 걸림이 없어 삼관(공관, 가관, 중관)을 통과하여 다시는 그 자취를 남기지 말아야하니라.

야부 │ 아침엔 남악에서 노닐고, 저녁엔 천태로 돌아가도다. 쫓아가도 가 닿지 못하는데 홀연히 스스로 이르도다. 홀로가고 홀로 앉으며 아무런 구속받음이 없는 마음 편한 곳을 얻으면 한결 더 마음이 편안해지도다.

설의 | 피차가 머문 곳이 없고 중간도 자취조차 없느니라. 텅 빈 채로 초탈하여 아무런 구속拘束이 없나니 구름 같은 모습과 학 같은 자태로도 비유하기 어렵도다. 이미 삼천리 내에 앉아있질 않고 또한 삼천리 밖에서 서 있는 것도 아니니 이는 준마가 따뜻한 봄날에 광야에 있고 신룡이 달 밝은 밤에 넓고 푸른 바다에 있는 것과 같다고 하리라.

본문 | 여래께서 설하셨도다. 일체 제상諸相은 참 상이 아니며 일체중생도 참 중생이 아니니라.

설의 | 제상이 본래 공하여 가히 머무를 상이 없고 중생도 본래 적멸하여 제도할만한 중생이 없도다. 그런 연유로 상을 떠나 발심할 것을 권함이라.

육조 | '여如'란 불생이요 '래來'란 불멸不滅이란 뜻이니 '불생不生'이란 아상과 인상이 생하지 않음이요, 불멸이란 각조覺照(각의 体와 用)가 없어지지 않음이라. 하문下文에 이르기를 여래란 가고 옴이 없어 여래라 하느니라. 여래께서 설하시건 데 아인我人 등 사상四相은 필경에는 다 허물어지기에 참된 각체覺体가 아니라. 일체중생은 모두가 가명이라. 망심을 여의면 가히 이름 붙일 중생이 없느니라. 그래서 바로 중생이 아니라고 하시니라.

야부 │ 남다른 장점을 가졌다면 펼쳐보여도 무방하도다.

설의 │ 상相이 곧 상相이 아니며 생生이 곧 생이 아니라. 단지 반 정도만 말했지 반 정도는 못했다. 그 반을 다시 안출案出해야 하느니라.

야부 │ 중생이 아니며 상相이 아님이여! 봄 날씨가 따뜻하니 꾀꼬리가 버드나무에 앉아 울도다. 구름 낀 산, 달빛어린 바다의 풍광을 말해도 여전히 감응感應하지 못하고 공연히 실망만 하도다. 실망하지 말라. 온 하늘에 구름 한 점 없으니 하늘이 일색이로다.

설의 │ 터럭 하나 없는 곳에 만상이 즉시 드러나는 데다 산정에 백운이 빈틈없이 끼어있고 밝은 달이 비치는 바다의 정경이 정말 고즈넉하도다. 보고나니 마음이 절로 기뻐지니 이런 감정을 누구에게 말하리. 곁에 고향을 멀리 떠난 나그네가 꿈길을 헤매매 흔들어 깨워 일으켜 이런 상황을 분명히 얘기하니 잠에서 막 깬지라, 눈이 몽롱하여 여전히 알아듣지 못하고 공연히 실망스러워하도다. 실망하지 말라. 한 줄기 찬 빛이 눈앞에 가득하도다.

본문 │ 수보리야! 여래는 참말만 하는 자며, 실다운 말을 하는 자며, 사실대로 말하는 자며, 거짓을 말하지 않는 자며, 왜곡해서 말하지 않는 자이니라.

설의 | 제법의 실상을 말씀하심에 곡진하게 다 하시고 나서 말씀하셨다. 내가 선설한 법은 참다운 것이지, 거짓이 아니고 실다운 것이니 헛된 것이 아니니라. 위로는 근본지에 어긋나지 않고 아래로는 중생을 속이지 않느니라. 모든 부처가 다 그러하여 처음부터 딴 말이 없었느니라.

육조 | 참말이란 일체 유정무정물이 죄다 불성을 가지고 있다고 말씀하심이요, 실다운 말씀이란 중생이 악업을 지으면 반드시 고보苦報를 받음이요, 여어如語란, 중생이 선법을 닦으면 반드시 낙보樂報를 누리게 됨을 이르고 불광어不誑語란, '반야바라밀'법이 삼세에 걸쳐 모든 부처님을 출생시킴이 진정 허황된 것이 아니라고 말씀하심이며, 딴말을 하지 않음이란 여래께서 하신 말씀이 처음도 옳고 중간도 옳고 끝도 옳아 그 뜻이 미묘하여 일체의 천마와 외도들의 법력이 훨씬 미치지 못해 부처님의 말씀을 훼손시킬 수도 없느니라.

부대사 | 중생과 오온 십팔계가 이름만 다르지 그 체体는 다르지 않느니라. 마음이 환영과 같음을 확연히 알아도 미혹한 망정忘情의 소견이 여전히 남아 있느니라. 진언이란 도리에 맞는 말이요, 실어란 헛되지 않는 말이니 시종始終 변이가 없느니라. 성性과 상相이 본래부터 일여一如함이로다.

야부 | 은혜를 아는 자는 적고 은혜를 져 버리는 자는 많도다.

설의 │ 간절하고도 간절한 자비가 닿지 않는 곳이 없건만 말씀 따라 알음알이를 내는 자는 많고 말씀을 듣고서 뜻을 알아듣는 이는 적느니라. 말을 듣고 뜻을 이해함은 은혜를 앎이요, 말을 듣는 대로 알음알이를 내는 것은 바로 은혜를 져 버리는 것이라.

야부 │ 두 쪽에 오 백량이 일관(엽전천개 꾸러미 관)이요, 아버지는 본시 사나이라, 어찌 좋은 마음씨에 좋은 보답이 없으리오. 진어라니 실어라니 허! 허! 허! 예! 예! 그렇고 그래요.

설의 │ 천하엔 이도二道가 없고 성인에겐 두 가지 마음이 없나니, 여래의 진실한 말씀이여, 다만 이 법을 설할 뿐이로다. 거문고로 분명 퉁기어 알리나 하나의 무생곡에 화답하는 자 드물도다. 아득히 먼 천지간에 오직 야부스님만이 은혜를 알도다. 웃음을 참지 못해 끝내 파안대소하고 긍정하는 마음으로 스스로 상대의 뜻을 그저 예! 예! 하면서 따르도다. 그건 그렇고, 구담(佛)이 이 노인(야부승)을 만남이라. 오랜 기간 나그네 신세 중에 한 지음知音을 만남이라. 연달아 세 번씩 소리(허, 허, 허, 야, 야, 야)를 터뜨린 의지義旨를 자세히 살펴보시오. 역시 참된 기숙耆宿(老高僧)과 상음賞音(말뜻이 통하는 새)이로다.

본문 │ 수보리야, 여래께서 깨친 이 법은 참됨도 없고 거짓도 없느니라.

설의 │ 앞에선 여태까지 하신 말씀을 밝히고 여기선 증득한 걸 밝히시니라. 말씀에도 둘 아닌 법이며, 증득도 또한 둘 아닌 법이라 무실무허無實無虛란 곧 불이不二를 뜻함이라.

육조 │ 무실無實이란 법체法体가 공적하여 가히 취득할 상相이 없지만 그 가운데 항하의 모래수 만한 성덕性德이 있어 사용함에 모자람이 없어 무허라고 하니라. 실다움을 말하자면 가히 얻을 상相이 없느니라. 헛됨을 말하자면 사용함에 끝이 없나니 그래서 유라고 말할 수 없으며 무라고도 말할 수 없느니라. 유하면서도 유하지 않고, 무하면서도 무하지도 않느니라. 말로써 표현할 수 없는 것이 참된 지혜라! 상相을 여의지 않고 수행하면 이런 경지에 이를 도리가 없도다.

부대사 │ 공을 증득하면 곧 실이 되고 나에 집착하면 바로 허가 되느니라. 텅 빔도 아니고 있음도 아니니 무엇이 있고 또한 무엇이 없단 말이오. 병증에 따라 약을 써야하나니 병이 없으면 약 또한 버리니 이공(我空, 法空)의 도리를 관해야 더 이상 남은 것이 없는 경지에 들리라.

야부 │ 물속의 짠맛이요, 색상色相 속의 순수한 아교로다.

설의 │ 있는 것인가! 없는 것인가! 실다운 것인가! 헛된 것인가!

야부 | 단단하긴 철과 같고 부드럽긴 연유와 같도다. 바라볼 땐 있다가도 찾아보면 바로 없느니라. 비록 걸음걸음마다 서로 가까이 따르나 그를 알아보는 이는 없도다. 咦!(아이쿠!)

설의 | 강하기도 하고 부드럽기도 하며 쉽게 볼 수 있고 쉽게 알 수 있도다. 어디서나 분명히 드러날지라도 바로 곧 더듬어 찾아낼 수는 없느니라. 나아가 알지어다. 십성삼현十聖三賢도 그 있는 곳을 알지 못하니라. 어떤 때엔 난데없이 절문寺門에 걸려있더라.

본문 | 수보리야! 보살이 법심法心으로 보시하면 사람이 어둠에 들어서면 볼 수 없는 것과 같느니라. 보살이 법심을 갖지 않고 보시하면 마치 사람이 눈을 가진데다 햇빛마저 밝게 비추면 갖가지 물物을 보게 되는 것과 같느니라.

육조 | 일체 법에 대하여 집착하면 삼륜(施者, 受者, 施物)의 체가 본래 공함을 알지 못해 흡사히 맹인이 어둔 곳에서 주위를 알아보지 못하는 것과 같으니라. 화엄경에서 말했다. 성문이 여래법회에서 법을 듣고서도 맹인이나 귀머거리와 같은 사람은 법상法相에 사로잡혀 있었기 때문이라. 보살이 ''반야바라밀다'의 무착無着과 무상無相의 행을 늘 실행하면 마치 사람으로서 눈을 가진데다 날씨조차 밝다면 무엇인들 보지 못하리오.

부대사 | 적정지에 얽매이지 않으면 자유자재로 어디서든 다 통하리라. 마음이 상相에 집착해 있으면 쓸데없는 일을 하게 되느니라. 법을 떠나 지혜로 행하면 밝은 빛이 거울에 비치는 격이니 신령스러운 근원자리(佛性)가 늘 맑아 가릴 것 없이 온통 다 수용하도다.

본문 | 수보리야! 내세에 선남자 선여인이 이 경을 수지해서 독송할 수 있으면 여래께서 당신의 지혜로 그들이 모두 한량없고 가없는 수행의 덕이 성취되었음을 다 알고 보시느니라.

설의 | 앞에선 무주無住의 이유를 밝혔고 여기선 비유比喩를 들어 무주를 밝힘이라. 법엔 본래 실다움이 없기에 응당 있음에 안주하지 않으며, 헛됨도 없기에 없음에도 안주하지 않아야 하느니라. 있음에 안주하게 되면 공적한 본체에 어긋나고, 없음에 안주하면 저 영명한 본체의 작용에 벗어나리라. 본체의 작용과 어긋나면 성상性上의 여러 가지 공덕이 드러날 리가 없느니라. 사람이 어둠에 들어가면 볼 수가 없나니 이는 맹인이 빛의 소재를 알지 못하고 머리를 떨군 채 고요히 앉아 남모르게 생각에 잠겨있는 양상을 말함이라.

있음에 안주하지 않으면 본체에 계합하고, 없음에 안주하지 않으면 본체의 작용에 계합되나니 본체의 작용과 계합되면 성상性上의 여러 가지 공덕이 그 자리에서 당장 나타나리라. 이를테면 사람이 눈을 가진데다 햇빛을 받아 물색物色을 밝히 볼 수 있는 거와 같도다. 이는 뜬구름이 싹 흩어지니 외로운 달이 떠올라 대천사계大千沙界가 일시로 환히 밝아짐과 같도다.

육조 | 내세는 여래 멸도 후 제오 오백년간의 어지럽고 악한 시기를 말함이니 삿된 법이 다투어 일어나서 정법을 행하기 어려워짐이라. 이런 때에 선남선녀가 이 경經을 만나 스승이 가르쳐주시는 걸 따르고 마음으로 늘 독송하여 오로지 전념하여 잊지 않고 경문이 의미하는 대로 수행하여 부처님의 지견知見(사리를 꿰뚫어볼 수 있는 지혜)을 깨달으면 아뇩다라삼먁삼보리를 성취할 수 있느니라. 이로서 삼세제불이 그들을 다 알고 다 보게 되느니라.(부처가 부처를 알아보다)

야부 | 땅으로 인해 넘어졌다면 땅으로 인해 일어섬에 땅이 너에게 무슨 말을 하던가?

설의 | 땅이 사람으로 하여금 넘어뜨리지 않으며 또한 일으키지도 않나니 일어남과 넘어짐이 모두 사람에 달려있도다. 땅하고는 관계가 없느니라. 법이 사람으로 하여금 깨닫게 하지 않고 또한 미혹시키지도 않으니 미오迷悟는 자신에게 달려있지 법과는 아무런 관계가 없느니라. 법이 사람으로 하여금 취하게 하지도 않고 버리게 하지도 않나니 오로지 취사는 사람으로 말미암이지 법에 관계되는 것은 아니니라.

야부 | 세상만사가 늘 한결같지 않아 사람을 놀라게 할 일이

아니면서도 오래 가기도 하느니라. 한결같음이여, 흡사히도 가을바람
이 불어 닥침과 같아 바람이 사람을 서늘하게 할 의향은 없는데 사람
이 스스로 서늘해 하느니라.

설의 │ 세상만사는 평상적인 것과 그렇지 않는 것에 지나지
않나니 평상적인 걸 말하자면 하늘을 머리에 이고 땅을 밟고 서 있나
니 배고프면 밥 먹고, 목마르면 물을 마심이라. 나아가 그런 것들이
사람을 놀라게 하지 않으면서도 오래오래 지속됨이라. 불상不常(특별
한 것)을 말하면 몸에서 물이 나오고 몸속에서 불이 뿜어 나오는 격이
라. 요술이 이렇다면 사람을 놀라게 하지만 오래가지 못하느니라. 기특
하지만 사실에 입각해 보건데 평등사가 아니라. 그렇다면 눈에 띄는
것마다 모두 도道라. 정말 보통 평범한 일이니 일반사에 무엇으로서
사람을 놀라게 하리오. 유상有相으로서 사람을 놀라게 할 수 없고, 무
상으로서도 남을 놀라게 할 수 없나니 자신이 그 사이에서 스스로 장
애를 일으켜 유상으로 여기기도 하여 마침내 있음에 집착해서 상견
常見의 구덩이에 빠지게 되느니라. 또 한편 무상無相으로 여겨서 무에
집착해 단견斷見의 구덩이에 빠지게 되나니 정작 가을바람은 무심한
데 사람 자신이 스스로 서늘해 함을 느끼는 것과 같도다. 미혹과 깨달
음도 또한 그와 같도다.

종경 │ 공생이 이 경을 듣고 뜻을 깨달아 슬피 눈물을 흘리니
부처께서 자비심으로 마음을 억누르며 예리한 칼날로 허공을 자르듯

공생의 부질없는 짓을 두고 은근히 웃으셨다. 이와 같이 수보리의 말을 인가하사 그로써 공생이 일체제상을 여읠 수 있게 되었느니라. 글쎄요, 깨친 곳에 무슨 기묘한 것이 있겠는가? 혜안을 활짝 여니 밝기가 해와 같도다. 되비춰보니 미진 세계가 텅 비었구려.

설의 │ 공생의 이상離相이란 말이 묘하게 불리佛理에 계합되어 부처님이 그렇고 그렇구나, 라고 칭찬하시며 공생의 말을 인가하셨도다.

종경 │ 선길(공생, 수보리)이 친히 듣고서 그 근원을 꿰뚫어보고 나니 슬픔과 기쁨이 교차한 나머지 자존(佛)님을 찬양했도다. 마음이 텅 빈 상태로 산뜻하게 진실제眞實際를 뛰어넘으니 종전에 갚지 못한 은혜를 이제야 갚을 수 있었도다.

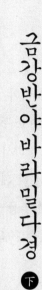

금강반야바라밀다경

下

지경공덕분 — 제15

본문

　수보리야, 선남자 선여인이 첫 번째에 항하의 모래수 만큼 몸으로 보시하고 두 번째에 다시 항하사와 같은 몸으로 보시하며 마지막에 또한 항하사 같은 몸으로 보시하여 이 같이 무량 백천만억 겁에 걸쳐 보시한다 해도 어떤 사람이 이 경전을 듣고 신심을 저버리지 않으면 그 복이 몸 보시 공덕보다 더 수승하니 게다가 사경寫經하거나 수지受持하여 독송하거나 남에게 해설해 줌에 있어서랴!

　셜의 │ 세인들의 간탐심慳貪心은 땅덩이보다 더 두꺼워 실 터럭 하나라도 남에게 베풂도 오히려 어려워하거늘 하물며 누구라서 잠시라도 이 신명을 즐거이 보시하리요. 지금 신명을 희사하기를 하루에 세 번씩이나 하여 다겁多劫을 지나도 오히려 싫어함이 없으니 이는 참 희귀하기 이를 데가 없느니라. 이런 걸 들으면 사람들의 몰골이 송연해지거늘 지금에 지경持經의 복이 신명보시보다 더 수승함을

222　의미로 보는 한글판 금강경 오가해

상찬하시니 이 경보다 더 이상 가는 것이 없음을 확실히 알도다. 부처께서 색신보시가 보다 더 하열하다고 나무란 뜻은 색신보시는 무엇에 집착함이 있기 때문이로다. 다만 보시를 하되 마음에 머묾(집착)이 없다면 이게 바로 보살행이니라.

육조 | 부처님이 말씀하셨다. 말법시에 이 경을 듣고서 신심이 어긋나지 않는다면 곧 사상四相이 일어나지 않나니 이것이 바로 부처의 지견知見(事理를 아는 慧의 작용)이니라. 경의 공덕이 앞의 다겁에 걸친 신명보시 공덕의 백천만억 배 보다 더 수승하여 가히 비유할 수 없느니라. 잠시간 경문을 들어도 그 복이 또한 많은데 하물며 나아가 서사書寫하고 수지해서 독송하며 중생에게 해설함에 있어서랴. 이런 사람은 아뇩다라삼먁삼보리(無上正等正覺)를 반드시 성취하게 되느니라. 그래서 여러 가지 방편으로 이와 같은 깊고 깊은 경전을 설하여 제상諸相을 여의게 하고 아뇩다라삼먁삼보리를 증득케 하시니 그로 인한 공덕이 가이없느니라. 아마도 다겁에 걸쳐 신명을 내다바친다 하여도 제법이 본래 공함을 요달하지 못하면 능사심能捨心(主體)과 소사심所捨心(客體)이 있기 마련이라. 처음부터 중생의 지견을 미처 떠나지 못한 지경이니라. 만약 경문을 듣고 깨달아 아상과 인상 등이 순간다 없어지면 말이 끝나자마자 바로 곧 부처가 되리라. 저 사신捨身하여 얻는 유루有漏의 복은 지경의 공덕인 무루無漏의 지혜와는 비교도 되지 않느니라. 시방에 보배를 가득 쟁이고 삼세에 걸쳐 신명을 희사하더라도 경 장속의 사구게 한 구절을 수지 독송하는 것만 못하도다.

부대사 | 아상, 인상, 중생상과 수자상이여, 오온 위에 헛된 이름을 세움이라. 마치 거북이의 털 마냥 실답지 못하고 토끼에 뿔처럼 형상이 없도다. 몸을 희사함은 망식 때문이고 목숨을 보시함은 미혹한 마음 때문이라. 복과 지혜를 비교하여 상세히 말한다면 경을 수지함만 못하도다.

야부 | 인천복人天福의 보답은 없지 않으나 불법은 꿈에도 보지 못했느니라.

설의 | 사신捨身의 때와 그 일 자체 두 가지가 다 가볍지 않으나 인천人天에 태어날 복福의 보답을 경복經福에 비해 누가 감히 먼저 받으리오. 그러나 짓는 행위는 미혹한 마음에서 나와 마침내 매사가 뜻대로 되지 않나니 경복經福과 재시복財施福과의 상호거리를 말하면 십만 팔천리라도 멀지가 않느니라.

야부 | 초, 중, 후에 걸쳐 보시寶施의 마음을 발동한 것은 매한 가지라. 그 공덕은 가없어 다 헤아릴 수 없도다. 정말로 한결같은 마음을 세우지 않고서는 한 주먹으로 저 넓고 넓은 하늘을 힘껏 치는 것과 같으리라(財施도 쉬운 일이 아님).

설의 | 세 번에 걸쳐 몸을 희사한 복이 가없으나 경문을 듣고 한 순간 믿게 되는 것과 어찌 같으랴. 한 찰라 중생과 부처가 없음을

요달하면 그 수행력이 넓고 커서 허공과 같은데다 나아가 허공조차 분쇄하면 인천人天에 태어날 수 있는 복덕은 이루 다 말할 수 없도다.

본문 │ 수보리야! 요약해서 말하자면 이 경은 가히 상상할 수도 헤아릴 수도 없을 만큼의 끝없는 공덕을 지녔느니라.

육조 │ 경을 소지한 사람은 그 마음에 아소我所(내 것이란 생각)가 없기에 바로 불심이라 할 수 있느니라. 불심의 공덕은 끝이 없음이라. 그래서 가히 다 헤아릴 수 없다하니라.

본문 │ 여래는 대승심을 발한 자를 위하여 선설하며 최상승심을 일으킨 자를 위하여 설하노라.

설의 │ 이 경의 은덕은 헤아리기 어려우니라. 다만 상지자上智者를 위하여 설하심이라.

육조 │ 대승이란 지혜가 광대하여 일체법을 잘 안출案出하고 최상승이란 누구나 싫어할만한 더러운 법을 보지 않고 희구希求할만한 정법淨法도 보지 않으며 제도할 중생도 보지 않고 증득할 열반도 보지 않으며 중생을 제도하겠다는 마음도 내지 않고 또한 중생을 제도하지 말아야겠다는 마음도 내지 않나니 이를 두고 최상승이라 하고 또한 일체지一切智, 무생인無生忍, 대반야大般若라 하니라. 어떤 사람이 발심하여 무상도를 구함에 이런 무상, 무위의 심심深深한 법을 듣고서 바로 곧 신해수지信解受持하여 남에게 해설해 그로 하여금 깊이 깨닫게 하여 불법을 비방하지 않게 하며 대인력大忍力과 대지혜력과 대방편력을 갖게 한다면 그것이 바로 이 경을 유통함이 되느니라.

야부 | 마치 한 줌의 실을 자름과 같아서 한 번 자름에 전부가 일시로 끊어지도다.

설의 | 이 경이 사람으로 하여금 장애를 없앰에 한 줌의 실을 끊음에 한 번 잘라 전부가 일시에 잘라지는 것과 같음이요, 사람으로 하여금 덕행을 성취케 함도 한 가닥의 실을 물들임에 한 가닥이 물들면 일시로 다 물들게 됨과 같나이다.

야부 | 한 주먹으로 방편의 성곽을 쳐서 넘어뜨리고 한 발로 현묘한 방책防柵를 펄쩍 뛰어 차 넘어뜨리도다. 남북동서를 발길 닿는 대로 걸어 나갈지니 대비관자재보살을 찾지 말지어다. 대승설이여, 최상승설이여, 몽둥이 한 방에 한 가닥 피자국이요. 손바닥으로 한 번 후려침에 한 웅큼의 피로다.(단호히 결행함)

설의 | 방편의 성곽(법화경 7 喩中)을 후려쳐 넘어뜨리고 현도玄道에 드는 관문을 짓밟아 버리고서 여래의 광대한 국토를 활보하도다. 이미 부처님과 생애를 함께할 수 있음인데 대자비관음보살의 지

도指導를 어찌 다시 또 구하랴. 대승설이여, 최상승설이여, 몽둥이 한 방이 경 오천부에 필적함이요, 한 손바닥으로 팔만의 문을 죄다 쳐버리도다. 오로지 이로써 많은 일을 이루었는데 어찌 다시 조잘대며 번거롭게 떠들고 있는가! 한 가닥 피멍울이요, 한 웅큼의 피여! 하늘과 땅이 그 본색을 잃고 해와 달이 그 빛을 잃도다.(상대적 개념 없이 주객일체의 경지를 이름)

본문 | 만약 어떤 사람이 이 경을 능히 수지독송하여 사람들에게 널리 설해준다면 그 사람은 가히 헤아릴 수 없고 설명할 수 없으며 가없고 불가사의한 공덕을 다 성취한 것을 여래께서 다 알고 보고 있나니, 이런 사람들은 바로 곧 여래의 아뇩다라삼먁삼보리(無上正等正覺)를 감당할 수 있느니라.(부처가 부처를 알아봄)

설의 | 이 경은 처음부터 상지上智를 위하여 설했으니 만약 어떤 사람이 타인을 위해 설한다면 이는 필연코스 상지임에 틀림없음이라. 부처의 지견을 터득했으니 여래 보리를 감당할 수 있음에 의심의 여지가 없도다.

육조 | 상근인上根人은 이 깊은 경전을 듣고 부처님의 뜻을 깨달아 자기 마음의 경전으로 간직하여 견성해 마치게 되느니라. 또한 이타利他의 행을 일으켜 남을 위해 해설하고 배우고자하는 모든 이로 하여금 무상의 도리를 스스로 깨치게 하고 본성불(本性佛)을 봐서

무상의 도를 이루게 하느니라. 설법하는 사람의 얻는 공덕이 무한하여 가히 헤아릴 수 없느니라. 경을 듣고 뜻을 알아 배운 대로 수행하고 또한 타인을 위해 널리 설하여 모든 중생으로 하여금 무상無相과 무착無着의 행을 닦고 깨달아 실천할 수 있게 하면 대지혜 광명을 갖게 되어 번뇌에서 벗어날 수 있느니라. 비록 번뇌에서 벗어난다 해도 진로(번뇌)에서 벗어났다는 생각을 하지 않으면 곧장 무상정등정각을 증득할 수 있도다. 그래서 불력을 감당할 수 있다하니 지경持經의 공덕이 자연히 무량무변하여 불가사의한 공덕이 있음을 알아야 하니라.

야부 | 태산과 화산을 쳐서 쪼갤 수 있는 솜씨를 가진 이는 거령신巨靈神(힘센 신)임에 틀림없도다(그만한 능력이 있는 자라야 가당하다는 뜻).

설의 | 불보리佛菩提를 감당함에도 그럴만한 사람 중의 한 사람이어야 하니라.

야부 | 야산과 태산을 쌓음에도 그 하나하나는 다 티끌의 쌓임이라. 눈동자는 푸르고 가슴 속 기백은 우레와 같도다. 변방에 나가면 흉흉한 변방이 고요해지고 환국하면 영재英才와 같도다. 한 편의 조그만 마음이 바다처럼 크니 출렁이는 파도가 밀려갔다 밀려옴을 얼마나 봤던가?(신묘한 마음의 작용)

설의 | 그만한 사람이라면 이치에 막힘이 없고 하지 못할 일이 없도다. 바로 허공을 분쇄하고 대지를 푹 꺼지게 하니(흔적조차 없앰) 가사 시방의 제불이 동시에 신기한 변화를 부린다하여도 그 사람 앞에서는 다 하찮게 되니라.

무엇 때문에 그와 같이 되는가? 방망이를 잡거나 불자拂子를 늘어뜨려도 그는 뒤돌아보지도 않으며 언어삼매言語三昧(말에 몰두한. 곧 뛰어난 설법)라도 그는 들으려하지 않도다. 눈빛이 삼천계를 다 녹여버리니 그의 눈동자가 푸르고 싸늘하도다. 가슴 속이 깨끗하여 세상사를 온전히 다 잊었으며 그런 가운데 우레와 같은 기개와 도량度量이 신선하도다. 밖으론 연緣에 부응하나 어디서나 고요하고 안으로는 한결같이 고요하면서도 대응함에 부족함이 없도다. 생각이 넓고 넓어 바다처럼 크나니 천차만별한 유와 무에 내맡기도다.

본문 | 왜냐면 수보리야. 소법을 좋아하는 자는 아견, 인견, 중생견, 수자견에 집착하게 되나니 그래서 이 경에 대하여 듣고 독송하여 타인을 위해 해설해 줄 수가 없느니라.

설의 | 무엇 때문에 이 경은 대승심을 발한 자를 위해 설하며 최상승심을 발한 자를 위해 설하며 나아가 이 같은 사람들이 곧장 아뇩다라샴막삼보리를 감당할 수 있다고 하는가? 이 경은 대인大人 경계를 바로 내보임이라. 소근小根과 소지小智로서는 능히 감당할 수 없는 까닭이라.

부대사 │ 신身 구口 의意로 짓는 뭇 행위는 갖가지 인연에 따라 행하여 많은 공덕을 얻을지라도 끝내 열반에 들어 갈 의향은 없고 오로지 중생을 제도코자하는 마음만 있을 뿐이라(진정한 보살심). 자비를 베풂에 그 자비가 한없으며 지혜를 사용함에 그 지혜가 깊고 깊도다. 이타利他와 자리自利함이여, 소성小聖으로서 어찌 능히 감당할 수 있으리오.

야부 │ 인仁자는 그것을 보고 인이라 하고, 지智자는 그것을 보고 지라고 하도다.

설의 │ 이 경經은 지智로써 체体를 세워 생각 생각에 생김이 없고 행行으로서 용用을 일으킴에 계속하여 끝이 없도다. 이것이 바로 문수와 보현의 대인 경계라 소근소지小根小智로는 능히 생각할 바가 못 되느니라. 그렇다면 지혜가 아니고서는 그 체를 죄다 궁구할 수 없고 인(仁=자비)이 아니고는 그 용을 다 할 수 없도다. 이 경에 의해 수행하는 자는 자비심이 광대하고 지혜가 깊고도 깊느니라.

야부 │ 배우지 못한 영웅이 독서도 하지 않고 허둥지둥 먼 길을 달려 나가도다. 어머니가 만들어준 보장寶藏을 맘대로 사용하지 못하고 무지해서 고생만 죽도록 하고 있으니 어찌 그런 사람을 두고 탓만 하리요?

설의 | 문무文武가 세상에서 으뜸이면 인간계에서 빈천의 고통을 당하지 않을지니 인지仁智가 사람에 대하여서도 그러하여 오래 수습하면 생사윤회의 바다에 빠져들지 않느니라. 허나 지금 인仁과 지智를 수습하지 않아 미망한 길에서 늘 수고로이 엉금엉금 기어 다니고 있느니라. 덕성의 보장寶藏이 비록 우리에게 있으나 쓸 줄 몰라 처량하고 허약한 신세를 면치 못하도다. 이미 스스로 갖고 있으니 그 허물을 누구에게 돌리겠는가?

본문 | 수보리야, 곳곳마다 이 경이 있으면 일체 세간, 천인, 아수라 등이 마땅히 공양을 올릴 터이니 그곳을 곧 탑묘로 여김을 알아야 하느니라. 모두가 응당 공경하고 예禮로서 탑 주위를 돌며 모든 꽃과 향을 공양하리라.

설의 | 이 경은 예로부터 없는 곳이 없으나 다만 티끌에 파묻혀 나타나지 않아 사람들이 알지 못함이라. 오직 대지혜를 가진 사람만이 티끌을 헤쳐 들어내어 널리 사람들에게 선설하니 이게 바로 경이 있는 곳이라. 이런 사람은 바로 인천의 안목이라. 인천이 응당 공양해야 하느니라.

육조 | 만약 어떤 이가 입으로《반야경》을 외고 마음으로 반야를 행하여 곳곳마다 무위무상의 행을 늘 행하면 이런 사람이 있는 곳은 부처님의 탑묘가 있는 것과 같도다. 일체 인천人天이 각기 공양

물을 지참하여 예를 차려 부처님과 진배없이 공경하리라. 또한 이 경을 수지하는 자는 그 사람의 마음속에 자연히 세존이 자리하고 있어 부처님의 탑묘와 같다고 하나니 그 사람이 짓는 복덕은 무량하고 무변한 줄을 알아야 하도다.

야부 | 진주의 무우요(一僧問하길 조주스님은 남전 스님을 친견했습니까? 에 대한 조주 승 답언). 운문의 호떡이로다.(一僧問, 어떤 것이 불, 조사를 초월하는 말인가에 운문 답)

설의 | 이 경에 공양함에 무엇을 공양거리로 삼는가? 진주의 무우요, 운문의 호떡이로다. 한 스님이 운문조사에게 물었다. 어떤 것이 부처와 조사를 뛰어넘는 말입니까? 운문 법사가 호떡이라 했느니라. 송나라 때 개선 선섬 화상이 이 화두를 들어 말하길 지금 이백여 명의 납자들이 이곳저곳 유수한 총림에서 나와 또 그만한 도량을 찾아들어 이르는 곳마다 수용이 빈약한 것은 싫어하고 풍족한 걸 좋아해 시주물만 허비하고 떠난 이가 얼마였던고? 더욱이 한 사람이라도 운문雲門 사師의 호떡 화두를 알아차리기라도 했을까? 산승이 억지로 깎아내리고자 함이 아니라 그 화두를 미처 알아차린 자가 없었을 것을 감히 말하도다. 왜냐하면 산승이 이십년 전에 의발 속에 감춰두었음에 귀신조차 알지 못해하는데 너희들이 어느 곳에서 찾아낼까?

믿지 못하겠다면 오늘 대중에게 널리 호떡 공양하리다. 뒤이어 주장자를 들어서 일원상을 그리고서 이르기를 능력자는 집어 들라.

그러고 나서 곧장 그만두어라. 하시니 이 하나의 호떡이 대중전체를 공양할 수 있을 뿐만 아니라 시방의 제불도 공양할 수 있으며 또한 육도중생에게도 다 공양할 수 있느니라. 어떻게 공양하겠는가? 진주산의 한 뿌리 무우를 천하의 노화상들이 끊임없이 삼키고 내뱉으며 운문의 호떡 한 개를 천하의 납승들이 하루도 빠지지 않고 잘 씹어 먹나니 삼키고 내뱉으며 잘 씹어 먹을 줄 안다면 벌써 공양은 끝난 것이니라.(茶飯事가 道)

야부 │ 임금(君)과 함께 같이 걷고 또 같이 가나니 일상생활에 함께한 세월이 길고도 길도다. 목마르면 물마시고, 배고프면 밥 먹으며 늘 상대하니 머리를 되돌리고 다시 생각할 필요가 없도다.

설의 │ 이를테면 이제 공양한 경을 어디에서 볼까? 때와 장소를 가리지 않고 면전에 곧장 내바치니 의심스러워 요리조리 헤아린다면 마주보고 있으면서도 실은 천리만리나 떨어져 있는 셈이니라.

종경 │ 천만 억겁에 걸쳐 신명을 보시함이여, 그 복이 바다보다 더 깊도다. 최상승자를 위하여 선설함이여, 짊어진 짐이 태산보다 더 무겁도다. 경쾌한 마음으로 사뿐히 옷자락을 거둬 올리고 곧장 길을 떠날 제 잠시 전과 다름없이 짐을 내려놓기를 바라노라. 무슨 연고인가? 아주 역량이 뛰어난 이는 처음부터 움직이지 않고 별 문제없이 상근의 관문은 지나고 마느니라.

설의 │ 신명身命을 희사喜捨한 복이 깊고도 깊으나 이《상승경》에 대해선 결국 아무런 관계가 없도다. 보리菩提의 무거운 짐을 사뿐히 들어 올려 곧장 떠남이 좋긴 좋으나 잠시 전과 같이 내려놓기를 바라니 무엇 때문에 그런가요? 능력이 뛰어난 이라면 저 최상승의 말을 즐겨듣지 않고 천차만별의 차별을 밟아 뭉개어 버리고서 바로 저편으로 보내버리리라.

종경 │ 취모검(아주 예리한 칼)을 거꾸로 잡고서 잡다한 마음의 흔적(번뇌 망상)들을 다 소탕해 버리고나니 갑자기 마음이 툭 트이게 됨이라.

지혜의 칼날이 오로지 비로불毘盧佛 정수리에 드러나니 중생과 성인이 다 함께 바람 앞에(본색이 드러나는 위치) 서게 되도다.

설의 │ 한 자루의 취모검을 거꾸로 꽉 잡고 천차만별을 다 베어버리니 갑자기 마음이 활짝 열려 비로불 정수리에 지혜의 칼날이 툭 드러나 위광이 눈부시게 빛나서 주의해서 보는 자는 죄다 시력을 잃게 되도다. 그래서 범성凡聖이 다 바람 앞에(불리한 위치)서게 된다 함이라.(범성본색이 드러남)

능정업장분 — 제16

(업장을 깨끗이 함)

본문

또한 수보리야. 선남선녀인이 이 경을 수지해서 독송하는 중에 주위 사람들로부터 업신여김을 당한다면 그 사람은 전생의 죄업으로 지옥에 떨어지기 마련이지만 금세 인들이 멸시하는 까닭에 전생 죄업이 소멸되어 결국 아뇩다라삼먁삼보리를 얻게 되리라.

설의 │ 사람들로부터 업신여김을 당한다는 것은 그 사람에게 사상四相이 없음을 밝힘이라. 대체로 사상四相이 있는 자는 일반인들의 위가 되고자하고 그 아래가 되길 싫어하느니라. 사상四相을 통달한 자는 자기를 귀히 여겨도 기뻐하지 않으며 비천하다고 깔봐도 성내지 않고 일체 중생에게 하심하여 즐거이 사람들의 아래가 되느니라. 그래서 옛날 인욕선인(佛의 因行時)은 가리왕으로부터 사지절단의 고통을 당하시고 불경不輕보살(법화경 28품 중 제20품 내재. 상불경보살행적)은 사부대중에 의해 매를 맞고 욕을 먹기도 했으니 이는 모두 업신여기는 사례지만 처음부터 화내거나 원망하는 마음이 없었느니라. 그래서 사람들로부터 업신여김을 받는 일은 바로 사상四相이 없는 자들의 소행이니라. 진실로 무아리無我理에 통달하면 사람으로부터 멸시를 받는 것조차 법의 즐거움이 되도다. 법엔 피차가 없어서 아인我人 등 사상에 의해 생각이 일어나나니 아인 등 사상을 가짐으로 인해 행동을 일으켜 죄를 짓게 되도다. 죄와 업(행위)이 나타나 보리로 향한 길을 가로막나니 보리를 이루고자하면 우선 먼저 죄업을 제거해야 하느니라. 죄업을 없애려면 우선 아인我人의 상相을 끊어야 하느니라. 경문을 듣고 뜻을 알아 무아의 이치를 통달하고 또한 무아행을 수행해서 다시는 생사의 업을 짓지 않고 죄근罪根을 영원히 없앤 까닭에 비록 전생에 걸쳐지은 무량한 죄업이 있다 해도 흔적도 없어 사라져 무상의 불과인 보리를 당연히 성취하리라. 그래서 말씀하셨다. 선남여인이 이 경을 수지독송하는 중 주위 사람들로부터 멸시당하게 되면 그 사람은 전생에 지은 죄업이 바로 소멸되고 마침내 무상정등정각을 이루게 된다하시니라. 비록 이 경을 수지해서 독송할지라도 명성과 이재利材를 탐하고 깨끗한 신심을 내지 않으며 또한 무아의 이치를 알아 무아행을 행하지 않으면 번뇌의 숙업宿業에 기인된 작용이 여전히 왕성하리니 죄를 돌려 부처가 되지 못할 뿐만 아니라 또한 지옥도에 떨어지지 않을 수 없도다.

육조 | 부처님이 말씀하셨다. 이 경을 수지한 이는 모든 하늘과 사람의 공경과 공양을 받아야 합당하지만 다생에 걸쳐 무거운 업

장을 짊어진 까닭에 금생에 비록 제불여래의 깊고 깊은 경전을 수지하더라도 늘 주위 사람들로부터 업신여겨져 사람들로부터 공경과 공양을 받지 못하게 되도다. 스스로 경전을 수지한 고로 인아人我 등 상相을 생각지 않고 원친冤親을 불문하고 항상 공경하며 원망함이 없어 마음이 씻은 듯이 깨끗해져 아무런 문제를 삼을게 없도다. 늘 생각하면서 한 시도 빠지지 않고 '반야바라밀'을 향해 일찍이 물러선 적이 없는 자세로 수행할지니라. 그래야 무량겁으로부터 금생에 이르기까지 쌓은 아주 무거운 죄의 장애물이 모두 없어지게 되도다. 부연해서 이치에 따라 말하자면 선세先世란 바로 앞생각의 망령된 마음이고 금세란 곧 그 뒤를 이은 깨친 마음이라. 후념의 깨친 마음으로 앞생각의 망령된 마음을 지워버려 미망이 더 이상 머물 수가 없어 선세 죄업이 바로 소멸하게 된다 하느니라. 망념이 이미 없어져 죄업상이 성립되지 않으니 곧장 보리를 증득하게 된다 하느니라.

부대사 | 선세의 몸에 과보의 장애가 있어 금일에 이 경을 수지 중 잠시 사람들로부터 멸시를 당하게 되어 무거운 것을 돌려 다시 가벼운 것으로 되돌아가도다. 만약 의타기성(사물은 인연생, 무실체)이 일어남을 알면 변계소집(허망을 집착)의 마음을 없앨 수 있나니 한결같이 반야(지혜)에 대해 관하면 끝내 원성圓成이 안 된다고 어떻게 염려하리요?

야부 | 한 가지 일들을 경험하지 않으면 하나의 지혜가 늘지

않느니라.

설의 | 내가 없게 되면 업을 짓지 않게 되고 장애물을 없애버리면 보리가 이루어지는 건 경을 수지한 보람이니라. 그래서 일대사(實相妙理)를 알아차리지 못하면 일체지를 증득하지 못하도다.

야부 | 칭찬할 수도 없고 헐뜯을 수도 없도다. 하나를 요달了達하면 만사가 끝남이라. 부족함도 없고 남는 것도 없음이 허공과도 같나니, 그래서 그대를 위해 책 제목으로 '바라밀'이라 말하도다.

설의 | 이 일대사(實相妙理)는 제석과 범천이 다 칭찬할 수도 없고 천마외도가 비방할 길이 없도다. 일대사를 깨달으면 제불조의 신통한 언동과 백천 삼매와 한량없이 신묘한 뜻을 오로지 눈 깜짝 할 사이에 남김없이 다 알아 마추어버리도다. 이 일대사는 명예와 범속의 상相이 없으며 미혹과 깨달음의 상相도 없어 원만하기가 허공과 같아서 부족함도 나머지도 없이 다만 깨치지 못한 사람들을 위해 글과 말로써 방편삼아 나타내도다.

본문 | 수보리야, 내가 과거 무량 아승지겁에 걸친 행적을 생각해보니 연등불을 친견하기 전에 벌써 팔백 사천만억 나유타(인도 고대 거리단위)나 떨어진 제불을 만나 빠짐없이 다 공양을 올리고 받들어 모셔 하루도 헛되이 보내지 않았느니라.

부대사 │ 여래께서 '나유타'라 하심이여, '나유타'는 몇 겁이나 되는가? 아我, 인人, 중생衆生, 수자상壽者相이여, 사상四相이 다 공하도다. 보리도를 깨달으면 도道란 모두 같나니 역사(부처님의 행적)는 거짓이 아닌 실제를 구비함이라. 그 실제 정도가 범부의 영역을 뛰어넘도다.

본문 │ 또한 어떤 사람이 다가오는 말세에 이 경을 수지하여 독송하면 얻게 될 공덕이 내가 과거 제불을 공양한 공덕으로써는 백분의 일, 아니 천만억 분의 일에도 미치지 못하고 나아가 셈할 수도 비유할 수도 없느니라.

설의 │ 부처는 밖에서 구하는 것이 아니라 오로지 마음을 향해 찾는 것이니 부처를 만나고자 하면 오직 마음을 비춰봐야 하느니라. 제불을 시봉함으로서 얻는 복이 없지는 않으나 여전히 밖을 향해 허겁지겁 구하기 마련이라. 잠시라도 경문을 들으면 깨끗한 믿음을 내게 되어 바로 자연히 견성하여 마침내 성불이 되도다. 그래서 부처님께서 재물財공양함이 지경持經의 공덕에 미치지 못한다 하느니라.

육조 │ 항사恒沙 같은 제불께 공양하고 삼천계에 가득 차도록 보물을 보시하며 신명희사身命喜捨를 미진수 만큼이나 한, 갖가지 복덕들이 경을 수지한 공덕에 미치지 못한다 함은 한 찰나 무상의 다스림을 깨닫고 더 이상 바라는 마음을 쉬어 중생의 전도된 지견을 멀리 여의어서 바로 바라밀의 피안에 이르게 되어 영원히 삼도의 고통을 벗어나 무여열반을 증득함에 있음이라.

부대사 │ 연등불이 미처 교화를 시작하지 않은 상태를 불전佛前이라고 말함이라. 항사같이 많은 성인을 만나 공양함은 어렵지 않거니와 말법시에 있어선 마음을 잘 다스리기가 어렵기에 잠시라도 경을 펴 본다면 그 사람에겐 단견斷見(죽으면 다 끝이란 생각)이 없어 만겁토록 자연히 마음이 편안하고 한가로워지리라.

야부 │ 좋은 일은 함부로 행하지 않느니라.

설의 │ 경을 수지하여 일념 간에 원만히 증득하면 바로 곧장 성불하나니 그래서 좋은 일은 함부로 행하지 않느니라.

야부 │ 수억 수천 부처님에게 공양한 복덕이 가없어도 고교古教(佛經祖錄)를 가지고 늘 마음을 비춰보는 것과 어찌 같겠는가? 백지상에 검은 글자를 써놨으니 그대에게 청컨대 눈을 똑바로 뜨고 앞을 관할지어다. 바람은 고요하고 물결은 잔잔한데 사씨謝氏네 사람(玄沙師備승의 속성이 謝氏, 어부가 본업, 당대인)은 오직 어선에 머물고 있네.(고기 잡기위해 기다림은 수행을 단념하지 않고 성불을 지향함 貌)

설의 │ (타본엔 사씨네 사람이 고기 잡이 배에 머물다임) 고교古教(佛

經 및 祖錄 등)가 있는 곳을 알고 싶은가? 바다같이 깊고 산 같이 높도다. 고교의 아름다움을 알고 싶은가? 따뜻한 햇살이 봄날같이 화사하여 땅에 비단을 깐듯하니 장식 없이 쓴 글자가 비단위에 펼쳐지도다. 바라노니 어머니가 낳아준 눈으로 활짝 떠서 하루 종일 늘 고교를 비춰보도다. 늘 비춰봄이여, 안팎으로 장애됨이 없이 참된 경계가 나타나니 한 사람(깨친 사람)만이 그 가운데 일들을 혼자 맘대로 행함이라. 또한 고교란 실로 고불께서 몸소 설하신 가르침이라. 이치에 따라 말하면 학인이 손에 쥔 한 권의 경이라. 이 한 권의 경은 불조가 서로 권한 어디서나 통용되고 증명된 법(法印)이며, 중생이 본래부터 가지고 있는 그 하나니라, 그것이 전래되어 옴에 시작이 없어 짐짓 고교라 이름 하느니라.

백지 위에 검은 글자를 쓴 것은 경권에 본래 갖춘 무늬라. 백색은 치우침에 속하여 자성(無常)과 수연隨緣(有常)의 두 작용을 뜻함이고 묵黑은 정正에 속해 적멸하여 한결같은 체体를 뜻 하니라. 그대에게 청컨대 눈을 떠서 앞을 관하란 건 모든 사람으로 하여금 일상적인 행위를 떠나지 않고 일대 경권을 읽게 함이라.(시장판이 바로 살아 움직이는 경이라)

본문중의 바람은 고요하고 운운云云은, 일대장경을 읽는다면 밖으론 경계의 바람이 자연히 고요해지고 안으론 지혜의 물이 맑고 깨끗하여 인연에 따라 자연 그대로 내맡기며 이르는 곳마다 아무런 거리낌 없이 즐김이 마치 빈 배가 물결 따라 맘대로 동으로 갔다 서로 갔다 하며 올라섰다가 내려앉기도 하는 것과 같도다. 또한 바람이 고요하다, 운운은 큰 물고기를 낚았을 때 또한 바람결이 그쳐 수면이 잔잔해짐이요, 실상을 관조할 시에 의당 망정忘情을 쉬어 지혜의 물이 맑고 맑음이라. 배는 고기를 잡는 도구요 교는 진리를 깨치게 하는 법이니라. 진리를 깨치고 자 하는 자가 진리를 깨닫게 하는 법에 마음을 의지하면 반드시 진리를 깨칠 기약이 있을 것이고 고기를 잡고자하는 이가 오로지 고기잡이배에 머물러 있으면 반드시 고기를 낚을 때가 있으리라.

본문 | 수보리야, 선남선녀인이 미래 말세에 이 경을 수지해서 독송한 공덕을 말하자면 혹자는 듣고 마음이 몹시 혼란해지거나 여호 마냥 의심해서 믿지를 않으리라.

육조 | 부처님이 말씀하셨다. 말법 중생은 덕은 박하고 번뇌가 무거우며 질투심이 더욱 많아 많은 성인들이 숨어들어 사견만이 치성하리라. 이런 때에 선남녀인이 이 경을 수지독송하여 제상諸相을 원만히 여의어 본시부터 얻을 바가 없음을 알아차리리라. 그러나 한 순간도 빠짐없이 늘 자비희사 행을 하고 자기를 겸손히 해서 마음을 온화하게 갖는다면 끝내 무상의 보리도를 성취하리라. 혹 성문聲聞의 작은 소견을 가진 이는 여래정법이 상존하여 없어지지 않음을 알지 못하다가 여래가 멸한 후 그 후 오백세에 걸쳐 어떤 이가 무상심을 성취하여 무상행을 실천하여 마침내 무상정등정각을 이루었단 말을 든는다면 마음속에 두려움이 일고 의심스러워 믿지를 않으리라.

부대사 | 망념을 알아차리면 마음이 밝아 그 망념이 물러나고 무위無爲하면 업장이 줄어 드니라. 분별심이 없어지니 범우凡愚가 다 사라지도다. 경 가운데서 말세라 함이여, 의심이 많고 스스로 갈피를 잡지 못함을 이름이라. 타고난 지혜로써 진실을 닦음이여, 이것이 바로 보리(지혜)로다.

본문 | 수보리야, 이 경은 의미를 다 헤아릴 수 없으며 과보 또한 다 헤아릴 수 없느니라.

설의 | 경을 수지하고 경을 설하는 공덕은 가히 헤아릴 수 없다고 많이 칭찬하시고 나아가 그로인해 얻는 공덕을 내가 다 말하면 어떤 이가 듣고 마음이 곧장 혼란해지고 의심하여 믿지 않는다 하심이라. 과보도 또한 불가사의한데 경문을 듣고서 진실로 받아들이지 않으면 좋은 약이 눈앞에 있어도 복용할 줄 모름과 같음이라. 과보 역시 불가사의하여 복용하면 그 자리에서 곧장 바로 신선이 되어 공중으로 떠오르리.

육조 | 경의 의미는 바로 무착과 무상의 행行이요, 불가사의란 무착과 무상의 행이 무상정등정각을 성취시킬 수 있음을 찬탄하심이라.

부대사 | 과보가 분명히 있음이여, 선악이 두 갈래로 나뉨이

라. 말법시엔 망심을 조복시키기 어려움이여. 경을 비방하고 길을 잃어 헤매도다. 의심이 단견(죽으면 끝이란 생각)을 불러일으키도다. 닦으면 편리할지니 깨달아서 전후가 없으면 지체없이 성불하리라.

야부 | 사람마다 눈썹은 눈 위에서 가로 질러 있도다.

설의 | 부처님께서 설하신 법은 오로지 눈 위의 눈썹을 설한 것이라. 눈 위의 눈썹이라면 사람은 태어나면서부터 본래 갖고 나왔음이라. 유독 누군들 또한 없으리오.

야부 | 양약은 입에 쓰고 충언은 귀에 거슬리는 법이라. 차고 따뜻함을 스스로 앓은 물고기가 물을 마심과 같도다.(변온 동물이라 단지 적응할 뿐 감각 없음.) 어떻게 다른 날에 미륵 부처를 기다리기만 하겠는가? 오늘 아침 이미 보리의 기별(記別=授記)을 받았도다.

설의 | 이미 모두 다 똑같이 갖고 있지만 듣고서 진실로 받아들이지 않음은 무슨 까닭인가? 오로지 너무 가까워 깨닫기가 어렵기 때문이라. 마시고 쪼아 먹음은 때에 따를 뿐 배고프고 배부름은 스스로 알지라. 그렇다면 사람마다의 위계가 비로불과 같아 한 사람 한 사람 빠짐없이 적광토(불국토)에 거居하는데 어떻게 용화(미륵불)의 기별을 바라겠는가? 발을 떼어놓으면 바로 적광도량이로다. 원칙적으로 논한다면 그 이치가 마땅히 이와 같지만 지금의 사정에 의거 논한

능엄경업장부

다면 이 경은 양약과 같아서 복용하면 만병이 사라짐이라. 초연히 부처가 될 수 있지만 단지 즐거이 삼키지 않으려고 함이라. 또한 충언과 같아 믿고 받아들임에, 자기가 옳다고 여김이라. 능히 부처가 될 수 있는데도 단지 즐거이 신수信受하려 하지 않도다. 오직 근기가 예리한 사람이라서 말이 떨어지자마자 자기가 잘못인줄 알아 한 번 들으매 모든 걸 자기 것으로 할 수 있나니 곤이와 고래가 바닷물을 마심과 같도다. 지위가 이미 대각(부처)과 같은데 극과極果를 어찌 의심하리요. 과보 또한 불가사의라 하시니 진실하도다. 부처님의 말씀이여!

종경 | 숙업宿業이 원인되어 지옥에 떨어지기 마련인데 지금 주위 사람들이 업신여기기에 죄가 바로 사라지고 제불에게 공양하고 이 경을 염송하면 그 공덕이 수승함이 이루 다 말할 수 없도다. 이를테면 무착하고 무상한데 어찌 과보가 뒤따르겠는가? 망심이 다 없어지면 지은 업 또한 공해져 바로 보리를 증득하여 등급을 뛰어넘게 되느니라. 악은 무엇에 의하여 짓고 죄는 무엇이 불러들이는가? 진성眞性이 허공과 같아 움직이지 않나니 오랜 세월의 무명이 다 사라져 철두철미하게 적적료료寂寂寥寥(고요하고 또 고요함)해지도다.

245

구경무아분 ── 제17

(결국 我가 없음)

본문

이 때에 수보리가 부처님에게 아뢰었다. 세존 하! 선남여인으로
써 무상정등정각심을 내어서는 어떻게 그 마음을 그대로 머무르며
또한 항복시키오리까?

본문 │ 세존이 수보리에게 응대하셨다. 선남여인으로서 무상
정등정각심을 발해야 하나니 이와 같은 마음을 낸다면 내가 일체중
생을 다 제도하리라. 결국 일체중생을 다 제도했다해도 실로 한 중생
도 제도함이 없느니라.

설의 │ 일체중생을 제도함은 이승二乘(자기 성불만 목적함)과는
달리 일체중생을 자비로이 교화함이요, 한 중생도 제도함이 없다는
것은 지혜가 실상 진여에 명합冥合하여 교화한다는 생각을 내지 않음
이라. 이것이 안주하고 그 마음을 항복시킨다는 뜻이니라.

육조 | 수보리가 여래께 물었다. 여래께서 멸도하신 그 후 오백세에 걸쳐 어떤 사람이 무상정등정각심을 발하면 무슨 법에 의거해 머물며 어떻게 그 마음을 항복시키리오. 부처님이 답하셨다. 무상보리심으로 마땅히 일체중생을 해탈시키겠단 마음을 냄에 있나니 일체중생을 해탈시켜 다들 성불이 된다 해도 그가 제도한 중생은 하나도 없느니라. 왜냐면 능소심能所心이 없으며 중생이 있단 견해가 없고 또한 아견我見도 제거되었기 때문이라.

야부 | 어떤 때엔 밝은 달로 인해 모르는 사이 창주滄州를 지나치도다.

설의 | 철선을 띄워 바다로 나아가 낚싯대를 휘두르는 곳에 달빛이 정영 밝도다. 달빛이 싸늘하게 비치는 모습을 천성적으로 좋아해 푸른 바다를 지나쳐도 온전히 알아차리지 못함이라. 나아가 알지어다. 도중에서 도리어 청산의 일을 회상하니 종일토록 가도 가는 줄을 몰라 하노라(여여 함엔 오고감이 없는 貌).

야부 | 어디에 머무느냐고 묻는다면 가운데도 있음에도 없음에도 아니라. 머리엔 부드러운 풀모자도 없고 발은 땅을 밟지 않도다. 가늘긴 자디잔 먼지를 쪼갠 것 같고 가볍기론 나비가 갓 날기 시작한 것과 같도다. 중생을 다 제도하되 제도한 줄 모르니 과연 시세時勢에 따르는 대장부로다.

설의 │ 참된 주처를 알고자 함엔 가운데도 있음도 없음도 아니라. 모든 것에서 초탈하여 어디 하나에 의탁함이 없도다. 번뇌가 깡그리 흔적도 없이 사라졌도다. 청산에도 머물지 않는데 인가人家엔들 있으리오. 중생을 교화하되 교화함이 없으니 이야말로 시류에 따르는 대장부라 하겠도다.

본문 │ 왜냐면 수보리야, 보살이 사상四相을 갖고 있으면 보살이 아니니라.

육조 │ 보살로서 내가 제도할 수 있는 중생이 있다고 여기면 그건 바로 아상我相이요, 중생을 능히 제도할 수 있다는 마음을 가지면 인상人相이요, 열반은 구할 수 있다고 하면 중생상衆生相이요, 증득할 만한 열반이 따로 있다고 여기면 바로 수자상壽者相이라. 이런 사상四相이 있으면 보살이 아니로다.

본문 │ 그 이유는 무엇인고? 수보리야, 실은 무상정등정각심이란 것을 낼만한 법이 없느니라.

설의 │ 무엇 때문에 교화하겠단 생각을 내지 말아야 하는가? 내가 중생을 제도할 수 있고 이미 발심한 자라고 여기면 아상과 인상이 다투어 일어나 능소심으로 혼란스러워 보살이라 할 수 없도다. 내가 뛰어나고 내가 옳다고 여기는 상태를 무엇 때문에 보살이 아니라

고 하는가? 진여 무상의 경지엔 이런 일이 있은 적이 없느니라. 아상
과 인상 등이 순식간에 다하고 능소심이 다 고요해져야 비로소 실제
이지實際理旨(진여)와 명합冥合하리라.

육조 | 법이란 아, 인, 중생, 수자 사법四法을 이름이라. 이 사
법을 없애지 못하면 끝내 보리를 깨닫지 못하도다. 보리심을 발하지
않는 자라해도 그 또한 아인 등의 법에 속하나니 아인 등 법이 바로
번뇌 망상의 근본이로다.

부대사 | 수보리가 거듭 묻기에 무심으로 자신을 삼음이니 보
리심을 발하고자 하는 이는 눈앞에 벌어져 있는 것들에 원인을 알아
차려야 하니라. 자비를 행함엔 망동이 아닌가, 의심하고 지혜로 행함
엔 참답다고 모두 말하도다. 중생을 제도코자 방편삼아 나를 설정함
이라. 진리를 깨달아 알면 제도할 사람이 없도다.

야부 | 그에겐 조금도 가진 게 없는데 어떻게 그에게서 구하
리오.

설의 | 아인 등 상相이 갑자기 다하고 능소가 다 고요해진 지
경에 이르도록 애쓴 보람이 전혀 없지는 않지만 실제로 살펴보건대
어떻게 그 무엇을 증득한단 말이오?

야부 | 홀로 편안히 앉았음에 한 방이 텅 비었고 나아가 남북과 동서가 없도다. 비록 화창한 봄 날씨의 힘을 빌리지 않아도 어찌 봉숭아꽃은 한결같이 붉은가?

설의 | 세상 밖으로 벗어났으니 다시는 머물 곳이 없도다. 이런 경지를 구경지라 말하지 말라. 이런 경지 또한 아직은 불충분하다고 감히 말할 수 있나니 비록 애써 단련하지 않았으나 자연히 본래의 모습은 찬연하도다.

본문 | 수보리야, 어떻게 생각하느냐? 여래가 연등불소에서 무상정등정각을 증득한 법이 있는가? 없습니다. 세존 하! 제가 부처님 말씀의 뜻을 이해하기로 부처님은 연등불소에 계실 적에 아뇩다라삼먁삼보리를 증득한 법이 없사옵니다.

육조 | 부처님이 공생에게 말씀하셨다. 부처님이 연등불소에서 사상四相을 없애지 않고 수기(예언)를 받았던가? 수보리는 무상의 도리를 잘 알고 있기에 부처님의 물음에 아니라고 답했도다.

본문 | 부처님이 말씀하셨다. 그렇고 그러니라.

설의 | 위에선 보살의 무아의 뜻을 밝히시고 지금엔 자기의 증득한 바 없음을 들어 말씀하사 무아의 뜻을 거듭 밝히시니라. 부처

님께서 증득함이 없음을 밝히고자 임시방편으로 증득함이 있는 것으로 물으신데 대하여 공생이 부처님의 의도를 간파하고 무득無得으로 답하니 훌륭한 지음知音(好手)이라 말할 수 있도다. '여시여시如是如是'라고 거듭 찬탄하심을 잘 고려해 볼지어다. 두말없이 그가 가풍을 알아보았음을 승인함이라.

육조 ｜ 부처님의 뜻에 잘 계합하여 세존이 '여시'라고 말씀하셨으니 '여시'란 말은 바로 인가하는 말씀이로다.

야부 ｜ 같은 침상에 자지 않고서 종이 덮자리(이불)에 구멍이 난걸 어찌 알리오?

설의 ｜ 같은 소리는 서로 호응하고 동지는 서로를 구한다. (마음 맞는 이들은 절로 한데 모임. 의기투합)

야부 ｜ 북치는 사람, 비파 뜯는 이가 서로 만났으니 둘이가 잘 어울리는 사이로다. 그대는 버드나무 늘어선 제방을 거닐고 나는 나루터 모래사장에 머물도다. 강엔 해가 져 가랑비가 내리니 짙푸른 산봉우리 저녁노을 속에 우뚝 솟았네. (그와 내가 만난 정경)

설의 ｜ 공생이 세존을 친견함이여, 북치는 이가 거문고 뜯는 이를 만났도다. 만나고 나서 무엇을 노래했나? 그대는 버드나무 속을 거닐고 나는 나루터에 서 있도다. 나루터의 풍경을 알고자 하는가? 한때 비는 그치고 비구름이 흩어지니 강 위엔 땅거미가 지도다. 수개의 짙푸른 산봉우리가 저녁노을에 닿도다. 이 속의 한없이 맑은 의미를 '강상'江上이란 한 마디로 모두 말해버렸도다.

본문 │ 수보리야, 여래가 무상정등정각을 증득한 법이 실로 없느니라. 수보리야, 여래가 증득한 무상정등정각이란 법이 있었다면 연등불께서 나에게 수기하며 네가(여래) 내세에 부처가 되어 석가모니불이 된다고 하지 않았을거야. 헌대 실로 무상정등정각을 증득한 법이 없었기에 연등불께서 나에게 수기하시며 네가 내세에 당연히 부처가 되어 석가모니라고 부르게 된다고 말씀하셨느니라.

설의 │ 성공과 실패란 말은 오로지 미혹과 깨달음 때문이나 실상인즉슨 무엇에 미혹하며 무엇을 깨친단 말이오? 미혹과 깨달음은 이미 없는 거라면 얻는다면 언제 얻은 적이 있으며, 잃은 거라면 언제 잃은 적이 있나? 이미 얻음이 있다고 말할 수 없다면 또한 얻음이 없다고도 응당 말할 수 없나니 여래께서 연등불을 친견함도 마침내 이같이 알아야 하리라.

육조 │ 부처님이 말씀하셨다. 실로 사상四相이 없어야만 보리 기별을 받을 수 있나니 내가 보리를 발한 마음을 가졌다면 연등불이 나에게 수기하지 않았을 것이다. 실로 사상四相이 없었기에 연등불께서 비로소 나에게 보리기별(菩提記別, 成佛豫言)을 주셨느니라. 이 일단원의 글은 결국 수보리가 무아가 된 의미가 되도다.

야부 | 가난하긴 범단(후한시 高士)과 같으나 기개는 항우장사와 같도다.

설의 | 가난하긴 가난하나 응당 하늘을 찌르는 기개가 있도다.

야부 | 위로는 한 조각의 기와도 없고 아래로는 송곳 꽂을 곳도 없도다. 날이 가고 달이 와도 누구인줄 모르도다. 噫!(아! 슬프도다)

설의 | 이빈하여 가진 것 없으나 그 기개는 감출 수 없도다.

본문 | 왜냐하면 여래란 바로 모든 법이 여여 하단 뜻이니라.

설의 | 이미 여래라는 칭호를 받게 되면 반드시 보리도를 증득했을 터인즉 무엇 때문에 얻은 바가 없다고 하는가? 여래란 이름은 별의미가 없느니라. 제법이 진여인줄 깨달으면 되는지라. 진여는 평등하고 성품은 청정한데 그 가운데서 얻는 바를 논해서 무엇하리오.

육조 | 제법이 여여如如하다고 말한 것에 제법은 바로 색, 성,

향, 미, 촉, 법에 관한 것이라. 이런 육진 가운데서 잘 분별한 즉, 본체는 정료精寥하여 물들지 않고 어디에 착하지도 않아 일찍이 변이變異됨이 없도다. 허공과 같아 움직이지 않고 원통하여 아주 투명해서 억겁토록 늘 존재함일세. 이를 일러 제법여의諸法如義라 함이라. 보살 《영락경》에서 말했도다. 칭찬하고 헐뜯어도 마음이 움직이지 않음을 여래행이라 하며, 〈입불경계경〉에 이르기를 어떤 욕망에도 물들지 않아 보이는 바 없음(대상없음. 곧 진여불)에게 경례하느니라.

야부 | 꼼짝 말고 있거라. 움직이면 삼십방(棒)이다.

설의 | 이를테면 진여 평등한 도리를 어떻게 말할 것인가? 중생과 세존이 함께 침몰하고 자타가 동시에 다 사라지니 하늘이 땅이고, 땅이 하늘이라. 하늘과 땅이 뒤바뀜이라. 물이 산이고 산이 물이라. 물과 산이 공하도다. 그렇다 해도 제법이 본래 제자리에 자리 잡고 있는데 누구라서 등롱燈籠(內, 体)을 노주露柱(법당안 민기둥, 外,用)라 하겠는가? 그렇다면 움직이지 말아야지 움직이면 곧장 삼십 방망이니라.

야부 | 위로는 하늘이고 아래로는 땅이로다. 남자는 남자고, 여자는 여자로다. 목동이 목동을 만나 다 함께 기쁨의 노래를 부르도다. 그 무슨 노래 소리 가락인가? 영원한 기쁨이로다.

설의 | 하늘은 하늘이고, 땅은 땅인데 언제 서로 뒤바뀐 적이 있느냐? 물은 물이고 산은 산으로 각각이 뚜렷하도다. 백억의 산 석가가 화사한 봄바람 끝에 취해 춤을 추니 노랫소리 가락이 자연스러운데 누군들 화답하지 못하리? 영원히 즐거운 곡조가 무엇을 반연하여 있는가? 사람마다 자연히 무생의 곡을 갖고 있도다.

본문 | 어떤 사람이 여래가 아뇩다라삼먁삼보리를 증득했다고 하지만 수보리야, 실로 부처님이 무상정등정각을 얻은 것이 없느니라. 수보리야, 여래가 얻은 무상정등정각 속에는 유(실상)도 없고 무(허상)도 없도다.

설의 | 앞에서 부처를 말해 얻음(得)도 없고 잃음(失)도 없음을 밝히고 여기선 법을 말해 얻은 바가 헛되지 않음을 말하도다. 부처란 뜻은 마치 허공과 같아서 텅 비어 아무런 상相이 없으며 고요해서 가고 머무름이 없느니라. 전 시방세계가 모두 한 덩어리라. 따라서 두 가지 상相이 없나니 그 무엇을 전하며 무엇을 얻는다 하리요? 그래서 실로 여래께서 무상정등정각을 얻은 것이 없다고 하시니라. 법의 뜻으로 논한다면 저 허공의 태양과 같아 삼라만상을 비춰 차별이 나지만 전체적으로 봐서 온전한 하나의 덩어리라. 견문각지見聞覺知(육식작용)를 맘대로 사용해도 괜찮도다. 여기선 말함과 듣는 것도 없지 않으며 전하고 얻는 것도 없지 않나니 그래서 실實도 없고 허虛도 없다고 하니라. 결국 무실無實이라고 하나 또한 무실함도 아니니라.

육조 | 부처님이 말씀하셨다. 실로 얻는다는 마음 없이 보리를 얻게 되니 얻는다는 마음이 생기지 않으니 그래서 보리를 얻게 됨이라.(얻겠다는 생각을 안내면 이미 그 자리는 다 구족된)

이 마음을 여의는 것 외에 더 이상 구할 보리는 없느니라. 그래서 실다움이 없다고 말함이라. 얻겠다는 마음이 없어져 고요한 가운데 일체지가 본래 갖추어져 있고 만행이 빠짐없이 다 구비되어 있어 항사恒沙만한 어진 본성을 사용함에 부족함이 없기에 헛됨이 없다고 하느니라.

야부 | 부富하고 보면 천千 입도 적다고 하고 가난하다보면 한 입도 외려 많다고 투덜대도다.

설의 | 진실하지만 진실함이 없고 거짓되지만 거짓됨이 없도다.

야부 | 사람 한 평생 일장춘몽이고, 달과 구름과도 같도다. 살길이 막막하여 육친과의 왕래를 끊었도다. 한 쌍의 친소안親疏眼(凡情眼)을 남겨두어 한 없이 왕래하는 사람들을 웃으며 바라봐야겠다.

설의 | 아주 고요한 가운데 한 물건도 없는 걸 괴이하게 여기지 말라. 너의 집 살림살이는 자연히 그러하도다. 줄곧 텅 비어 한 물

건도 없다고 하지 말라. 제 맘대로 사용해도 응당 부족함이 없도다.

본문 | 이런 전차로 여래께서 일체 법이 다 불법이라고 하시니라.

설의 | 앞에선 무실하여 법法에 자성이 없음을 말씀하시고 안으로는 오근(안, 이, 비, 설, 신)과 밖으로는 의보依報류(산하대지, 음식, 초목 등)가 낱낱이 다 허망하여 가히 이것이라고 가리켜 설명할 수 없도다. 이는 만사가 무허하여 법법이 제자리에 있어 학다리는 길고 물오리 다리는 짧고 소나무는 곧고 가시는 굽어 물건들의 모습이 원래부터 참되어 실상 아님이 없도다. 소부처, 말부처, 남자부처, 여자부처가 서로 간 빌릴 것 없이 각자가 스스로 법락法樂을 누리도다.

야부 | 싱그러운 뭇 풀들 위에 뚜렷한 조사의 뜻이 배어나도다.

설의 | 조사의 뜻이 뭇 풀 위에 뚜렷하니 뭇 풀을 눈여겨봄이 좋도다.

야부 | 삽시간에 술을 만들 줄 알고 눈 깜작할 사이 꽃을 피우도다. 거문고로 청아한 곡조를 타고 화로로 백주사(붉은 물감 원료인 광석)를 달궈 만들도다. 수개의 기량을 어디에서 배웠는가? 뛰어난 재

주꾼은 바로 그 집에서 나왔음은 믿어야 하느니라.

설의 | 술을 빚고 꽃을 피움이여, 기술이 풍부하니 이런 기량이 다 다른데서 얻은 게 아니도다.

본문 | 수보리야, 일체법이라고 말한 것이 바로 일체법이 아니라. 그래서 일체법이라고 이름 함이라.

설의 | 앞에서 말한 무실과 무허는 움켜쥐었다가 놓아 버리는 격이고 여기서 말한 법이 곧 법이 아니다 라고 한 것을 놓았다가 다시 움켜쥐는 격이로다. 그렇다면 세존이 곧 법이요, 법이 곧 부처이니 부처와 법이 둘이 아닌 경지에서 도가 비로소 눈앞에 나타남이라.

육조 | 모든 법에 대하여 마음에 취사와 능소가 없으면 일체법을 왕성하게 건립하되 그 마음은 늘 텅 비고 고요함이라. 일체법이 모두 다 불법으로 알아야 하거니와 미혹한 자가 일체법에 탐착하여 불법佛法으로 여길까봐 이런 병폐를 없애기 위해 일체법이 아니라고 하니라. 마음속에 능소가 없어 조용한 상태에서 늘 비춰보면 정定과 혜慧가 함께 행해지고 체体와 용用이 일치할 때 고로 일체법이라 이름 하니라.

야부 | 상대인 구을기上大人 丘乙己로로다.(대성인 공자가 자기를 낮춰 삼천세계를 교화하시고, 아동용 습자첩에 나오는 말)

설의 | 이도의 본체는 아주 높고 지극하여 더 이상 높은 게 없고 넓고 넓어 가없어 공과 뒤섞여 체성이 되었기에 필적할 만한 물건이 없도다. 그래서 상대인 구을기(공자)라 하느니라. 상대인이란 말은 세칭 공성孔聖을 두고 말함이라. 이는 천하에 공히 쓰는 이름(보통 명사)이라. 어찌 한 사람만을 유독 지칭하리오? 다만 공성이 도를 깊이 체달하여 그 덕을 크게 이루었음에 어느 누구도 감히 비난하지 않는 고로 그렇게 이름이라. 예例의 세존께서도 천진한 불체에 묘하게 계합함으로 그를 부처라고 일컫는 것과 같느니라.

야부 | 법인 것, 법 아닌 것 다 법이 아니라. 고인 물에 잠긴 용이 생기발랄함이요. 마음이다, 마음이 아니다 라는 것이 다 마음이 아니라. 허공을 가득 채우는 노릇, 예부터 오늘에 이르도다. 다만 이것이야 절대로 찾아 헤매지 말라. 한없이 펼쳐진 구름을 바람이 다 거둬버리니 외로운 둥근 달이 온 하늘을 비추도다.(이다, 아니다. 로 단정 짓지 말지니라)

설의 | 법法은 마음이지 법이 아니란 말이여. 고인 물에 잠긴 용이 활기가 펄펄 넘치도다. 법이 이미 법이 아니고, 마음 역시 마음이 아님이여, 마음이 아니면서 마음인 체體가 천지를 가득 채우도다. 천지에 가득 참이여, 예나 지금이나 떨어짐이 없이 분명히 목전에 존재하도다. 목전에 있음이여, 어떻게 애써 함부로 찾아 헤매리오. 시是와 비非의 구름이 다하고 마음과 법, 둘 다 잊어버리니 대인의 용모가

밝게 드러나도다.

본문 | 수보리야, 비유컨대 사람의 몸이 아주 큰 것과 같느니라. 수보리가 말했다. 세존 하, 여래께서 몸이 크다고 하신 것은 큰 몸이 아니라 방편 상 큰 몸이라 이름命名했을 뿐이외다.

설의 | 이 몸이 한량없고 가없어 그와 견줄만한 것이라곤 하나도 없고 그를 압도한 것이라곤 하나도 없도다. 설사 크기가 수미산과 같다고 해도 벌써 그를 한정시켜 버린 것이며 질량이 허공과 같다 해도 역시 그를 국한시킨 셈이라. 그렇다면 무엇 때문에 큰 몸이 아니라고 하는가? 본래 존귀한 사람은 존귀한 자리를 고집하지 않나니 수미산 정상에서 찾아봐도 그를 만나지 못하니라. 향기로운 풀이 우거진 언덕에서 혹 만날까? 큰 몸이라 명하니 사람으로 하여금 특별히 수심에 쌓이게 하도다. 세존이 마갈에서(불득도 후 57일간 묵언한 곳) 출입문을 닫아걸었고 비야에서(유마힐 거사 嬰病處) 유마힐 거사가 두구 묵언杜口默言했노라.

육조 | 여래께서 말씀하셨다. 몸이 아주 크다 함은 바로 큰 것이 아니라, 일체 중생의 법신이 처한 처소가 없음을 나타냄이라. 그래서 큰 몸이 아니라고 말씀하심이요, 법신이 둘이 아니고 한량이 없어 큰 몸이라 하니라. 색신이 크나 안으로 지혜가 없으면 큰 몸이 아니요, 색신이 비록 적으나 안으로 지혜가 있으면 큰 몸이라 할 수 있느

니라. 지혜가 있으나 쓰지 않으면 큰 몸이 아니요, 교敎에 따라 수행하여 제불의 무상 지견을 깨쳐 마음에 능소와 한계가 없으면 큰 몸이라 하도다.

야부 | 일물一物이라 해도 맞지 않도다.

설의 | 설사 곧 마음이 곧 부처라고 말해도 마음도 아니고 불도 아님엔 어찌하랴? 설사 일물一物이라해도 맞지 않도다.

야부 | 하늘이 만든 육척장신의 영재는 글에도 능하고 무예에도 능하며 경서도 잘 하도다. 하루아침에 본래 면목을 다 알고 나니 쓸데없는 허명이 만천하에 가득함을 비로소 알도다.

설의 | 문무경서文武經書에 두루 다 능하니 하늘이 만든 영재며 인간 중에 천재로다. 하지만 두 눈이 원만하지 않고 아직까지 정문頂門의 정안正眼(지혜안)도 열지 못했으니 큰 사람의 면목을 안 연후에 그대가 정문정안을 열었다고 하리라. 그렇게만 되면 목전의 뭇 행위가 다 쓸모없는 일이며, 들리는 것도 또한 다 쓸데없는 소리로다.

본문 | 수보리야, 보살도 또한 이와 같아서 내가 무량한 중생을 제도한다고 말한다면 그는 보살이라 할 수 없느니라. 왜냐하면 수보리야, 실로 보살이라 이름붙일 법이 없느니라. 그래서 부처님은 일

체법엔 사상四相이 없다고 선설宣說하시니라.

설의 | 비로소 공생이 주住와 항降을 물음으로 인해 여래께서 중생을 멸도하되 멸도함이 없음을 가르쳐 무주무아의 뜻을 밝혀 그와 같이 마음을 항복시키고 그와 같이 마음을 안주하게 하시고 나서 이어 실로 무상보리 등을 증득한 법이 없다고 하시니라. 또한 일체법에서 나아가 큰 몸이 바로 큰 몸이 아니라고 하시며 불, 법, 도 이 세 가지가 모두 공하여 주함이 없음을 분명히 밝히시도다. 보살도 또한 이와 같아 실로 보살이라고 이름붙일 것이 없는 데까지 말씀하사 무주와 무아의 뜻을 거듭 설명하셨도다. 그래서 세존은 일체법엔 사상四相이 없다고 하시니라. 그러하다면 눈앞의 천지일월(天地日月)과 삼라만상 나아가 이승(성문승, 연각승)과 사제四諦와 십이인연 그리고 보살육도와 제불의 무상보리 모두가 하나하나 주함이 없고 하나하나가 상相이 없으며 하나하나가 청정무구하고 하나하나가 다 사라져 고요하며 그 하나하나가 은산철벽銀山鐵壁과도 같아서 그 사이에서 한 법도 요리조리 헤아려 볼 것이 없도다.

육조 | 보살이 자기의 설법으로 저 사람의 번뇌를 없앴다고 여기면 그게 바로 법아法我요(실체 있다고 여김). 보살이 중생을 제도할 수 있다고 하면 바로 아소我所(내 소유의식)니라. 중생에게 고해를 건네주고, 미계를 벗어나게 할지라도 마음에 능소심이 남아있고 아인 등 사상四相을 제거하지 못하면 보살이라 할 수 없느니라. 여러 가지

방편으로 왕성하게 설도하여 많은 중생을 제도하되 그 마음에 능소가 없어야 바로 보살이라 할 수 있도다.

야부 ┃ '소牛'라고 부르면 바로 '소'이고, '말馬'이라고 부르면 곧 '말'이로다.

설의 ┃ 이미 하나하나가 은산철벽과 같은데 어떻게 말을 한단 말이오? '소'라고 부르면 곧 '소'이고, '말'이라고 부르면 바로 '말'이니, 법은 본시 무라. 그렇다고 없다고 말해도 또한 법체에 어긋남이요, 법은 본래 유有라 해서 유라고 말해도 법체法體에서 어그러짐이라.

야부 ┃ 할머니의 옷을 빌려 입고 할머니 앞에 예배하니 예절을 갖춤에 충분하도다. 대나무 그림자가 뜨락을 쓸어도 먼지하나 일지 않고 달빛이 호수 밑바닥을 쑥 내비춰도 물에는 흔적하나 없도다.

설의 ┃ 문전에서 행하는 예의禮儀 모습을 보아라. 마루 위의 할머니 옷을 빌려옴이라. 그림자로 뜨락을 쓸어도 먼지 하나일지 않네. 창문에 비친 푸른 대나무, 바람에 너울너울 춤을 추도다. 빛이 물을 꿰뚫어도 물은 흔적하나 없구나. 하늘에 뜬 밝은 달이 환하게 빛나도다. 공이냐? 유냐? 나는 단정해서 말할 수 없도다.

본문 | 수보리야, 보살이 내가 불국토를 장엄한다고 하면 그는 보살이라 말할 수 없느니라. 왜냐하면 여래께서 불국토를 장엄함은 바로 장엄이 아니라 그저 장엄이라고 이름 할 뿐이로다.

육조 | 보살의 세계를 건립할 수 있다고 하면 보살이 아니도다. 세계를 건립할 수 있다 해도 마음에 능소가 있으면 보살이 아니라 세계를 왕성하게 건립하되 능소심이 생기지 않아야 보살이라고 할 수 있도다. 《최승묘정경》에서 이르기를 가사 어떤 사람이 백은가람白銀伽藍을 삼천대천계에 가득 차도록 짓는다 해도 한 순간의 선정심禪定心만 못하다하느니라. 마음에 능소가 있으면 선정禪定이 아니고 능소가 일어나지 않아야 선정이라 할 수 있나니 선정이 곧 청정심이니라.

본문 | 수보리야, 보살로서 무아법을 통달하면 진정 보살이라고 여래가 말하노라.

설의 | 앞에선 중생제도에 따라 무아無我를 말씀하시고 여기선 불국토 장엄에 의해서 다시 무아를 밝히시도다. 나아가 보살이 무아법을 통달하면 그가 진정보살이라고 여래께서 말씀하시도다. 이를테면 무아의 도리를 어떻다 말하리오. 안으론 오온신을 보지 말고 천지만물이 다 한 몸으로 여길지어다. 게다가 또 한 도리가 있나니 역시 무아법이로다. 한산과 습득이 둘이 늘 뒤따르니 산에 있으나 시정에

있으나 그림자가 형체를 따름과 같더라. 이 두 사람으로 하여금 아我를 가진다고 하면 하나는 청산이요, 또 하나는 길 위에 있음이라. 어떻게 통달했다하는가? 지혜는 문수보살의 지원智源을 다 궁구했어도 방편삼아 때 묻은 옷을 그렇게 늘 자주 몸에 걸치며, 행으로선 보현의 끝없는 만행을 다하면서도 그렇게 진기한 장식물로 몸을 늘 자주 꾸미곤 하도다.

육조 │ 모든 법상에 대해서 아무런 걸림이 없는 것을 통달이라 하고 법을 안다는 마음을 갖지 않음을 무아법이라고 하니 무아법이 여래께서 참된 보살이라 한 것이며 힘닿는 대로 행함을 또한 보살이라 하느니라. 허나 아직껏 참 보살이 아니니 앎과 실천이 원만하여 일체 능소심이 없어야 비로소 참된 보살이라 할 수 있도다.

부대사 │ 사람과 법이 상대함이여, 두 상相(人과 法)이 본래 같음이라. 법은 공空한데 사람이 미망하도다. 사람이 공하면 법 또한 없어지도다. 인人과 법法이 둘 다 실다우면 수기授記함도 정작 헛되지 않도다. 일체가 결국 다 환상과 같나니 누구라서 있다 없다.를 논하리오.

야부 │ 날씨가 추우면 온 천지가 다 춥고 더우면 온 천지가 다 더운지라.(미망 중생은 한편으로 치우치기 마련)

설의 | 문수보살의 지혜의 경계로 묘하게 나아감에 북풍이 아주 차서 눈과 서리가 온 하늘에 가득 차도다(냉혹하게 정진함). 보현보살의 구도행각으로 길을 따라 걸어감에 따사로운 바람이 솔솔 불어와 사위가 아름답게 물들도다.(중생제도)

야부 | 유아有我가 본디 무아無我니 추울 땐 약한 불火이라도 지피게 되고 무심은 유심과 같아 오밤중에 금침金針을 줍는 격이라. 무심무아를 분명히 말하노니 모르는 자가 누구이겠는가? 허! 허! 한 바탕 웃도다.

설의 | 본래 무아인無我人이지만 중생제도상 방편삼아 나를 세우니 추울 때 약한 불이라도 싫지가 않도다. 안으로 마른 나무와 같으나 짐짓 위의를 갖추도다. 한 밤중에 금침을 주우니 결코 무지한無知漢이 아니로다. 무아의 이치를 분명히 말하노니 알지 못한다는 이, 과연 누구인고? 허! 허! 이게 유아인가? 무아인가? 유심인가? 무심인가?

종경 | 망忘이 다하면 바로 진眞이니 중생이 언제 멸도(滅生死苦 度煩惱海)한 적이 있는가? 법이 공하여 내가 없으니 보리(智慧)가 자연히 원만하게 성취되도다. 설사 세존이 연등불을 만나 인증받은 것은 의심의 여지가 없다 해도 이미 긴 세월로 멀어져 사정이 희미하거늘 이에 석가가 거듭 정진하여 비로소 깨달아 중생제도의 길을 걸어

나감에 있어서랴. 잠시 말해보라. 길을 걷지 않는 사람도 발뒤꿈치는 바로 땅에 닿던가? 대장부가 스스로 하늘을 찌르는 지혜를 가졌다면 여래처럼 그대로 행하지 않아도 가하도다.

직지直指하고 단전單傳(法旨를 일시로 다 전함)한 밀의密意가 깊으니 본디 부처도 아니고 마음도 아니라. 연등불의 수기를 분명히 받지 않았어도 자연스레 영광靈光이 고금을 통해 쉼 없이 빛나도다.

일체동관분 — 제18

(전부를 동일시 함)

본문 | 수보리야, 어떻게 생각하느냐? 여래가 육안을 갖고 있느냐? 예, 세존이시여, 여래께서 육안이 있나이다. 수보리야, 어떻게 생각하냐? 여래가 천안이 있느냐? 예, 세존 하, 여래께서 천안이 있사옵니다.

수보리야, 어떻게 생각하느냐? 여래가 혜안이 있느냐? 예, 세존 하, 여래께서는 혜안이 있습니다. 수보리야, 어떻게 생각하느냐? 여래가 법안을 갖고 있느냐? 예, 세존 하, 여래께서는 법안이 있습니다. 수보리야 어떻게 생각하느냐? 여래가 불안이 있느냐? 그러하옵니다. 세존 하, 여래께서는 불안이 있습니다.

설의 | 앞에선 무주와 무아의 의미를 말씀하시고 여기선 오안을 열거하사 여래의 지견이 광대하고 섬세하여 많고 많은 중생들의 염정染淨, 선악善惡, 차별差別의 마음으로도 다 덮어 가릴 수 없음을 나타냄이로다. 전도된 지견을 버리게 해서 무주의 대도에 계합코자

함에 뜻이 있느니라. 중생이 무주에 머문다면 밝은 불안으로서도 엿
볼 수 없느니라.

육조 │ 모든 사람들이 다 오안을 갖고 있지만 미혹에 의해 덮
어 씌워져 스스로 볼 수 없느니라. 고로 세존께서 미혹한 마음을 없애
게 되면 오안이 원만히 밝아 '반야바라밀'법을 새록새록 수행하게 된
다하시니라. 처음으로 미혹한 마음을 제거함을 육안이라 함이요, 일
체중생이 다들 불성을 가진다고 해도 그렇지 못한 신세에 놓인걸 보
고 불쌍히 여기는 마음을 천안이라 하고 어리석은 마음이 일어나지
않음을 혜안이라 한다. 법에 집착한 마음을 제거함이 법안이고 미세
한 번뇌까지 다 없어 원만히 밝아 두루 비춤을 불안이라 하느니라. 또
한 색신色身 중에 법신을 봄이 육안이고, 일체중생이 제각각 다 반야
성을 갖추고 있다고 여기는 것을 천안이라 하며 '반야바라밀'이 능히
삼세간의 일체법을 만들어낼 수 있다고 보는 것이 혜안이고 일체불
법이 본래부터 스스로 다 구비되어 있다고 보는 것이 법안이며 성품
이 아주 투명해져 능소심이 영원히 없어진 것을 불안이라 하도다.

부대사 │ 천안이란 어디든 통하여 걸림이 없음이요, 육안은
가로막혀 통하지 못함이라. 법안은 오직 세상사만 관하고 혜안은 바
로 공에 의거하며 불안은 마치 천개의 해가 많은 것을 다 비춘다고 해
도 그 체는 바로 같아 원만히 밝은 법계내에서는 다 포용하지 않음이
없느니라.

야부 | 그것(오안) 다 눈썹 밑에 있도다.

설의 | 여래의 다섯 가지 종류의 눈이 다 눈썹 밑에 있나니 평범한 사람들의 눈도 또한 눈썹 밑에 있도다. 이미 그렇게 눈썹 밑에 있는 것은 다 같은데 사용함에 있어서도 응당 두 가지 양태가 있을 수 없도다.

야부 | 여래께서 오안이 있고 범인은 단지 한 쌍(육안) 뿐이라. 다 한결같은 걸 흑백으로 가르고 청, 황으로 눈에 띄게 갈라놓음이라. 그 사이 사소한 잘못은 6, 7월 한 더위에 눈과 서리가 내리는 격이다.

설의 | 오안과 한 쌍의 눈이 이름은 다르나 누가 흑백을 청백이라 하는가? 봄이 오면 향기로운 풀이 짙푸른 걸 다 함께 보게 되고, 가을이 오면 누런 잎이 시드는 것을 다 함께 보도다. 세존이 일반 사람과 다른 것은 왕성하게 행하지만 그 뒤끝이 없느니라. 자취가 없음이여, 6, 7월 무더운 날에 눈서리가 내리는 격이로다.

본문 | 수보리야, 어떻게 생각하느냐? 저 항하의 모래수와 같다고 내가 말한 적이 있느냐?
　　네, 있사옵니다. 세존이시여, 여래께서 그런 모래비유를 든 적이 있사옵니다.

수보리야, 또한 어떻게 생각하느냐? 저 한 항하의 모래수 같은 항하가 있음인데 그런 항하의 모래수 만한 불세계가 있다면 어찌 많지 않겠는가?

세존이시여, 심히 많사옵니다.

육조 | 항하는 인도의 기원정사 인근에 있는 강 이름이라. 여래 재세 시 설법 때 늘 이 강을 가리켜 비유하곤 하셨는지라 이 강의 모래 한 알 한 알로 한 불佛 세계를 비교하여 많은가 물으신대 대하여 심히 많사옵니다. 라고 수보리가 대답했도다. 세존이 이 많은 국토를 거론한 것은 그 가운데 있는 많은 중생의 하나하나가 그만한 수의 생각 분별심이 있음을 말하고자 함이라.

본문 | 이 국토 중에 있는 중생의 갖가지 마음상태를 여래는 다 알고 있다고 부처님이 수보리에게 말씀하셨도다.

설의 | 여래의 마음 달이 모든 수륙水陸에 내려 비치니 온 수륙이 모두 한 웅큼에 지나지 않고 모든 마음은 일단一團의 구름이로다.

야부 | 일찍이 유랑자가 된 까닭에 유별나게 객을 좋아하고 술을 늘 좋아해 곤드레 만드레 취한 사람을 보면 가엽게 여겼도다.(遠眞性而被六塵境界誘惑)

설의 │ 타향살이하는 신세여, 지쳐 허우적거리는 몰골이 슬프도다. 술에 취해 옷 속 보배를 몰라봄이여, 우치하고 미련한 모습이 딱하기만 하다. 번뇌에 따르고 진각眞覺을 배반하여 잘못 윤회를 따름도 그와 같도다. 우리의 부처님께서 일찍이 예나 지금이나 중생을 불쌍히 여기사 자비의 눈빛으로 윤회중의 사람들을 널리 비춰보시도다.

야부 │ 눈으론 동남을 바라보나 뜻은 서북에 있도다. 곧장 후백侯伯이라고 하려했더니 게다가 후흑候黑이 있도다(뛰는 사람 위에 나는 사람이 있음). 일체 중생에 일체 마음이여, 모두가 한없는 소리와 색상에 따름이로다. 할! (당대 일류 사기꾼인 후백을 여자인 후흑이 속인 일)

설의 │ 백운이 만리를 향해 흘러가나 예부터 아비격인 청산을 잊지 못 하도다. 바로 석가모니가 대비인줄 알았는데 다시 비로자나가 있어 더 이상 자비롭도다. 어떻게 유랑자가 집으로 돌아갈 줄 모르고 저 자부慈父가 사람을 보내 찾게끔 근심을 끼쳐드리는가? 돌아갈 줄 몰라 함이여. 오랫동안 길을 잃고 세파에 뒤쫓기고 있도다. 할! 금강보검의 칼날이 하늘에 비껴들려 싸늘한 빛을 발하니 한 번 휘둘러 만인萬仞이나 되는 산허리를 잘라놓도다. 이로써 온 사방 마군들이 혼비백산해 달아나니 어떻게 도깨비가 그 가운데에 끼어들겠는가?

본문 | 무슨 이유인가? 여래께선 모든 마음이 마음이 아니라 다만 마음이라고만 이름했다고 말씀하시도다.

설의 | 신령스런 그 자리는 고요하고도 고요하여 본래 스스로 생김이 없거늘 한 생각의 파도가 일어남에 모든 망상이 다투어 일어나느니라. 파도는 수성水性이 아니고 망상은 참된 근원(그 자리)이 아니라. 이는 정말 허망하고 붕 뜬 마음이라 하겠도다. 또한 지난 생각 지금의 생각, 앞으로의 생각이 생각 생각에 무량한 선악사를 생각하여 그런 생각들이 흐르고 흘러 일고 사라짐이 잠시도 그치지 않느니라. 이 같은 마음을 제심諸心이라 하며 이런 마음들이 찰나에도 생상生相이 없으며 찰나에도 멸상滅相도 없도다. 게다가 멸할 수 있는 생멸이 본시 없음을 비심非心이라고 하니라. 이미 가히 멸할만한 생멸이 없어 오직 하나의 묘원한 진심만이 늘 있어 멸하지 않나니 이를 마음이라고 하느니라. 그래서 《불정경》에서 말했도다. 견(보는 자)과 견연見緣(볼 만한 연분) 그리고 보는 객관적인 대상이 다 공중의 꽃(幻花)과 같아 본래 있지 않다하도다. 그런가 하면 이 견과 견연見緣이 본시 보리의 묘하고 정미로운 밝은 체(眞源)이로다.

육조 | 이 국토중생 중 하나하나 중생이 다 여러 가지 차별의 분별심을 갖고 있도다. 분별심이 많긴 하나 통 털어 망심이라고 하도다. 망심은 참된 마음이 아님을 알게 하는 것을 두고 마음이라 하나니 이런 마음이 곧 참된 마음이며 상심常心이며 불심이고 반야바라밀심

이며 청정보리열반심이라 하도다.

야부 | 병을 오래 앓으면 그 방면의 박사가 되도다.

설의 | 세상 사람들이 병이 없으면 의사는 두 손잡고 할 일 없어하고 중생에게 번뇌망상이 없으면 세존이 스스로 할 일이 없어하도다.

야부 | 한 파도가 막 움직이니 그 뒤를 만 파도가 뒤따르도다. 개미 쳇바퀴 돌듯이 어찌 마칠 날을 기약하리요? 돌咄! (아이쿠!) 금일에 군과 함께 번뇌 망상을 다 잘라버렸으니 욕계를 벗어난 몸 비로소 대장부라 하겠도다.

설의 | 허虛하고 망妄하고 부浮한 마음의 모습이 그러하도다. 돌咄!(아이쿠!) 많은 망상을 영봉을 향해 자르고 나니(깨치고 나니) 비로소 본래 모습이 드러나도다.

본문 | 이유인즉슨, 수보리야, 과거심도 손에 붙잡을 수 없고, 현재심도 붙잡을 수 없고 미래심도 손에 넣을 수 없기 때문이라.

설의 | 무엇 때문에 제심諸心이 제심이 아님을 상주하는 묘원한 진심이라고 하는가? 정말로 제심이 망이고 진심이 아니라면 어떤

것이 과거심이고, 어떤 것이 현재심이며, 어떤 것이 미래심인고? 과거심도 손에 붙잡지 못하고 현재심도 잡지 못하고, 미래심도 잡지 못하니라. 이미 다 잡지 못한다면 유일한 묘원진심만이 과거와 미래상이 없으며, 현재상도 없어 신광神光이 삼제를 통하고 그 체가 시방에 두루하리라. 여래께서 이런 말씀을 하신 것은 사계 중생의 차별심 그 자체가 이미 여래의 묘원진심이라. 부처와 다름이 없음을 나타낸 것이니라. 그래서 영가승은 제행이 무상하고 일체가 다 공하면 벌써 여래의 대원각大圓覺이라 했도다. 하지만 이는 오로지 망을 알아 진으로 나아가는 뜻으로 논했을 뿐이로다. 이같이 생각한다면 아마도 망을 버리고 진으로 나아가는 길을 방해하리라. 망을 버리고 진으로 향하는 뜻으로 논한다면 사계 중생의 여러 가지 마음을 여래께서는 다 알아보시니 어떻게 해서 그걸 알아보실 수 있겠는가? 사계중생의 여러 가지 마음이 바로 상주진심이 아니고 모두 다 허망부심인 고로 알 수 있느니라. 무엇 때문에 그렇게 할 수 있는가? 상주진심이라면 과거심인가? 현재심인가? 미래심인가? 과거심이라면 과거는 이미 흘러가버려 마음을 붙잡을 수 없고 현재심이라면 현재는 텅 비고 고요하여 그 마음을 붙들 수 없고 미래심이라면 미래는 아직 이르지 않아 그 마음을 잡지 못하느니라. 그 자리는 고요하여 가고 머무는 동성動性이 없으며 텅 비어 제상諸相이 없느니라. 모든 시간대에서도 볼 수가 없고 일체의 법도 알 필요도 없느니라. 부처님이 이와 같이 말씀하신 까닭은 중생의 허망한 부심浮心을 버리고 상주한 진심에 계합시키고자 함일러라. 그래서 말하도다. 망심이 다하면 업이 바로 공해지고 보리를 바로 증득해 현성賢聖의 지위를 초월하도다.

육조 │ 과거심 불가득이란 앞생각의 망심이 잠깐 사이에 지나감에 뒤쫓아 찾을 곳이 없음이요, 현재심 불가득이란 진심이 무상하니 무엇에 의지하여 볼 수 있는가? 미래심 불가득不可得이란 근본적으로 붙잡을 것이 없나니 습기習氣가 다해 다시는 생기지 않나니 이 삼심의 불가득을 깨달으면 부처라 지칭할 수 있도다.

부대사 │ 타他에 의해 한 생각 일어나면 모두가 망에 의해 부림을 당하도다. 바로 육십이 삿된 견해(佛在世時 62外道)로 나누어 구백여개의 어지러움이 횡행하도다. 과거는 멸하여도 멸함이 없고 미래는 생하려고 해도 생하지 아니하니 늘 이렇게 관하면 진眞과 망妄이 하나같이 평탄해지리라.

야부 │ 소리를 낮추고 낮추어라. 곧장 콧구멍으로 기운이 빠져나가도다.(쓸데없이 헛수고만 하네)

설의 │ 이 마음은 삼제三際를 향해 구하여도 구하지 못하고 시방을 향해 찾아도 찾을 자취가 없도다. 앞으로 나아가고자 하니 은산철벽에 가로막히고 물러서고자 하니 만장이나 되는 깊은 구덩이에 직면하도다. 바라볼 곳이 없고 발을 내디딜 곳이 없도다. 그렇더라도 계속해서 이끌어주면 후학들이 더 이상 앞으로 나아갈 길이 끊어져 곧장 육지가 뻥 내려앉는 감을 느끼리라. 그래서 말소리를 낮추고 낮추어라. 곧장 콧구멍에서 기운이 빠져나간다고 했느니라.

야부 │ 삼제에 걸쳐 마음을 찾아도 그 마음은 보이지 않지만 두 눈은 여전히 두 눈을 상대하고 있도다.(바로 부처님을 상대하고 있음) 물에 떠있는 배에서 칼을 빠뜨리고 그 자리의 뱃전에다 표를 해놓고 찾지 말지어다. 눈이 오거나 달이 밝거나, 바람이 불거나, 꽃이 만발해도 늘 그는 그대를 빠짐없이 만나도다.

설의 │ 어떻게 기운을 뿜어내는가? 삼제에 걸쳐 마음을 찾아봐도 마음은 보이지 않나니 두 눈이 여전히 두 눈을 대하도다(마주 보는). 양안兩眼이 양안을 대하는 걸 알고자 하는가? 옛 거울 속의 영상을 볼지어다. 칼을 찾을 필요가 없으니 칼을 잃은 적이 없도다. 배에다 표시를 할 필요가 없으니 배에 표시해서 어찌하겠단 말이요? 이를테면 고경古鏡 속 영상을 어떻게 보리오. 눈, 달, 바람, 꽃들의 무한한 경광이여, 그 하나하나에 칼의 전신을 늘 나타내도다. (불신佛身 곧 망상을 깎아 냄)

종경 │ 오안이 다 원명함이여, 높이 뜬 해가 항사의 세계를 비춤과 같도다. 삼심을 잡을 수 없음이여, 불덩이 속을 뒤적여 바다의 물거품을 찾음과 같도다. 설사 모든 깊은 변론을 다 구사하고 세간의 주요한 요직에서 있는 힘을 다하여도 여기에 이르러서는 대체로 어쩔 줄 몰라하기 마련이라. 잠시 말해보시오. 이 무슨 위격이뇨? 설사 천경만론千經萬論을 강講할 수 있다 해도 또한 선가의 제이第二 범주에 떨어지도다.

심안이 법계에 두루 다 통하니 항사 같은 묘용은 자취가 없도다. 구름이 걷히고 강물이 잠잠하며 하늘은 공활空闊하니 밝은 달과 갈대 꽃이 한결같은 가을이로다.

설의 │ 이 마음이 법계에 두루함이여, 불안佛眼이라야 또한 이에 통함이요, 이 마음의 묘용은 자취조차 없도다. 불안이 밝다고 하나 묘용을 엿볼 수 없느니라. 그렇다면 시방이 모두 하나의 눈동자라(佛眼). 다시는 그 틈새로 미세한 티끌조차 끼어들지 못하리.

법계통화분 ― 제19

(법계로 다 교화함)

본문

수보리야, 어떻게 생각하느냐? 어떤 사람이 삼천대천세계에 가득 채운 보물로서 보시한다면 이런 인연으로 얻게 될 복덕이 많겠는가?

많겠나이다. 세존 하. 이 사람이 이런 인연으로 인해 얻는 복이 대단히 많겠사옵니다.

수보리야, 복덕에 실다움(복덕성)이 있다면 얻게 될 복덕이 많다고 말하지 않았을 텐데. 결국 복덕에 실다움이 없는 관계상 얻게 될 복덕이 심히 많다고 말했느니라.(방편상 많다고 했을 뿐)

설의 | 복이 있다함은 상을 취한다는 뜻이고 복이 없다는 뜻은 상을 여읜 뜻이라. 경중에서 가끔 질책하곤 한 사례는 주상住相의 상태를 경책함이요, 때론 칭찬한 것은 이상離相의 경지로 나아감에 있도다. 상을 여읜 보시가 참된 수행이라. 짐짓 알지어다. 무릇 보시

라고 말한 것은 경經이 보다 더 수승함을 말할 뿐만 아니라 주상住相
상태를 꾸짖음이라. 앞에선 주상을 꾸짖으신 고로 보시寶施 곧 재시
財施의 복덕이 모두 세간법의 번뇌가 되거니와 여기서 무상無相과 무
주無住를 바로 내보인 보시寶施의 복덕은 진정한 무번뇌가 되니라.

육조 │   칠보보시의 복덕은 불과보리佛果菩提를 성취할 수 없
기에 무라고 말함이요, 수數와 부피로 보기에 심히 많아 많다고 했느
니라. 만약 그 수량을 초과할 만한 것이 있으면 많다고 하지 않았을
것이니라.

부대사 │   어떤 사람이 칠보를 삼천대천계에 가득 채워 보시한
다고 해도 얻게 될 복덕이 또한 바람과 같도다. 게다가 모든 간탐자慳
貪者는 진종眞宗을 요달了達 할 수 없어도 마침내 반드시 사구게라야
온전한 공空을 증득할 수 있다고 지각知覺하리라.

야부 │   오히려, 달리 마음을 쓰는 것 보다는 낫도다.

설의 │   다만 복을 지을 줄만 알고 성공性空을 알지 못하면 참
으로 코끼리 몸을 칠보 같은 보배로 여기는 격이라. 그렇다고 다만 성
공性空만을 관하고 복 지을 줄 모르면 그 과보로써 나한의 응공이 변
변치 못하게 되리라. 이는 대도와는 모두 맞지 않음이라. 하지만 이
둘을 비교하면 관공자觀空者가 조금치라도 뛰어나도다. 그래서 말하

노라. 공연히 앉아있기만 한다고 말하지 말라. 역시 달리 마음을 쓰는 것보다는 낫도다.

야부 | 나한의 응공이 하찮고 상신象身은 칠보 같은 보배중 하나라. 불결한 재산이 많으나 어찌 적지만 깨끗한 가난과 같으랴? 망상罔象(水神)은 단지 무념무상해서 찾게 되고 이루離婁(눈 밝은 이)의 잘못은 마음속에 친소가 있었기 때문이라. (모래사장에 빠뜨린 바늘 찾기에 유심 능력자보다는 무심 망상이 찾았단 사례)

설의 | 인因에 치우쳐 닦으면 과果에 원상圓相이 결하게 되니 공만 관하고 복만을 지음은 둘 다 잘못이라. 하지만 이 중에서 관공觀空이 역시 좀 더 수승하니 관공에 무슨 수승한 곳이 있소이까? 망상罔象은 오로지 무념무상의 경지로써 찾게 되었도다. 복 지음은 무엇 때문에 보다 못한고? 이루離婁의 과오는 마음속에 친소親疏, 원근遠近의 감정을 갖고 있었기 때문이라.

종경 | 보시인연은 인천상(人天上) 번뇌의 과보를 받고 무위 복덕은 범성凡聖을 가릴 것 없이 모두를 교화하는 공덕이로다. 아 슬프도다. 유위가 실답지 않으나 행하지 않으면 공덕을 짓지 못하고 무위가 참되도 요리조리 헤아리며 주저한다면 성과聖果를 증득하기 어려우리라. 잠시 말해보시오. 사량분별하지 않고 아예 포기하지도 않을 때 어떤 것이 성체聖諦 중 으뜸가는 것이요? 일찍이 달마대사가 기

회를 잘 포착하여 바로 지시하셨으니 사위가 텅 비어 본래부터 나는 양왕梁王을 알지 못하도다 하였다.

　　보시寶施는 이 세상에서 얻는 복이 보통보다는 배가 되고 금상첨화錦上添花이니 그 과보는 헤아리기가 아주 어렵도다. 그런 가운데 공왕(부처님) 전殿으로 쇄도하니 로주露柱(外)와 등롱燈籠(內)이 다 빛을 발하도다.

　　설의 ｜ 　보시인연寶施因緣은 복중에서 가장 뛰어나고 무위의 복덕은 그 중에서도 왕중왕이니라. 보시엔 마음속에 안주함이 있고 (집착심) 무위에도 여전히 알음알이가 남아 있음이여. 달이 새장 같은 구름 속에 드니 천하가 어두워지고 산하대지에 빛이 사라지도다. 보시하는 마음에 안주함(집착)이 없고 무위에 알음알이 또한 없음이여, 밝은 해가 공중에 떠 있으니 온 누리가 밝도다. 눈 닿는 것마다 다 청정한 빛깔이라. 그렇다면 지智와 정淨함에 그림자조차 비로소 훤히 밝으니 사사事事가 서로 걸림이 없도다.

이색이상분 — 제20

(色相을 여의다)

본문

수보리야, 어떻게 생각하느냐. 구족된 색신으로 부처를 볼 수 있는가?

아니옵니다. 세존 하! 구족된 색신으로는 여래를 당연히 볼 수 없사옵니다. 왜냐하면 여래께서 선설하신 구족색신이 바로 구족색신이 아니라 방편삼아 구족색신이라고 지칭합니다.

육조 | 부처님의 뜻에 중생이 법신을 보지 않고 다만 32상과 80종호의 상품 금빛 체형을 보고 여래의 진신眞身으로 여길까봐 저어하여 이런 미망을 물리치기 위하여 수보리에게 물으시되 부처를 구족색신으로 볼 수 있는가 하시니 32상은 바로 구족색신이 아니라 안으로 32 청정행을 갖추어야 구족색신이라고 한다 하시니라.

청정행이란 바로 육바라밀이라. 오근 중에서 육바라밀을 닦고 의근意根 중에서 정혜定慧를 쌍수해야 구족색신이라 하니라. 한갓되이 여래의 32상만 좋아하고 마음으로 32상의 청정행을 실천하지 않으면 구족색신이 아니요, 여래의 색신에 착하지 않고 스스로 청정행을 지킬 수 있다면 구족색신이라고 말할 수 있도다.

본문 | 수보리야, 어떻게 생각하느냐? 구족제상具足諸相으로 여래로 볼 수 있는가?

볼 수 없사옵니다. 세존 하. 구족제상으로 여래를 응당 볼 수 없나이다. 왜냐하면 여래께서 설하신 구족제상이 바로 구족이 아니라 방편상 구족제상이라고 지칭함이외다.

설의 | 체体가 허虛해서 한 터럭 실오라기 하나도 뵈지 않으나 인연으로 대하면 여러 가지 모습을 드러내 보이도다.

육조 | 여래란 것은 바로 무상법신이라. 육안으로는 볼 수 없고 혜안이라야 볼 수 있도다. 혜안이 미처 밝지 못하여 사상四相을 버리지 못한 상태에서 32상을 관하여 여래로 보는 것은 구족이라고 할 수 없느니라. 혜안이 아주 밝아 아인我人 등 사상四相이 생기지 않고 바른 지혜광명이 늘 비치면 이를 구족제상이라고 하느니라. 삼독(탐진치)이 아직 없어지지 않은 상태에서 여래진신如來眞身을 봤다고 말하는 것은 당연히 그럴 리가 없나니 본 것이 있다 해도 다만 화신이요, 진실한 무상無相의 법신은 아님이라.

부대사 │ 신상의 세부적인 면으론 80종호요, 크게 봐서 32상이라. 대상(物)에 대하여 여러 가지로 대응하나니 이치로 보면 동일함도 다름도 아니도다. 인人과 법法 둘 다 쫓아버리고 색色과 심心을 일제히 다 버림이라. 그래서 보리를 증득하려면 실로 모든 상相을 여의어야 하도다.

야부 │ 공적으론 바늘하나 용납 못하지만 사적으론 거마車馬가 통하도다.

설의 │ 공적인 부문에서 사정이 용납되지 않으나 마을 살이에 어찌 인정이 없으리오.

야부 │ 얼굴을 들어 허공을 바라보시오. 고요하고도 텅 빈 상태가 가없어 아무런 자취조차 없도다. 몸을 살짝 돌릴 수만 있다면 하나하나의 물체마다에서 반드시 그를 만날지어다(皆有佛性).

설의 │ 바른 체体는 옛부터 성색聲色이 없으니 찾아보면 그 흔적조차 없음을 알리라. 묘봉정상妙峰頂上(수미정상, 生佛不二的 覺城)에서 몸을 한번 뒤적여보면 시방 어디서건 그를 만나게 되도다.

종경 │ 상相도 가지고 신身도 가짐이여. 여래께서 빠짐없이 장엄하심이라. 손님과 주인을 분별함이여, 공생이 친소親疏로 분별함이라. 곧장 빈주賓主를 둘 다 잊어버리고 색상色相을 다 여의니 어느 것이 주인 중의 주인이란 말이오. 임금과 신하가 마땅히 피할 일이 없다고 여기는데 분명 그것이(빈주 색상분별심) 아님을 알 수 있도다.

설의 | 누가 불신佛身을 가지고 친소로 따지는가? 점잖은 공생이 주빈主賓으로 분간하도다. 주빈을 다 잊어버리고 색상을 다 멀리 여의니 어느 것이 주인 중의 주인이요. 임금과 신하의 도道가 일치함에 친소가 없어지니 텅 비어 붙잡을 데 없는 중에 조도鳥道(어려운 수행의 道程)로 통하도다. 다만 이런 가운데서 묘하고도 묘함이여, 어떻게 다시 알고 있다는 마음을 내리오? 알고 있다는 마음을 냄이여, 머리를 돌아보니 새매는 벌써 신라국을 지나도다.

종경 | 단엄端嚴하고 미묘하여 보기 좋은 금빛 몸이여, 바른 눈으로 보면 반드시 진실한게 아니라 친절한 문답의 뜻을 알고자함인데 오온五蘊이 공空하여 아我도 없고 인人도 없어야 하리.(사상四相이 없어 무애자재)

비설소설분 — 제21

(설함도 설할 법도 없음)

본문

　수보리야, 내가 설할 법을 당연히 가지고 있다는 생각을 하지 말라. 왜냐하면 사람들이 여래께서 설할 법이 있다고 하면 바로 부처(나)를 비방함이라. 결국 나의 말을 잘 이해 못한 소치니라.

　설의 ｜ 부처님이 설하신 일체법은 깊고 오묘하며 늘 열반의 상태니 여래가 말이 없음을 믿기만 하면 그대를 종자기鍾子期(知音者)라 할 만하도다.

　야부 ｜ 옳긴 옳으나 대승경전과 소승경전은 어디에서 왔는가?

　설의 ｜ 세존이 설함이 없다함은 옳긴 진실로 옳으나 돈교頓敎, 점교漸敎, 편교偏敎, 원교圓敎의 대소승경장이 집에 가득하여 지금

천하에 있지 않는 곳이 없나니 이 모두 선설하지 않았다면 그런 법문은 그 누가 했으리오.

야부 | 설하셨다 해도 모두 비방이요, 설함이 없었다고 해도 용인할 수 없도다. 그대를 위해 한 가닥 통하고자 귀띔하노라. 떠오르는 해가 동쪽 영마루를 향해 붉기만 하도다.

설의 | 설하셨다, 안하셨다 함은 다 담판한担板漢(한쪽만 봄)에 지나지 않도다. 아무런 생각없이 하신 말씀이 골짜기의 메아리 같고 또한 무심히 비추는 태양과 같도다.

본문 | 수보리야, 법을 설한다는 건 실은 설할 법이 없는데 방편 상 설법이라고 지칭하도다.

설의 | 법신은 본디 말이 없도다. 보신, 화신이라야 비로소 설함이 있나니 설함이 있음은 참된 설함이 아니도다. 설함이 없음이 참된 설함이로다. 시방불토 중에 오직 일승법(一佛乘, 皆共成佛 의식)만 있나니 이 일승법을 떠나고서는 다시 설할 것이 없도다. 그래서 가히 설할 수 있는 법이 없다 함이라. 오로지 이 일승법으로서 모든 중생에게 설하니 그래서 설법이라 하도다. 일승법이라면 바로 말할 것이 없도다. 허나 또 한편 중생의 일상생활을 떠나지도 않도다.

육조 | 범부가 한 설법은 마음에 얻은 바가 있게 되나니 그래서 세존이 수보리에게 말씀하셨다. 여래가 하신 설법은 마음에 얻은 바가 없도다. 범부는 능히 죄다 알고 있다는 마음으로 설하거니와 여래는 어묵語黙에 걸쳐 모두 여여하여 말씀하시는 언사가 골짜기의 메아리와 같나니 자유자재로 무심하여 범부의 생멸심으로 설하는 것과는 다르니라. 여래의 설법이 마음에 생멸이 있다고 하면 곧 부처를 비방함이 되도다. 유마경에서 말했도다. 대저 설법이란 설도 없고 보임도 없으며 청법이란 들음도 얻음도 없다 하도다. 마침내 모든 법이 공적하여 일체의 훌륭한 말씀이 다 임시방편으로 세움이로다. 자기의 텅 빈 자성 가운데서 일체의 언사를 왕성하게 건립하여 모든 법을 연설하되 상相도 없고 함도 없이 미혹한 중생을 개도하여 그들의 본성을 보고 무상의 보리를 수증修證케 함을 진정한 설법이라 하도다.

야부 | 토끼 뿔로 만든 주장자요, 거북이 털로 된 불자拂子로다.

설의 | 고인이 말씀하셨다. 부처님 일대 중생제도기간 49년 쌓인 공적이여, 거북이 털, 토끼 뿔이 허공에 가득 차도다. 엄동설한 눈발이 휠휠 내려 도가니의 맹렬한 불길 속으로 떨어지도다. 그 많은 세월 동안 헐벗은 행색으로 갖은 고생을 다하며 고해에 빠진 중생을 제도하신 효능이 꿈만 같아도 조금도 인정해 줄만한 것이 없도다. 그렇다고하나 결국 어떻다고 하리요? 토끼 뿔로 된 주장자를 집어 들고

일로一路 열반의 문을 잡아 열도다. 거북이 털 불자를 곧추 세워 삼천 대계의 삼관(공관, 가관, 중관)을 다 털어 없애도다.

야부 │ 다년간 돌말石馬이 백호광을 놓고 철소鐵牛가 포효하며 장강長江에 들도다. 허공에다 한 번 '할'을 하니 흔적조차 없도다. 모르는 사이 몸을 북두에 숨기도다. 잠깐 말해보시라. 이게 설법인가 아닌가?

설의 │ 적멸의 도량에서 일찍이 발걸음을 뗀 적이 없고 생사의 바다에 몸을 던져 입수入水하사 많은 세월에 돌말이 되어 백호광을 놓아 맹자盲者로 하여금 보게 하고 철소가 포효하여 드디어 농자聾者로 하여금 듣게 하시며, 게다가 허공에다 '할'을 하여 북두칠성 속으로 몸을 숨기도다. 잠시 말해보시오. 이게 설법이오. 아니오? 이게 설법이라면 돌말과 철소의 건은 어찌하랴? 무슨 한가로운 심사며, 무슨 쓸데없는 트집이오. 설법이 아니라고 하면 방광하고 효후哮吼함이여, 허공에다 '할'을 함은 어찌하랴. 또한 여래의 49년간 설법이 돌말이 방광하고 철소가 포효하는 격이니 돌말과 철소는 결국 그럴만한 힘이 없고 허공의 일할은 곧장 자취조차 없도다. 그렇다면 허공을 향한 일할은 큰 도가니 속의 불길이요, 방광효후放光哮吼는 엄동설한 중의 한 조각 눈송이로다.

본문 │ 이 때에 혜명(多聞 多識한 비구의 존칭) 수보리가 부처님에게 아뢰었다. 세존이시여, 꽤나 많은 중생이 미래세에 이 법을 듣고 신심을 내겠습니까? 부처님이 답하셨다.

수보리야, 그는 중생이 아니며, 중생이 아님도 아니라. 왜냐하면 수보리야, 중생중생 자꾸 중생이라 하지만 실은 그는 중생이 아니라 중생이라고 이름 할 뿐이로다.

설의 │ 공생이 후세에 믿고 안 믿고를 두고 질문한데 대해 부처님은 중생이다, 아니다 라고 답하심은 중생인 고로 생사에 시달리며 그에서 벗어나고자 그것을 믿는 이유가 당연히 있기 마련이고 중생이 아닌고로 본래가 부처라. 부처로써 부처를 구할 리 없어서 응당 불신不信의 도리가 생기도다. 불법을 믿지 않음이 참되게 신심을 냄이니 이는 법이 없는 까닭이라.

부대사 │ 설함이 있다고 말하지 않음이여, 설한 바는 묘하여 다 궁구하기 어렵도다. 설함이 있다면 비방이 되고 지극한 도는 중도를 취하도다. 말이 많으면 아는 바가 없고 침묵하면 삼공(我空, 法空, 俱空)을 터득하리라. 경각頃刻에 알아차리면 시작도 없고 끝남도 없느니라.

야부 │ 불성(火性)은 뜨겁고 풍성風性은 움직임에 있고 수성(水性)은 습하고 땅은 견고하도다.

설의 | 어린애가 우물에 빠진 걸 보면 다들 안타까워하니 이런 마음의 소유자는 다 인천人天의 조어사(佛)라 할 만하도다. 헐뜯는 소리가 귀에 들려오면 다들 언짢아하니 이렇게 되면 성인의 이름값을 못하니라. 그렇다면 면전은 나귀요, 등 뒤는 임금 형태라, 이게 범부凡夫인가! 성인聖人인가? 이게 타당하다 할 수 없도다. 그렇다고 하나 범부는 어디까지나 범부이고 성인은 어디까지나 성인이니 범성凡聖의 길은 본시 다름이라. 서로 간 혼동해서는 안 되느니라.

야부 | 사슴을 가리켜 어찌 준마라고 할 수 있으며 까마귀를 두고 누가 난새라 하리요? 비록 조금치의 차이도 용인하지 않으나 마馬변에든 나귀의 이름이 얼마나 되는가?

설의 | 도척(춘추시 大盜)을 문왕과 탕왕 같은 성군으로 부를 수 없나니 누가 마귀魔를 부처라 하겠는가? 비록 이치상 융합하여 둘이 없으나 성위聖位와 범위凡位가 같지 않음을 어찌 하리요?

종경 | 여래께서 설함이 없음이여, 부처님의 한없는 자비와 은택의 이슬이 보슬보슬 내리도다. 혜명 수보리가 미처 듣질 못함이여. 둥근 달, 맑은 바람에 사위가 텅 비고 쥐죽은 듯 고요하도다. 정히 이러한 때 잠깐 말해 보시오. 이 무슨 경계요? 무간지옥의 고통을 받고 싶지 않으려면 여래의 정법륜正法輪을 비방하지 말지어다.

설의 | 여래께서 설함 없이 설함이여, 산굴에서 나온 구름은 무심하고 혜명 수보리가 듣고도 듣지 않음이여, 바람과 둥근 달에 사위가 쓸쓸하고 적막하도다.

종경 | 도道는 본시 말이 없어 중생을 일깨워 주지 못하지만 약은 병을 고치고자 약 상자에서 나오도다. 가련하도다. 그 많은 인천의 중생이 여전히 어리석게도 귀를 기울여 도를 듣고 있으니.

설의 | 도道는 본래 말이 없어 늘 고요하도다. 문수보살이 정定에 든 비구니를 깨우기 어려워하니라. 세존이 중생을 구하기 위해 도에서 나오셔서 가는 곳마다 불법을 널리 선설함도 본심은 아니도다. 가련하도다. 그렇게 많은 인천중人天衆이 누른 낙엽이 마침내 돈이 아님을 알지 못하도다. 인천人天이 본심本心을 안다면 어떻게 어리석게 도를 귀 기울여 듣겠는가?

무법가득분 — 제22

본문

수보리가 부처님께 아뢰었다. 세존 하, 부처님께서 증득하신 아뇩다라삼먁삼보리는 이미 있지도 않은 것입니까? 부처님이 말씀하셨다. 그렇고 그러니라. 수보리야, 내가 아뇩보리는 물론이거니와 나아가 뭐 하나 조금이라도 얻은 바가 없는데도 단지 아뇩다라삼먁삼보리라고 이름하고만 있을 뿐이니라.

설의 | 위에선 중생과 중생 아님을 말씀하시고 여기선 부처님 자신이 얻음이 없다고 하시니 보리는 중생과 부처가 평등하게 본래 갖고 있어 이 가운데서 범凡이다, 성聖이다, 유득有得이다, 무득無得이다를 가리지 않느니라.

육조 | 수보리가 말했다. 얻었단 그 마음 다 없어지면 바로 보리이옵니까? 부처께서 말씀하셨다. 그렇고 그러하니라. 나는 보리에

대하여 실로 희구하는 마음이 없고 또한 얻었단 마음이 없으니 그런
전차로 아뇩다라삼먁삼보리라고 이름하느니라.

부대사 │ 제불의 지혜를 얻기 위해선 훤하게 깨달아야하고 각
성覺性은 본래 끝이 없도다. 부처는 무엇으로 증득하는가? 증득이 바
로 무無로다. 묘성妙性은 헤아리기 어렵도다. 이치를 터득하면 어긋
남이 없나니 미혹에 착着해 깨치지 못해 길을 잘못 들어 헤매는 자 그
얼마나 많은가?

야부 │ 남에게 구함은 자기에게서 구함만 못하도다.

설의 │ (求自는 한편 自求라도 썼음). 이미 평등이라면 무슨 이유
로 오래된 제성諸聖들을 받들며, 이미 본시 있음이라면 어떻게 밖을
향해 부산하게 구하러 다닐 필요가 있으리오. 도리어 자기에게서 구
할 수만 있다면 순간 자기의 근본을 알아 앉은 자리에서 보신불, 화신
불의 목을 분질러 놓으리라. 그리하여 남에게 구함이 자기에게서 구
함만 못하다 하느니라.

야부 │ 물방울이 떨어지는 즉시 얼어버리는 혹독한 추위가
있는가 하면 푸른 버드나무, 향기로운 풀들이 무성한 계절도 있음이
라. 가을밤의 둥근 달, 봄날의 방초芳草들로 한없는 정취여, 이런 가운
데 자고새의 울음소리를 한가롭게 들어도 무방하도다.(現成 불국토에서

유유자재)

설의 | 이 일은 추위가 맹위를 떨쳐 물방울 족족 얼기도 하고 강하가 꽁꽁 얼어붙기도 하며 잘디잔 티끌 한 점도 생기지 않고 작은 풀 한 포기마저 나지 않는 격이로다. 그렇다 하나 춥고 따뜻함은 일정치 않나니, 날이 따뜻하고 바람결이 온화하면 산천이 다투어 부풀어 오름이라. 검은 빛과 누른빛이 완연하며 검고 흰 것이 분명해지도다. 그렇게 되면 가을 달 봄꽃 등의 한없는 사물이 제각각 자연히 무한한 의미를 내포하도다. 사물 하나하나가 다 순진무구하며 하나하나가 다 종宗(佛性)을 밝히도다. 푸른 대(竹), 노란 꽃 속에서도 이 일을 밝히며 앵무새 울음소리, 제비의 지저귐 속에서도 밝히나니 나아가 일견一見, 일문一聞에 이르기까지 그 하나하나가 다 신심을 일으키는 계기가 되도다. 일색一色과 일향一香의 하나하나가 나의 미혹한 눈을 활짝 열게 하도다. 꼭 알지어다. 산승이 미처 법좌에 오르기도 전에 풍경이 제 먼저 방울(혓바닥)을 울리는구나. ※설법함兒

종경 | 법은 얻을 것이 없어 아뇩다라삼먁삼보리라 하고 도는 전할게 없이 향向열반의 바른 길을 바로 가르키도다. 이를테면 얼고도 얼음이 아니고 전해도 전함이 아니라. 결국엔 어떤 것이 주된 뜻인고? 삼현三賢도 오히려 그 뜻을 미처 몰라 함인데 하물며 십성十聖인들 어찌 이 본지本旨를 통달할 수 있으리오?

고래로 설說함이 없고 전傳함도 없다함이여, 곧 사유思惟에 들자마자 곧장 열반과 멀어지게 됨이라. 어語, 묵黙, 리離(涅槃), 미微(般若)를 다 쓸어버리고 고요한 가운데 옛 영취산에 홀로 앉아 있도다.

설의 │ 이 종宗은 본시 생함이 없나니 마음을 일으키면 어긋남이라. 유심과 무심을 하나 없이 다 쓸어버리니 텅 비고도 비어 오직 이 한 마음만이 남도다.(마음은 무엇이고, 어디에 있는가? 할!)

정심행선분 — 제23

(淨心으로 善을 행함)

본문

또한 수보리야, 이 법은 평등하여 위아래가 없나니 이를 일러 아 녹다라삼먁삼보리라 하느니라. 사상四相이 없이 일체 선법을 닦으면 아녹다라삼먁삼보리를 깨닫게 되리라.

설의 | 부처님에게 공생이 묻길래, 중생 또한 중생이 아니고 부처 또한 얻음이 없다고 답하시고 나서 이에 말씀하셨다. 이 법이 평 등하여 위아래가 없어서 아녹다라삼먁삼보리라고 하시니 중생이 아 니라면 부처와 다르지 않도다. 부처가 얻음이 없다면 중생과 다르지 않나니 이를 평등이라고 하고 위아래가 없다하니라. 앞에선 무득無得 이라 하시고 이번엔 득得이라고 하심은 어째서인가? 앞에선 본래 갖 고 있음을 말하며 하열한 범부들을 욕되게 하지 않게 함이요, 여기선 신훈新熏(새로운 배움)으로 그 공덕이 제성諸聖과 같게 됨을 밝힘이라. 본래 가진 것만 믿고 새로운 가르침을 받지 않는다면 보배를 간직한

채 구걸하는 격이라. 영원히 생사윤회를 벗어나지 못하도다.

육조 │ 보리란 법은 위로는 제불에 이르고 아래로는 곤충에 이르기까지 다 **빠짐없이** 일체종지를(만물마다 차별의 세밀相 아는 지혜) 가지고 있어 부처님과 조금도 다름이 없나니 그래서 평등이라 하여 위아래가 없느니라. 보리엔 둘이 없어 오로지 사상四相만 여의고 일체선법을 닦으면 바로 보리를 얻게 되도다. 사상四相을 여의지 않고 일체선법을 닦으면 더욱 사상四相이 증장되어 해탈심을 증득하고자 하여도 할 수가 없느니라. 사상四相을 여의고 실체 선법을 닦으면 해탈할 수 있느니라. 일체선법을 닦는다는 것은 일체 법에 물들지 않아 일체 경계에 접해도 동요함이 없음이라. 세간, 출세간법을 탐애하지 않고 일체처에서도 늘 방편을 써서 중생의 뜻에 따르면서 그들로 하여금 기쁘게 믿고 따르게끔 하나니 그들을 위해 정법을 설하여 보리를 깨닫게 함이라. 그래야 비로소 수행이라고 말하고 일체 선법을 닦는다고 말할 수 있도다.

야부 │ 산은 높고 바다는 깊도다. 해가 뜨니 달은 지도다.

설의 │ 말하자면 평등이란 어찌 산악을 평탄하게하며 깊은 연못을 메우는 것이며 뿌려진 긴 학 다리에 짧은 물오리 다리를 덧붙인다고 될 일인가. 긴 것은 긴대로, 짧은 것은 짧은 대로, 높은 것은 높은 데로, 낮은 것은 낮은 데로 내버려두고 볼 일이다.

야부 | 승僧은 승이요, 속俗은 속이로다. 기쁘면 웃고, 슬프면 울도다. 여기서 잘 생각해보면 6×6은 처음부터 36이로다.

설의 | 어떻게 승을 속이라고 여겨야 하겠는가? 차마 희흡한 데 곡哭이라고 할 수 없느니라. 다만 변화무쌍함 속에서도 본성을 잘 알아차리면 그것들이 본래가 평등하도다.

본문 | 여래께서 설하셨다. 수보리야, 선법善法이란 바로 선법이 아니라 그 이름을 선법이라고 명명命名했느니라.

설의 | 평등한 도리를 깨달아 무아無我로 선법善法을 닦으면 선법이 아니도다. 굳이 선법이라면 악성惡性과 다르지 않도다. 이와 같음을 참된 선법이라 하니 유루(번뇌)와는 다르도다.

육조 | 일체선법을 닦아 과보를 바람은 선법이 아니요, 육도 만행을 열심히 닦아 다 갖추되 마음으로 그 과보를 바라지 않음을 선법이라 하도다.

부대사 | 물과 땅은 다 같이 실제요, 공중을 나는 것과 땅위를 가는 것의 체는 한결같음이라. 법엔 피차가 없고 불리佛理엔 친소가 없도다. 자타로 분별하는 마음을 버려야하고 위아래로 집착하는 마음을 없애야하니 이런 평등한 특성을 알게 되면 모두가 다함께 무여

열반에 들리라.

야부 │ 안색顔色은 협죽도夾竹桃 꽃 색인데 뱃속은 하늘을 찌를 듯 한 가시가 가득 차도다.

설의 │ 선인가? 악인가?

야부 │ 악이 악이 아니고, 선을 쫓아도 선이 아니라. 장군은 작전 명령서에 따라 움직이고 병사는 손으로 지시함에 움직이로다. 어떤 때는 묘고봉에 홀로 우뚝 섰다가 어떤 때는 염라전에 단정히 앉았도다. 인간을 다 보고 와 고개를 끄덕이니 관음의 천수천안에 방편도 많도다.

설의 │ 악惡이 악이 아니고, 선善이 선이 아니라. 선악의 본성이 다르지 않도다. 하나를 드니 모두 쭉 뒤따르도다. 열반과 고해에 걸쳐 한가로이 거닐도다. 교화할 일이 없음은 알지만 늘 교화를 게을리하지 않도다.

종경 │ 법엔 위아래가 없어 불심 속에서 중생이 때때로 도를 이루게 되고 사상四相을 멀리 여읜 상태에서 때론 중생심을 내어서 제불이 찰나 찰나 진성眞性을 증명하도다. 그래서 말하도다. 염불이 참선에 장애되지 않고 참선이 염불에 장애되지 않도다. 생각하되 생

301

각하지 않고, 참參하되 참하지 않는 경지에 이르면 본지풍광(진면목)이 환히 밝아지고 유심정토惟心淨土에 마침내 도달할 수 있도다. 계곡과 산은 다르나 구름과 달은 함께 어울리도다. 잠시 말해보시오. 어느 것인들 평등한 법이 아니리오. 자유자재 걸림없는 곳을 알고자 하는가? 곳곳마다 푸른 버드나무에 말을 멜 수 있고 집집마다 장안(서울)으로 통하는 길은 있도다.

설의 │ 본래가 부처인데 한 순간 미혹했으니, 미혹하되 불성을 잃은 적은 없도다. 있는 그대로 받아쓰고 있으니 소리를 듣는 것이 증득하는 순간이고 색(物)을 보는 것이 증득하는 때로다. 한번 보고 한번 듣고, 발을 한번 들고 내림, 하나하나 모두가 적멸도량(불국토)이니라. 그래서 말하도다. 순간순간 석가가 세상에 나오시고 걸음걸음마다 미륵이 태어나도다. 그렇다면 어떻게 범凡이다, 성聖이다, 분별하리요? 옛적엔 미혹했고 오늘에서 깨달으니 깨달아도 뭘 얻은 게 없도다. 순간순간 일으킴이 없으니 비록 순간순간 동정심이나 슬픈 마음을 갖게 되어도 한 순간도 참(진리)에서 벗어난 적이 없도다. 그래서 말하노라. 종일토록 중생을 제도하되 제도된 중생은 보지도 못했도다. 그렇다면 언제 능도能度와 소도所度가 있었던가? 그런 까닭에 념과 무념이 서로 걸림이 없어 결국 마침내 두 이치가 없느니라. 이를테면 두 이치가 없는 도리를 어떻게 말하겠는가? 계곡과 산은 따로 있으나 구름과 달은 한데 어울려 있도다. 임운任運자재로 아무런 걸림이 없는 곳을 알고자 하는가? 곳곳마다 푸른 버드나무라면 다 말을 맬 수 있고 집집마다 서울로 통하는 길은 다 있도다.

종경 │ 산에 핀 꽃들은 비단과 같고 물빛은 쪽색과 같도다. 전삼삼과 후삼삼을 묻지 말아라. 마음이 텅 비어 피차를 잊었으니 대천사계大千沙界를 다 함용하도다.

설의 │ 잘 조화되어 차별이 없나니 텅 비어 모두를 함용해 버릴 것이 없도다.

303

복지무비분 — 제24

본문

수보리야, 어떤 사람이 삼천대천계 중의 모든 수미산과 같은 칠보덩어리를 가지고 보시하고 어떤 사람이 금강경과 내지 그 속의 사구게 정도라도 수지해서 독송하면서 남을 위해 설해준다면 앞의 물질 보시는 뒤의 법보시에 비해 백의 일에도 미치지 못하며 백천만 억분, 나아가 산수算數와 비유譬喩로서도 다 말하지 못하느니라.

설의 | 법보시와 재물보시는 그 성과가 같지 않나니 같지 않는 이유는 오로지 돈頓과 점漸에 달려 있도다.

육조 | 수미산을 둘러싼 대철위산의 높이와 너비가 두루 이백이십사만 리고 소철위산의 높이와 너비는 일백십이만 리며, 수미산의 높이와 너비는 삼백삼십육만 리라. 그래서 삼천대천세계라 하니 이치에 따라 말하면 바로 탐 진 치 등 망념이 각각 일천 개를 갖춤

이라. 그와 같은 산상이 모두 수미산과 같아 그만한 칠보로써 보시하면 얻는 복덕이 한없고 가이없겠으나 끝내 유루(번뇌)의 인소因素가 되어 해탈할 리가 없도다. 금강경 사구게는 경문이 적으나 그에 의지해 수행하면 바로 성불할 수 있나니 꼭 알지어다. 지경持經의 공덕이 중생으로 하여금 보리를 증득케 할 수 있는 고로 가히 그 공덕을 비교할 수 없도다.

야부 | 천 개의 송곳으로 땅을 파는 것보다 무딘 삽이지만 그것으로 한 번 파내는 것만 못하도다.

설의 | 무명이 단단하고 두껍기가 마치 땅이 가로막음(단단하고 두꺼워 어쩔 수 없음)과 같도다. 점단漸斷과 돈제頓除를 천추千錐와 일날一捺(삽질한번 함)로 비유하도다. 보시는 단지 간탐慳貪을 제도하고 반야는 바로 무명을 제도하니라. 돈과 점이 현격히 다르고 우열상이 분명하도다.

야부 | 기린이나 봉황, 난새(길조) 등은 무리지어 다니지 않고 크고 귀한 옥이나 진주가 어찌 시장에 예사로이 나오리오. 천리를 달리는 준마는 낙타와 함께 하지 않고 하늘높이 빗겨든 장검은 사람들이 다른 무엇과도 비할 수 없도다.(단칼에 베면 끝장). 하늘과 땅이 덮고 실을 수 없으며 겁화劫火로서도 태워버릴 수 없도다.

늠름한 빛이 허공에 빛나니 천상계와 인간계는 전연 같지 않도

다. 噫!(아! 슬프다)

설의 │ 기린의 신체엔 머리에 뿔이 하나 나 있고 성질이 인자
하며 난새와 봉황은 오채伍彩(청, 황, 적, 백, 흑)를 띠고 있고 발하는 소
리엔 오음五音(宮, 商, 角, 徵, 羽)을 띠고 있도다. 세상에 도가 있으면 나
타나고 도가 없으면 숨나니 이 일(불성)도 또한 그러하여 본시 하나의
도인데 펼쳐 보이면 사심四心(육단심, 연려심, 집기심, 견실심)과 오위伍位
(色法位, 心法位, 心所法位, 心不相應行法位, 無爲法位)가 되어 제불이 때때
로 설법하시며 중생이 때때로 듣게 되느니라. 무리를 이루지 않는다
는 건 그들은 동반자가 없음이라. 이 일도 별다르지 않느니라. 큰 옥
과 큰 진주는 자체에 따뜻한 윤기와 맑고 맑은 성질을 갖고 있고 또한
아주 강하고 깨끗한 모습을 띠고 있도다. 이 일도 그와 같아서 온 몸
으로 연緣에 따라 남김없이 비추고 인연에 따라도 변하지 않아 타물他
物이 더럽히지 못하나니 시장에 내놓으면 이 보배를 사람마다 진기하
게 여기니 어떻게 값싸게 팔 수 있으랴. 이 일도 부처님이 엄밀히 보
호하사 아주 드물게 중생을 위해 설하도다. 또한 빠르긴 천리마와 같
아 근기가 둔한 이들은 뒤따를 수가 없으며 날카롭긴 예리한 칼날 같
아 마라(魔)와 외도들이 여기에서 간담이 서늘해지도다. 넓고도 넓어
하늘과 땅이 덮고 실을 수 없도다. 확실함이여, 겁화로서도 태워버릴
수 없도다. 위엄스러움이여, 빛이 억만의 하늘과 땅을 다 태워 녹여버
리도다. 우뚝 솟음이여, 천상과 인간계에서 필적할 게 없도다. 그것(佛
性)을 깨달은 자는 비유할 수 없이 수승하기 때문이로다.

종경 | 복이 삼천계와 같음이여, 수미산만한 보배로 보시함이요, 경속의 사구게를 지송持頌함이여, 지혜바다의 밝은 진주처럼 빛나도다. 능히 식識의 파도를 잠재우고 맑게 하며 순식간에 진리의 하늘을 열어 밝게 하도다. 크나큰 자비로 중생을 널리 제도함에 한없는 이로움이 가없도다. 야밤중 정녕 밝음은 또한 어디에 있는가? 삼신三身(법신, 보신, 화신), 사지四智(대원경지, 평등성지, 묘관찰지, 성소작지)가 체중에 원만히 구족됨이요, 팔해탈八解脫, 육통력六神通이 마음속에 있도다.

설의 | 보물을 보시한 복이 가없으나 허공에다 쏜 화살, 결국 땅에 떨어지는 격이요, 경을 지송함은 지혜가 곧 밝음이라. 여의보주가 푸른 바다 속에서 홀로 빛나고 있는 격이니라. 지혜가 밝으니 진리가 뒤따라 드러나도다. 큰 자비로 중생을 이롭게 함이 끝없나니 마음밭에 자비의 꽃이 피어나도다. 서리 내린 밤에는 달빛 유달리 밝도다. 잠시 말해 보시오. 한밤의 밝음과 같은 것이 또한 어디에 있을까요? 삼신사지三身四智가 체중에 두루 갖추어져 있고 팔해, 육통이 마음 밭에 박혀있도다. 다시 말해 체중원体中圓이로다. 심지인心地印을 다시 어떻게 말하리오. 허공이 고요한 채 탁 트여 구름한 점 없으니 태양이 높이 떠서 삼천계를 밝게 비추도다. 이미 밝지 않은 것은 드러나지 않은 걸 알아야 하나니 다시 말해 날이 새도 드러나지 않는 것을 또한 어떻게 말할 것인가? 달이 차가운 연못에 떨어져 건져 올릴 수 있을 것 같아 손을 뻗혀 잡으려 해도 잡을 수가 없도다.

종경 | 수미산왕 만한 보배무더기는 다 헤아릴 수 없다 해도 바로 허공을 올려보며 쏜 화살과 같도다. 사구四句(有, 無, 亦有亦無, 非有非無의 네 가지 論法)로 명백히 밝혀 삼제(과거, 현재, 미래)를 초월하면 아승지겁 간 보시한 공덕보다 만 배나 더 수승하리라.

화무소화분 ── 제25

(교화하는이 받는 이 없음)

본문

수보리야, 어떻게 생각하느냐? 여래가 반드시 중생을 제도해야 한다는 생각을 갖고 있다고 너희들은 말하지 말라. 수보리야, 그런 생각일랑 하지 말라. 왜냐면 실로 여래가 제도할 중생이 없느니라. 여래가 제도할 중생이 있다면 여래는 곧 사상四相을 가진 것이니라.

설의 │ 중생이 본래 성불된 상태라 부처가 중생을 제도하지 않나니 무엇 때문에 그러한가? 진여계내眞如界內(그 자리)에는 중생과 부처가 없음이라. 평등성중(불성)에는 자타(주객)가 없음이라. 가히 제도할 것이 있다고 보면 자타가 성립되니, 어찌 여래가 아我, 인人 등 사상四相이 있다 하리요?

육조 │ 여래께서 수보리가 중생을 제도한다는 마음을 갖고 있다고 여기기에 세존이 공생의 이러한 의심을 풀어주기 위하여 그러한 생각일랑 하지 말라고 하셨느니라. 일체중생은 다 본래 스스로가 부처이니 여래가 중생을 제도하여 성불케 한다면 바로 망어가 되도다. 망어인고로 바로 사상四相이 되나니 이런 말은 아소심我所心(所有心)을 물리치기 위함이라. 대저 일체 중생이 불성을 가지고 있으나 제불의 설법을 듣지 않으면 스스로 깨달을 수가 없나니 무엇에 의거해서 수행해야만 불도를 성취할 수 있으리오?

야부 │ 봄날의 난초, 가을의 국화, 각자의 독특한 향기를 가지고 있도다.

설의 │ 열 종류의 중생(난생, 태생, 습생, 화생, 유색, 무색, 유상, 무상, 비유상, 비무상)이 시방의 부처와 함께 일시로 성도함이요, 시방의 세존이 십류 중생과 함께 같은 날에 열반에 드니 중생과 부처의 모습이 본래 고요함이요, 능도상能度相과 소도상所度相도 본래 고요하도다. 능소도能所度가 이미 고요해졌다면 아인我人 등 사상四相이 어디에 있으리오. 그럴진대 부처도 눈은 횡으로 코는 종으로 나 있고, 일반사람도 죄다 그런 모습이니 불국토에 늘 다 함께 머물며 다함께 무생의 법락을 누리도다.

야부 │ 탄생하시자마자 동서로 칠보를 내디며 놓으심이여! 사람마다 코는 세로로 두 눈썹은 가로로다. 천진난만기天眞爛漫氣 그리고 커가면서 느끼는 슬픔과 기쁨, 모두가 다 비슷하니 어느 때 누가 다시 자당慈堂에게 물어볼 수 있으리오? 여전히 기억이라도 하고 있는가?

설의 ｜ 석가는 태어나자마자 사방으로 칠보를 걸으시고 사람은 태어나자마자 눈은 가로로 코는 세로로 붙었도다. 갓난아기 옹알거리는 소리와 보다 성숙한 감정의 슬픔과 기쁨이여, 다 큰 사람이나 어린애 모두가 다 서로 비슷하니라. 성품은 본래 오성悟性이 뛰어나 자유 자재하니 누가 어머님께 어째서 그래요 라고 묻겠는가? 마음을 다해 그대에게 알리노니 우선 묻노라. 군君은 여기에서 기억이나 하고 있는가?

본문 ｜ 수보리야, 여래가 설사 내가 있다 해도 내가 아니니 범부는 내가 있다고 여기도다. 수보리야, 범부란 여래께선 범부가 아니라 단지 범부라고 지칭하고 있을 뿐이로다.

설의 ｜ 내가 있으나 아성我性은 본래 공하도다. 범부는 알지 못하여 내가 있다고 여기느니라. 비록 범부라 하나 범부의 상이 아주 고요하니 범부의 상이 고요한 가운데 다 없어졌기에 범부가 아니라고 하니라. 또한 앞생각을 깨닫지 못함을 범부라 하고 뒤이은 생각을 깨치면 바로 범부가 아니도다.

육조 ｜ 여래께서 내가 있다고 하시는 것은 자성이 청정하고 상常, 락樂, 아我, 정淨(열반四德)한 나我이지 범부의 탐貪, 진瞋, 무명無明, 허망虛妄 불실한 내가 아님이라. 그래서 범부들은 나를 가지고 있다고 하니라. 아인 등 사상四相이 있으면 바로 범부요, 사상四相이 없으면 범부가 아니며, 마음속에 생멸이 있으면 범부요, 마음에 생멸이 없으면 범부가 아니도다. '반야바라밀'을 깨치지 못하면 범부요, 그것을 깨치면 범부가 아니도다. 마음에 능소能所가 있으면 범부요, 없으면 범부가 아니도다.

부대사 | 중생이 인과법을 닦아 그 과보가 성숙되면 자연히 원만하게 되도다. 법의 배로 자연히 고해를 건너게 될 텐데 구태여 사람이 이끌어줄 필요가 있겠는가? 혹시라도 고기잡는 자가 고기를 잡으면 그 통발을 잊어버림과 같도다. 여래가 건네준다고 하면 여태까지 얼마나 많은 배로 건네주었는가?

야부 | 앞의 생각은 중생이고 뒤에 생각에선 부처이니라. 부처와 중생, 이뭐꼬?

설의 | 전념前念에 망妄이 일어나면 후념이 곧 알아 깨닫고 전념이 딱 머물러 있음에 후념에서 곧장 떠남이라. 망을 바로 깨치고 나면 바로 망을 여의게 됨이여, 이게 성인인가, 범부인가! 또한 선인가, 악인가! 정말 알 수 없도다.

야부 │ 거인이 아니더라도 수저쯤이야 들고 놓을 수 있도다. 어떤 때는 술에 만취되어 지나는 사람에게 욕질을 하다가도 갑자기 불전에서 향 사루고 예를 올리도다. 손에는 깨진 사발을 쥐고 있으면서 몸엔 비단 옷을 걸쳤도다. 견본을 보고 만든 것이 수천가지라.(아무런 의식없이 따라 함) 곧장 코를 끌고 와 자세히 보니 다름 아닌 바로 너였구나. 咦!(아이쿠!)

설의 │ (咦를 어떤 곳엔 嗄(아. 의문, 반문용 감탄사)로 썼음). 능能도 아니고 불능不能도 아니며 선善도 아니고 불선不善도 아니며 귀함도 아니고 귀하지 않음도 아님이라. 귀천, 선악, 능부가 다름이여, 바른 눈으로 보면 오로지 한 사람의 노릇이로다.

종경 │ 나我도 없고 인人도 없음이여, 중생이 스스로 정각을 이루도다. 불생하고 불멸함이여, 여래께서 범부가 아니라고 하셨다. 이같이 분명하나 어떤 계기를 만나면 차질을 빚게 되니 어찌하리까? 옛날에 어떤 스님이 취암사께 물었다. 단약丹藥(신선이 도술로 만든 신령한 약)한 알을 철鐵에 발라 금을 만들 듯 지극한 진리의 한 마디 말은 범성을 되돌려 성인이 되게 하도다. 학인이 올라와 스승에게 한 점 찍어주길 바라니 스승은 거절했도다. 제자가 말했다. 무엇 때문에 한 점 발라주지 않습니까? 스승이 말했다. 네가 범성凡聖의 지위로 떨어질까 봐서. 잠시 말해보시오. 범성의 지위로 떨어지지 않는 사람은 어떤 눈을 가졌는가? 설사 성인의 알음알이와 범인의 마음을 다 없앤다 해도 눈을 떠보면(깨치면) 전과 다름없이 꿈속에 있기 때문이로다.

설의 | 세존이 중생을 제도하지 않음이여, 중생이 스스로 정각을 이루도다. 중생이 고요하고 모든 번뇌가 다 없으니 여래께서 범부가 아니라 하셨도다. 사람마다 불성을 다 구족하고 있으나 늘 사용하면서도 지각하지 못해 어찌 하리요? 취암사가 단약을 한 점 발라주지 않은 것은 결국 범성의 길로 떨어질까 봐 두려워함인지라. 여기서 잠시 말해보시오. 범성으로 떨어지지 않은 사람은 무슨 안목을 가졌겠는가? 설사 범성의 길로 떨어지지 않는다 해도 여전히 안목을 갖추지 못했노라고 감히 말하고 싶도다.

종경 | 피안에 도달하는데 예부터 배를 사용하지 않았으니 평탄한 대도大道가 장안(서울)으로 쭉 통하도다. 분명히 처음부터 타에 의해 깨닫지 않으니 정체正體가 분명하여 반드시 한 모양이로다.

설의 | 깨닫고 나면 방편을 지킬 필요가 없나니, 어떻게 다시 타인에게 장안으로 가는 길을 물으리오. 한 줄기 살 길이 거문고 줄마냥 곧으니 많은 성인들이 다 이 길을 따라 돌아가도다.

법신비상분 — 제26

(法身은 相이 아님)

본문

수보리야, 어떻게 생각하느냐? 32상으로 여래를 볼 수 있는가? 수보리가 대답했다. 할 수 있사옵니다. 32상으로 여래를 볼 수 있사옵니다.

설의 │ 공생이 앞에선 행적을 중근기 정도로 하여 방편삼아 오입悟入을 내보인 고로 32상으로 여래를 볼 수 없다고 하였지만 여기에선 행적이 하근기와 같이하여 방편삼아 미오未悟를 보였기에 32상으로 여래를 관觀 할 수 있다고 하셨도다. 앞에선 견見이라 했고 여기에선 관觀이라고 말 한대는 이유가 있느니라. ※견見은 생각해 사물에 대하여 가지는 견해. 관觀은 지혜로 대상을 비춰 보는 힘.

야부 │ 틀렸소이다.

설의 | 색신色身과 음성音聲은 부처가 아닌데, 상相으로서 여래를 관한다하니 틀렸다 하도다.

야부 | 진흙으로 빗고 나무에 조각하며 비단 폭에 그린 그림이여, 청색을 칠하고 초록색을 바른데다 또한 금색을 입히도다. 만약 이런 걸로 여래모습이라고 한다면 웃기노라. 나무관세음보살이여.

설의 | 상相과 정情에 집착한 견해가 진塵을 떠나 성性을 회복하겠다는 관觀에 어긋나니 비웃음을 산 관음보살의 뜻이 여기에 있도다.

본문 | 부처님이 말씀하셨다. 수보리야, 32상으로 여래를 볼 수 있다면 전륜성왕도 여래겠구나. 수보리가 부처님께 아뢰었다. 세존 하. 제가 부처님이 말씀하시는 바의 뜻으로 이해하기론 32상으로 여래를 관할 수 없사옵니다.

설의 | 부처님이 따끔하게 바늘로 찔러주셨기에 비로소 깨달을 수 있어 말씀드리옵니다만 상相으로서 여래를 관할 수 없사옵니다. 네 말이 옳긴 옳으나 여전히 철저히 꿰뚫어 보진 못했도다.

육조 | 세존께서 대자비심으로 수보리가 상에 집착된 병습病習을 없애지 못할까봐 해서 짐짓 이런 질문을 하셨도다. 수보리가 부

처님의 의도하는 바를 미처 알지 못하고 볼 수 있습니다.라고 대답함
에 이는 벌써 미혹한 마음인데 게다가 32상으로 여래를 관할 수 있다
했으니 또한 한 겹 더 미혹한 마음이로다. 따라서 진眞에서 더욱 멀어
지나니 그래서 여래께서 저 미혹한 마음을 없애고자 했다. 그러면 32
상으로 여래를 볼 수 있다면 전륜성왕도 여래겠다고 말씀하시도다.
전륜성왕이 32상을 가졌다 해도 어찌 여래와 같을 수 있으리오? 세존
께서 이 말을 인용하신 뜻은 수보리의 상에 집착된 병을 물리쳐 그의
깨달음의 정도를 더욱더 깊게 하고자 하심이라. 그런데 수보리가 부
처님으로부터 질문을 받자 미혹한 마음이 순식간에 사라졌도다. 그
래서 제가 부처님이 설법하신 뜻을 이해하기론 32상으로 여래를 응
당 관할 수 없다하겠나이다. 수보리는 대아라한이라. 깨친 정도가 깊
은데 미혹한 중생을 위한 방편으로 미로迷路를 내보임에 세존께서 중
생의 세혹細惑을 제거하사 후세 중생으로 하여금 생각에 틀림이 없기
를 바람이라.

야부 │ 틀렸도다.

설의 │ 또 한편 색성을 여의지 않고도 부처의 신통묘력을 보
는데 상相으로서 관할 수 없다니 그래서 틀렸다하도다.

야부 │ 상相이 있는 가운데 상相이 없음이여, 금향로 속에 곤
륜산만한 철이로다(귀한 불성이 만물을 포용함). 하나하나가 모두 내 집

물건이거늘, 구태여 영취산에서 세존에게 물을 필요가 어디 있으리오. 왕이 장검을 잡고 있는 것과 같도다.

설의 │ 바로 상相이 바로 진眞이로다. 상을 떠나선 진이 없나니 하나하나가 다 탈속脫俗의 가풍家風(특성)을 지녔고 일마다 목하目下삼매(참선)로다. 곳곳에서 그를 만나니 구태여 밖을 향해 구할 필요가 있으랴. 왕이 장검을 잡고 있다는 것은 유상有相으로 구해도 착錯이고 무상無相으로 구해도 또한 착錯이니 유상과 무상이 모두 다 착이로다. 왕이 장검을 빼어든 것과 같다함은 죄인이 오면 참수斬首하고 일단 판단이 잘못된 줄을 알면 바로 살려줌이니 처분이 임금의 손아귀에 있고 살리고 죽이고는 시황時況에 따름이로다.

본문 │ 그 때에 세존께서 게로 설하셨다. 색으로 나를 보려고 한다든지 음성으로 나를(佛性) 구하려는 사람은 사도邪道를 행하는 꼴이라. 끝내 여래를 만나지(得覺) 못하리라.

설의 │ 색色으로 보거나 성聲으로 구함은 사도邪道를 행하는 건데, 어떻게 해야 사도를 행하지 않게 되겠는가? 다만 성색이 본디 진이 아님을 알면 자연히 성색에 미혹되지 않도다. 알음알이가 다 없어지면 자연히 깊은 뜻(佛性)을 알게 되고 정情을 없애버리면 도와 가까워지리라.

육조 | 본문의 약이若以란 두 글자는 발어사라. 색色이란 상相이요, 견見이란 식識(알음알이)이라. 나我란 일체중생 몸에 자성이 청정하고 무위, 무상하며 진상眞常한 체 라. 고성염불高聲念佛로선 성취(成佛)할 수 없도다. 반드시 정견이 분명해야 비로소 깨달을 수 있도다. 색성色聲 이상二相으로 구하면 여래를 볼 수 없나니 상으로서 부처를 관하려고 하거나 성聲으로서 법을 구하려고 하면 마음에 생멸기生滅機가 있어 깨닫지 못하노라.

부대사 | 열반엔 사덕四德(常, 樂, 我 淨)이 있으니 오직 나만이 진상眞常에 통함이라. 통들어 팔자재라고도 하나 나만이 우뚝 뛰어나도다. 색色도 아니도 성상聲相도 아니니 심식心識으로 어찌 헤아릴 수 있으랴. 보면 보이지 않고 이치를 깨달으면 형상아닌 형상이 나타나도다.(그 자리 佛性을 암시)

야부 | 설사 성색聲色으로 구하지 않는다 해도 이 또한 미처 여래를 보지 못하도다. 잠시 말해보시오. 어떻게 해야 볼 수 있는가?

설의 | 본문의 성색구聲色求에서 시是까지는 어떤 책엔 성구색견聲求色見으로 되어 있는 곳도 있음.

야부 | 모르겠도다. 모르겠도다.(언어사량 초월. 말로써 표현 불가능)

설의 | 부처는 색성色聲에 있지 않고 그렇다고 색성을 떠나 있지도 않도다. 색성에 다가가 부처를 구해도 부처를 볼 수 없고 색성을 떠나서 부처를 구해도 또한 볼 수 없느니라. 색에 가까이 하거나 떠나도 다 볼 수 없나니 잠시 말해 보시오. 어떻게 하면 부처를 볼 수 있는가?

모르겠다. 모르겠어. 잘 보시오. 부처님이 출두하셨도다.

야부 | 견색見色과 문성聞聲은 세상의 일상사인데 괜히 일을 설상가상으로 만들고 있도다(뻔한 일을 괜스레 꼬이게 만듦). 그대 지금 부처님을 만나보고 싶다면 마야부인의 자궁 속으로 뛰어 들어갈 지어다. 咦!(아이쿠!). 이 말이 30년 뒤에 쇠덩이가 땅 바닥에 떨어지면 소리가 나듯 분명하리라.

설의 | 묘원妙圓하고 진정眞淨한 겁전劫前의 몸이여, 지견으로써 함부로 가까이하거나 소원해 하지 말지어다. 견색見色과 문성聞聲은 세상에 일반사인데 색성色聲을 떠나서 달리 진을 구하지 말지어다. 고인이 말했도다. 도는 견문각지見聞覺知가 아니며 또한 그것을 떠나지도 안했도다. 견문각지로 도를 구한다고 해도 착錯이요. 그것을 여의고 구한다고 해도 착이며, 색성으로 부처를 구한다고 해도 착錯이요. 색성을 떠나 부처를 구한다고 해도 착着이니, 이는 잘못을 알면서도 자꾸 잘못하는 격이라 설상가상이로다. 이와 같이 부처를 보고자 하면 끝내 볼 수 없느니라. 그대가 지금 부처님을 만나고 싶으면 마

야부인의 배속(그 자리)으로 뛰어 들어갈 지어다. 고인이 말했도다. 마야부인 배속의 집이여, 법계의 본성은 한결같도다. 법계체法界体라면 그게 상相인가, 비상非相인가. 상相이 아니고 상相이 아님도 아님이여, 모든 부처가 다 함께 돌아가는 곳이니 부처님을 만나고자 하면 바로 그곳에서 찾아볼지어다. 이 말이 30년 전엔 미처 분명하지 않았으나 30년 뒤엔 쇠덩이가 땅에 떨어지면 소리나듯 분명하리라.

종경 │ 묘상妙相이 단엄함이여, 전륜성왕의 상이 바로 여래상이요, 법신이 두루함이여, 여래신이 전륜성왕의 몸과는 다르도다. 이곳에서 철저히 보아버리면 해오라기가 눈雪에 의지해 보금자리를 트는 격이고, 토끼가 달(月)의 궁전에 깃드는 것과 같도다. 혹 그렇지 못하면 별똥은 아주 멀리 날아갔는데 어리석은 사람은 여전히 달 옆의 별만 쳐다보고 있는 격이 되도다.

설의 │ 여래와 전륜성왕의 모습은 조금도 차이가 없으나 그 증득한 걸로 보면 하늘과 땅이 어찌 멀다하리오. 이곳을 향해 철저히 보아버린다면 백로가 눈(雪)에다 보금자리를 만드는 식이고 토끼가 달(月)의 궁전에 깃들어 사는 격이니라. 혹 그렇지 못하면 별 똥이 하늘 밖으로 이미 날아가 버렸는데 별 주변에다 여전히 눈길을 보내고 있는 식이로다.

종경 │ 현성공안現成公案(일상사 공안, 뻔한 공안)을 거듭거듭 물으니 사랑하는 마음으로 답조答調의 말을 자꾸 반복해 결국 뜻이 헷갈리게 됨이라. 성색聲色으로 사도邪道을 짓지 말아야 하나니 죄를 지으면 법왕을 뵐 낯이 없어지도다.

설의 | 여래께서 거듭 물으시니 공생이 잘못 알아들음이라. 여태까진 역괘易卦가 뇌천대장雷天大壯(六爻에 乾下震上 ䷡ 크게 왕성할 貌)이었는데 지금에 와서는 지화명이地火明夷(離下坤上卦 ䷣ 현명한 자가 상해를 당할 괘 凶卦)가 되었도다. 법왕의 본성이 번뇌가 다 멸해 조용하니 처음부터 색성色聲이 아니로다. 색으로 본다거나 성으로 찾으면 응당 죄가 되나니 죄를 짓게 되면 법왕을 볼 낯이 없어지도다.

무단무멸분 — 제27

(斷滅이 없음)

본문

수보리야, 여래가 상相을 구족하지 않고 아뇩다라삼먁삼보리를
얻었다고 생각하느냐? 수보리야, 여래가 상호를 갖추지 않고 무상정
등정각을 얻었다고 생각하지 말라. 수보리야 아뇩다라삼먁삼보리심
을 발한 자는 제법이 단멸되었다고 생각하지 않나니 왜냐하면 아뇩
다라삼먁삼보리심을 낸 자는 불법에 대해서 단멸상을 말하지 않느
니라.

설의 | 부처님께서 상相과 비상非相을 나무란 것은 그가 단斷
과 상常에 떨어질까 봐 두려워함이로다. 부처를 무상이라고 단정하면
이미 벌써 단멸상에 떨어졌도다.

육조 | 수보리가 진신眞身은 상을 여읜 것이란 말을 듣고 곧
장 32 청정행(32상을 청정수행의 결과)을 닦지 않고 세존이 보리를 증득

하셨다하니 세존이 수보리에게 말씀하셨다. 여래가 32 청정행을 닦지 않고 보리를 깨달았다고 말하지 말라. 네가 32상 청정행을 수행하지 않고 아뇩다라삼먁삼보리를 깨달을 수 있다 하면 불의 종자가 끊어져 없어지리니 결코 옳지 않도다.

부대사 │ 상相과 상相들이 본질적으로 있는 것이 아니고 상을 구족했다 해도 어디에 의거할 바가 없도다. 법法과 법法에서 묘법이 생기고, 공空하고 공해도 그 체体는(근본 바탕) 같지 않도다. 단멸이 단멸이 아님이여, 알고 깨달아야 깊은 종지를 알게 되나니 인아人我 등 사상념四相念이 없으면 곧장 마음이 공평함(곧 불심)을 알리라.

야부 │ 전지剪枝를 해도 가지런하지 않음이여, 다스릴수록 더욱 어지러워지도다. 머리를 끌고 와 잘라도 잘라지지 않도다.(번뇌망상難折伏)貌.

설의 │ 전지하는 뜻은 가지런하게 하고자함이며, 다스림은 혼란이 없게 함이나 끝내 안정시킬 수 없도다. 끌고 와 베고자함은 완전히 끊어버리고자 함이나 단번에 척결剔抉할 수 없느니라. 그렇다면 색성色聲을 없앤다하나 있다한들 그것에 장애받지 않도다.

야부 │ 알지 못하겠도다. 누가 위의 난감한 상황을 교묘히 잘 처리할 수 있을지? 잡아챘다가 여전히 또 놓아주도다. 여래께서 다 없앴다고 말하지 말라. 한 소리가 끝나면 또 한소리가 이어지도다.

종경 │ 상相을 구족함이 아니라도 본디 구족된 거고 늘 스스로 장엄하도다. 법을 전하지 않아도 전해지나니 언제 단멸한 적이 있었던가? 옛날 세존께서 영산회상 인천人天의 대중 앞에서 말씀하셨도다. 나에게 있는 청정 법안과 열반묘심을 가섭에게 부촉하여 널리 전해 교화코자 하노라. 잠시 말해보라. 그 당시 무엇을 부촉했단 말이오? 푸른 연꽃같은 눈으로 인천의 대중을 훑어보시니 '마하가섭'이 혼자 웃음을 지었도다.

한 등이 백 천이나 되는 많은 등을 계속 불붙일 수 있음이여, 이심전심以心傳心으로 이어받은 법이 멀리까지 전해져 불법이 행해짐이라. 천성千聖이 전하진 못하나 그 자체는 불어도 꺼지지 않나니 연이은 빛과 불꽃이 더욱 분명하도다.

설의 │ 한 등이 능히 백천 등을 불붙일 수 있음이여, 신령한 불꽃이 끊어지지 않고 지금까지 이어짐이라. 천성千聖이 전하지 못하는 중에 광풍이 일어 이 법등을 불어 끄려고 해도 등불은 꺼지지 않도다. 등불이 꺼지지 않음이여, 연이은 빛과 불꽃이 더욱 분명하도다.

불수불탐분 — 제28

본문

수보리야, 한 보살이 항하의 모래알만한 세계에 칠보를 가득 채워 보시하는 것이 또한 어떤 이가 일체법에 무아無我임을 알아 인욕 바라밀을 성취한다면 이 보살은 앞서 칠보를 보시한 보살의 얻은 공덕보다 더 수승하리라.

설의 │ 보시하되 상相에 주하지 않음을 앞에선 그 복이 시방 허공과 같다고 찬탄하시고 법이 무아한 것을 알아 인욕을 성취한 것을 지금 그 복이 항하의 모래수 만한 보시보다 더 뛰어남을 찬탄하시도다. 지금 이 한마디의 말씀이 앞에서 말한 마음을 편안케 하고 항복시킨단 뜻을 내포함이니 말하자면 탐하지도 않고 받아들임도 없음이 아마도 마음을 안심시키고 항복시키는 뜻일러라.

육조 │ 일체법을 통달하여 능소심이 없는 걸 인忍이라 하도다. 이 사람의 얻는 복덕이 앞의 칠보를 보시한 복 보다 더 수승하도다.

야부 │ 귀로 듣되 귀머거리 같고 입으로 말하되 벙어리 같도다.(대상에 마음이 안 움직임)

설의 │ 법에 내가 없음을 알면 피아彼我(主客) 상相이 없어지고 인욕을 성취하면 능소의 마음이 없어지나니 능소심이 없으면 무념의 지혜가 생기느니라. 피아상이 없어지면 평등의 도리가 생기느니라. 이러한 경지에 이르면 눈으로 보고 귀로 들어도 분별심이 생기지 않도다. 혀를 움직여 말을 함에 분별심이 안생기니, 생기지 않고 생기지 않는다면 어찌 귀머거리 같고 벙어리같다 할 뿐이랴? 바로 명경明鏡이 물체를 비침과 같고 텅 빈 골짜기가 소리에 응하는 것 같아 치성熾盛이 응해 비추되 비침이 없느니라. 그래서 말하도다. 늘 육근에 반응되어 사용한데도 사용한다는 생각이 일어나지 않음이라. 겁화가 바다를 태우고 바람이 불어 산이 서로 부딪친다 해도 참담고 항상한 적멸의 낙樂인 열반상涅槃相은 위와 같도다.

야부 │ 말 끄는 자와 말 탄 귀인에 의해 고하高下와 친소親疏가 있더니만 하루아침에 갑자기 말이 죽자 말 탄 귀인은 제 곳으로 돌아가게 되어 가까운 자가 마치 길가는 낯선 사람과도 같음이라. 단지 그전 사람이 그전에 활동하던 대로 휙 돌아가 버렸도다.(망상妄想에서

본위本位로 되돌아감)

설의 ｜ 극빈 중에 청빈한 못난 사람이 본래는 말(馬)도 없었고, 돌볼 귀인도 없었는데 우연찮게 말과 귀인이 생겨 고하로 갈라지게 되어 가까움이 도리어 멀어지고 소원한 것이 외려 가까워졌도다. 하루아침에 말이 죽자 모시던 귀인도 제 갈 곳을 가버리니 가까운 이가 마치 길가는 낯선 사람과 같아짐이라. 말이 죽고 귀인과 헤어지니 가까운 것이 소원함이라. 여전히 한빈寒貧한 사람이로다. 청정한 본해탈이여, 아인我人 등 사상四相이 본래 없는데 스스로 사상四相을 가짐으로서 고하로 집착하는 마음이 생김이라. 고하의 마음이 생기면 도와는 멀어지고 무명삼독에 가까워지도다. 사상四相을 단숨에 부셔버리니 그 친하던 삼독(탐진치)이 외려 소원해지도다. 도리어 소원함이여, 그래도 여전히 그것이 청정 본 해탈이로다.

본문 ｜ 왜냐면 수보리야, 모든 보살이 자기가 한 재시財施와 법시法施에 대한 보답을 원치 않는 까닭이니라.

설의 ｜ 법이 무아임을 알아 인忍을 성취함이 어떻게 재시의 복덕보다 더 수승하리요? 보시는 상相에 집착해 복덕을 구경목적으로 삼지만 보살은 그러하지 않아 법성法性이 공함을 통달하여 그 보시의 복덕을 또한 받지 않나니 그래서 보다 더 수승하다고 여기느니라.

본문 | 수보리가 부처님에게 아뢰었다. 세존이시여, 보살이 무엇 때문에 행업의 과보인 복덕을 받지 않나이까? 수보리야, 보살은 지은 복덕에 대해 당연히 집착하지 않도다. 그래서 복덕을 받지 않는다고 하니라.

설의 | 복덕이 처음부터 무성無性인줄 분명히 알면 그 가운데 물들고 집착하는 마음이 생기지 않나니 탐하고 구함이 다 없어지면 철두철미하게 공空하게 되느니라. 하루에 만금이 들어와도 시종 무심하도다.

육조 | 보살이 지은 복덕은 자기를 위함이 아니라 일체중생을 이익되게 함에 뜻이 있어 복덕을 받지 않는다고 하니라.

부대사 | 보시의 유위상有爲相이여, 삼생三生(과거, 현재, 미래)을 결국 삼켜 버렸도다. (끝없는 탐욕심 행사) 칠보로서 다분히 지혜행을 행한들 어찌 육근을 버릴 줄 알랴? 오로지 모든 욕구를 버리고 곧장 애정에 의한 은혜도 버릴지니 탐상貪相이 없으면 당연히 법왕의 문에 도달하리라.

야부 | 치마에 허리부분이 없고 바지는 가랑이가 없도다.

설의 | 치마와 바지가 있긴 하나 없는 거와 매일반이로다. 경

329

에서 이르도다. 복을 받지 않는다는 뜻이 정작 이와 같도다.

야부 | 유수流水같고 부운浮雲 같으며 일장춘몽 같은 신세여, 이외에 다시 무엇과 친할지 모르도다. 이 가운데엔 다른 어떤 것도 용납하지 않나니 황매산으로 가는 사람(修禪人)에게만 부탁하노라.

설의 | 단지 이 일장춘몽 같은 몸이 물같이 무정하고 가는 곳마다 자재로우며 구름같이 무심하여 임운자재任運自在하도다.

이와는 달리 가까이 할게 없으니 무슨 물건이 이 가운데로 돌아오리오. 활달하여 구박할 사람이 없는데 다시 해탈을 구해 무엇하랴! 도신사道信師가 일찍이 이런 소식을 가지고 오조伍祖 홍인대사에게 분부하셨도다.

종경 | 구함이 있으면 고통이 따르기 마련 팔풍오욕이 마구 지지고 볶음이라. 집착도 없애고 탐욕도 없앰이여, 삼명육통三明六通으로 자유자재하도다. 바로 이같이 해나가면 물가와 숲 속의 섬에 싸늘한 하늘의 달빛이고 청아한 바람결이로다. 그렇지 않으면 끊어진 다리에 막다른 길이라. 달리 소식을 전해야 하리니 바로 이 소식을 자세히 알겠는가? 노승이 원숭이 우는 곳을 웃으며 가리키니 더욱이 신령스러운 기운이 그 위에 있도다.

설의 | 유심하면 다 고苦이고, 무심하면 낙樂이로다. 일단 그

낙을 맛보게 되면 소식(의미)이 분명해지니, 낙조차 없어지면 달리 소식을 통해야하리. 어떤 것이 달리 통하는 소식인고? 길을 가다가 길이 막히면 가던 몸을 되돌리는 것이 좋으니 시방이 길로 통하지 않는 곳이 없나니, 통하는 길이여, 기러기는 먼 창공에 대오를 지어 나르고 원숭이는 나무에 매달려 있도다.

종경 │ 두어 줄의 범자梵字는 구름 속의 기러기 같고 무생無生의 일곡은 계곡거문고가 울리는 음율이로다. 공덕이 항하사보다 더 뛰어난대도 전연 쓰지 않나니 청풍명월이 바로 상음賞音이로다.

설의 │ 구름 속의 기러기는 두어 줄의 범자를 쓰고 계곡거문고는 무생일곡을 탄彈하는 구나. 이 가운데서도 가히 그럴듯한 덕인德人(고마운 사람, 賞音)이 없으니 자연히 청풍명월이 바로 지음知音(알아 봐주는 이)이 되도다.

위의적정분 — 제29

본문

수보리야, 어떤 사람이 여래가 혹 온다거나 간다거나 앉는다거나 눕는다고 하면 그 사람은 내가 한 말의 의미를 이해하지 못한 셈이니라. 왜냐하면 여래란 어디에서 오는 것도 아니고 어디로 가는 것도 아니니라. 그래서 여래라 하느니라.

설의 │ 앞에서 신상身相으로 여래를 볼 수 없고 32상으로서도 볼 수 없으며 구족색신으로도 응당 보지 못하고 32상으로도 여래를 관하지 못한다고 하셨도다. 여기에서 모든 부처는 상相이 아님을 말함이요, 다음은 여래께서 상相을 구족하지 않아서 아뇩다라삼먁삼보리를 얻었다고 그렇게 생각하지 말라. 하셨도다. 이는 부처가 상相이 없음도 아님을 밝혔도다. 여기에서 부처는 어디에서 온 바도 없고 어디로 가는 바도 없다고 하시니 이는 부처는 거래去來가 없음을 말씀하셨도다. 그렇다면 참된 법성신法性身은 상相도 아니고 상相아님도 아니니 성性과 상相이 서로 융화하여 감도 없고 옴도 없음이라. 동정動靜이 한결같도다.

육조 | 여래란 옴도 아니고 오지 않음도 아니며, 감도 아니고 가지 않음도 아니니라. 앉음도 아니고, 앉지 않음도 아니며, 눕는 것도 아니고, 눕지 않음도 아니니 행주좌와行住坐臥의 일상동정 중에 늘 텅 빈 채 고요함이 바로 여래로다.

부대사 | 여래는 어디에서 오며 몇 겁을 닦은 공덕인고? 사상四相의 견해를 버리면 비로소 진종眞宗을 통달하게 되도다. 상相을 봐도 상相을 구하지 않고 신身이 공空하고 법法 또한 공하니 처음부터 집착할 바가 없도다. 오고감에 다 통하도다.

야부 | 절에 들 때 합장하고 대웅전 안에서 향을 사루도다.
※茶飯事가 佛事貌

설의 | 거래가 없다하나 절간에나 대웅전 내에서의 행실이 침착하며 합장하고 봉주奉炷(향 사름)중에 그것이 뚜렷이 나타나도다.

야부 | 납자가 가을 구름 둘둘말려 가듯 가서 또 오니(운수납자의 행각). 몇 번이나 남악산과 천태산을 오고 갔던가? 한산과 습득이 서로 만나 웃으니 잠시 말해보시오. 무엇을 보고 웃었는가? 같이 가

되 걸음하나 떼지 못함을 웃어보이도다.

설의 | 정처 없이 떠도는 한 무리 납승들이 오고 감에는 구름같이 무심함이라. 대천세계를 발바닥에 맡기고 천태산 남악산을 몇 번이나 들렸던고? 한산과 습득을 우연히 만나 함께 가서도 발걸음 한 번 떼놓지 않았음을 웃어보이도다. 어떤 것이 함께 가도 발걸음 하나 떼놓지 않은 건가? 한산은 마땅히 가야하고(精進) 습득은 당연히 와야 하거늘(敎化) 한산과 습득이 와서는 갈 줄 모르고 습득과 한산은 가고서는 올 줄을 모르도다. 서로 간 연고정실緣故情實에 매달려 자유롭지 못하도다. 웃음을 산 것이 여기에 있도다. 이 납승은 저들과는 달라서 오고 감에 자연히 무심하도다.

종경 | 앉고 눕고 거님에 본래부터 거래去來가 없고 위엄 있는 모습으로 마음이 움직이지 않아 조용하되 조용함도 아니고 움직이는 것도 아니도다. 여래께서 하신 말씀의 의미를 알고 싶은가? 인연에 따르고(객관적 상황) 느낌에 따라 나아가(주관적 상황) 두루하지 않음이 없으면서도 늘 이 보리좌에 계시도다. 우뚝 치솟아 움직이지 않는 법 중에 왕이여, 어찌 원숭이가 육창六窓(六根)으로 마구 뛰어드는가? 진공眞空에는 아무런 모습이 없음을 두고 웃으며 가리키나니 구름조차 달을 밀어 천강에 떨어 뜨리로다(千江有水千江月).

설의 | 우뚝 솟아 움직이지 않은 세존이시여, 이름하여 법 중

에 왕이로소이다. 오래된 당전堂殿에서 조용히 늘 법광을 놓으니 육근이 허정虛靜하여 시끄럽지 않도다. 진정계眞淨界(法界)에만 머물지 않고 자비심을 내어 지혜를 써서 초심 수행자를 위하도다. 초보단계 수행자를 위함이여, 푸른 버드나무 향기로운 풀밭 언덕마다 세존이 머물지 않는 곳이 없도다.

일합이상분 — 제30

(理와 相이 하나로 됨)

본문

수보리야, 선남녀인이 삼천대계를 부수어 먼지로 만든다면 어떻게 생각하느냐? 아주 많겠는가? 세존이시여, 대단히 많겠사옵니다. 왜냐하면 미진들이 실로 있다면 세존께서 바로 미진들이라고 말씀하지 않았을 것이외다(미진성이 없기에). 그 이유인즉 세존께서 말씀하신 미진들이란 실로 미진들이 아니라 미진들이라고 방편 상 이름하여 지칭할 뿐이외다.

설의 | 앞에서 여래의 몸이 참되거나 거짓도 아니며 또한 거래去來도 아니라고 하시고 여기선 미진이 아니며 세계世界가 세계가 아님을 말씀하사 법상法相이 법상이 아님을 밝히신 이유는 무엇인가? 앞에선 바로 부처의 진체眞體를 나타내심이라. 깨침도 이것이고, 증득함도 이것이로다. 이것이 바로 법의 진체라고 하신 말씀을 거두어들이고 행한 행적을 지워버려 진원眞源으로 돌아감을 보이시도다. 불신

佛身은 본래 무위無爲지만 계기契機에 따라 진眞으로서 거래에 응하도다. 법성은 본래 무생이다. 상대의 근기에 따라 권權과 실實, 돈頓과 점漸이 있도다. 그래서 일신에서 삼신을 나투고 삼신에서 미진수 만한 몸을 나투시며 일법에서 삼승을 말씀하시고 삼승에서 미진수 만한 법을 연설하시도다. 여실히 관하건대 불은 진신眞身, 응신應身 및 거래에 변화가 없도다. 법에는 권權과 실實과 돈점頓漸의 다름이 없는데 뜻을 알지 못하는 자는 불신佛身이 실로 이 같은 차별이 있고 법문에 실로 이 같은 도리와 이치가 있는 것으로 여기도다. 마치 깨끗한 보주가 보는 이의 방향에 따라 각각 오색의 하나로 비치지만 우치한 자들은 마니주에 오색이 들어있는 줄로 여기느니라. 고로 부처님을 두고 말하길, 부처를 색으로 구하거나 소리로 구한다면 이는 사도邪道를 행하는 격이며, 나아가 부처가 온다거나 간다고 하면 이는 부처님의 말뜻을 이해하지 못한 소치이로다. 이는 부처의 진체眞體를 나타냄이로다. 설법 중에 말씀하셨다. 세존이 사견四見(무상, 고, 무아, 부정을 상락 아정으로 誤見)을 말씀하셨다하면 이는 부처의 뜻을 곡해한 것이며 나아가 법상法相이란 바로 법상이 아니란 말은 법의 진체를 나타냄이라. 일찍이 부처님이 쭉 설해오신 말씀의 뜻을 관해보건대 불신은 무위라. 이변二邊에 붙어 있으면서도 이변을 떠남이로다. 법성은 무생이라. 바로 법수法數(곧 佛法)이면서도 법수를 초월했도다. 지금의 이 두가지 뜻은 지금껏 그렇게 말해왔도다. 말하자면 신상身相으로 여래를 볼 수 없고 32상으로서도 여래를 볼 수 없으며 응당 구족된 색신으로도 볼 수 없다함이로다. 이런 말들은 모두 부처의 진체를 나타냄이로다. 이를테면 여래께서 설하신 일정한 법이 없다거나 여래께선 설법하신 바가 없다거나 여래께서 마땅히 설법할 것이 있다고 여기지 말라는 등이니라. 이러한 말씀 등은 죄다 법의 진체를 나타냄이로다. 세존이 이런 말씀을 하신 이유는 모든 중생의 사견邪見을 멀리 제거하여 부처의 지견을 활짝 열어보이고자 함이라. 아래의 글은 소위 이와 같이 알고, 보고, 믿고, 이해해야 한다는 것이 이를 두고 한 말이로다. 세계를 부수어 미진만큼 만든다는 것은 무슨 뜻인가? 대천계가 다 같이 하나의 땅덩어리인데도 삼천에 각기 다른 이름이 있나니 일심으로 비유하면 펼치면 삼지三智(도종지, 일체지, 일체종지)가 되고 일경一境으로 비유하면 열어서 삼제三諦가 되며 일념一念으로 하면 삼혹三惑(見思惑, 塵沙惑, 無明惑)으로 되고, 일법一法으로 비유하면 삼승三乘이 되도다. 체는 하나지만 펼치면 세 가지 이름이 있도다. 다시 삼천으로 쪼개어 미진수와 같이 만든다는 것은 삼지三智로 비유하면 그것을 펼쳐서 가없는 관지觀智(법, 사리를 꿰뚫어 볼 수 있는 지혜)가 되고 삼제三諦(空諦, 假諦, 中諦)를 열어 한없는 진리의 경계가 되고 삼혹을 펼치면 한없는 번뇌가 되며 삼승三乘을 열어 다함이 없는 경經으로 삼았음이라. 본시 삼이었으나 열어서 무량하게 되었느니라.

세존이 진계塵界를 들어 공생에 물으신 것은 제법엔 체성體性이 없음을 밝히고자 함이라. 정말 실제로 있지 않다고 답하셨나니, 누렇게 물든 낙엽이 결국 금화가 아닌 거와 같도다.

육조 | 부처님이 설하신 삼천대천계는 중생 하나하나의 성상

性上에 미진수 만한 망념이 삼천계에 있는 미진수와 같음을 비유하심이요, 모든 중생의 성품에 있는 망념의 미진이 미진이 아니라함은 경을 듣고 도를 깨쳐 각覺의 지혜로 늘 비추어 보리로 향해 달려 나감에 한 순간도 망념에 머물지 않아 늘 청정한 가운데 있음이라. 이와 같이 청정해진 미진을 다시 말해 미진이 아니라고 했느니라.

야부 | 물에 뛰어들지 않는 사람이 어찌 수영 잘하는 사람을 알아보겠는가?

설의 | 황엽黃葉은 돈이 아니란 말. 옳긴 진실로 옳으나 진리를 말로 나타내지 못하는 건 아니라. 말이 곧 진리이니 어떻게 문자를 죄다 쓸어버리고 달리 말없이 뜻을 구하리오. 바다같은 교教속에서 대해탈을 얻고 지해知解에서 대법당大法幢을 세워야 이에 넓은 마음의 그 국량局量을 헤아릴 수 없는 대인이라 할 만도도. 또한 지금에 여래께서 진계塵界를 바로 취하셔서 납승들이 번뇌를 끊어 열반에 들기 어려움을 밝히셨도다. 그렇다면 미진이라 함은 번뇌의 작용이 치열하게 다투어 일어남을 이름 하도다. 번뇌해 중에서 마음대로 적응하며 자유자재하게 되면 마음이 넓고 국량이 헤아릴 수 없이 큰 사람이라 하도다. 반드시 알지어다. 날씨가 추워봐야 억센 풀을 알아보고 불火 속에서 단련해야 정금精金이 되도다.

야부 | 한 티끌이 일어나자마자 그게 은밀히 허공을 갈고 삼

천계를 부수어 가루로 만드니 그 수를 다 헤아릴 수 없도다. 이 못난 노인은 어떻게 할 수 없어 비오면 오는 대로 바람 불면 부는 대로 내 맡기리라.

설의 | 법수法水가 영각靈覺(신령스러운 본성)에 있어서는 미진이 허공에 떠 있는 것과 같아 그 미진을 다 헤아릴 수 없느니라. 납승들은 본래 한 글자도 없음을 스스로 알아 명수名數가 어지럽게 설치게 내맡겨두도다. 또한 거기엔 본래 한 물건도 없으니 밝고 맑기는 맑은 하늘에 구름 한 점 없는 것과 같도다. 한 생각 한 생각이 일어나자마자 마음이 어두워져 모든 망상이 다투어 일어나 그 양이 가없도다. 납승은 망념이 본래 없음을 스스로 알아 무심으로 맘대로 요동치는 마음을 없애버리도다. 이 납승이 망상을 끊지 못한다고 웃지 말라. 불 속에서 피어난 연꽃은 끝내 시들지 않도다.

본문 | 세존 하, 여래께서 설하신 삼천대천계는 바로 삼천계가 아니옵고 이름하여 삼천계라고 하도다. 왜냐면 세계가 실제 있다면 바로 일합상一合相(곧 一實相)일러니 여래께서 설하신 일합상은 바로 일합상이 아니라 이름하여 일합상이라고 지칭하외다.

수보리야, 일합상(불성, 여여, 그 자리)이란 바로 말로 표현할 수 없는데도 다만 범부 중생들이 그것을 억착臆着하고 있도다.

설의 | 미진이 이미 있지 않다면 삼천도 또한 있지 않나니 삼

천이 있지 않은데 삼천이란 이름이 있는 것은 오로지 그 이름을 잠시 빌려 그런 경계를 가정해서 말했을 뿐이로다. 가령 삼천이 실다우면 어찌 삼천에 또 다른 상相이 있으리오. 다른 상相이 있다면 일지一地(하나의 땅 덩어리, 불성을 비유)는 실이고 삼천은 임시방편이라. 일지는 실인 고로 일합상이 되고 삼천은 허망한 고로 일합상이 아니도다. 연然이나 삼천이 실이라면 바로 일합상이지 다른 상相이 아니라 다른 상이라면 일합상이 아니도다.

그래서 삼천이 실로 있지 않고 삼천이 없다면 일지 역시 있지 않도다. 어째서 그러한고? 삼천이 일지에서 벗어나지 않고 일지 역시 삼천에서 벗어나지 않으니 이것이 바로 참된 일합상이로다(一地則三千, 三千則一地). 언어의 상이 다 없어져 고요함이거늘 오로지 범부들만이 그 이유를 알지 못해 삼천이란 말을 하고 삼천이란 명칭을 취하도다. 일지라고 말하면서 일지란 알음알이를 내도다. 명수名數(法數)가 이미 없다면 삼승도 실로 있지 않음이라. 삼승이 실답지 않은데 삼승이란 이름이 있는 것은 다만 그 이름을 가설하여 근본도리에 가까이 가기 위함이로다. 만약 그것(삼승)이 실다우면 어찌 삼승에 다른 것이 있으리오. 다른 상相이 있다면 일승一乘은 실實이요, 삼승三乘은 권權이라. 일승은 실인 고로 일합상이 되고, 삼승은 권權인 고로 일합상이 아니도다. 인연이나 삼승이 실이라면 바로 일합상이지 다른 상相이 아니도다. 다만 다른 상이 있다면 일합상이 아니도다. 그래서 삼승은 실로 있지 않으니 삼승이 이미 있지 않으면 일승도 또한 있지 않도다. 왜 그런가하면 삼승이 일승을 벗어나지 않고 일승도 또한 삼승을 벗어나지 않기에 이는 참된 일합상이로다. 언사의 상相이 사라져 적멸한 가운데 오로지 하열 범부중생들만이 그 까닭을 알지 못하여 삼승을 말하면서 삼승이란 명목을 취하고 일승이라고 말하면서 일승이란 알음알이를 내도다. 말하자면 그런 것이 잘못 인식한 것이로다. 어떻게 방편인 줄 알리오. 한 것이 이것이로다. 하지만 일합상을 또한 어떻게 말하리오. 사제四諦, 십상이연, 육바라밀과 일승이 한데 뒤섞여 한 맛이 되어 분간하기 어렵도다. 일합상 아님은 또 어떻게 말할 수 있을까? 하나의 강물은 나누지 못하나, 코끼리, 말, 토끼가 다름은 어찌하랴. 모습을 달리하는데 따라(일승이다 삼승이다) 어느 한 가지에도 응당 집착하지 말아야 하느니라. 일합상도 억수臆守하지 말지어다.※一合相: 관련된 緣들과 관련法이 合해서 一相을 형성함 貌

육조 | 삼천이란 이치에 따라 말하면 바로 탐진치의 망념을 각각 일천 개나 가지고 있음을 뜻하나니 이 마음이 선악의 근본이라. 능히 범凡도 성聖도 될 수 있나니 그 동정(동태)은 헤아릴 수 없고 한없이 넓고 커서 대천세계라 하도다. 마음이 밝아지면 자비롭고 지혜로워 지나니 이 두 면을 통하여 보리를 얻게 되도다. 일합상(실상)이라 한 것은 마음속에 얻음이 있으면 바로 일합상이 아니고 마음에 얻음이 없으면 일합상이라 하도다. 그래서 일합상이란 임시로 붙인 이름을 없애지 않고 바로 실상이라 말함이라. 비지이법悲智二法을 통하여 불과인 보리를 성취하게 됨이라. 말로써 다 할 수 없으며 미묘한 건 이루 다 말할 수 없도다. 범부들은 문자를 사용하는 일에 몰입한

나머지 비悲, 지智의 두 법을 실행하지 않고 무상의 보리를 구하나니 어떻게 깨칠 수 있으리오?

부대사 | 계界와 진塵이 어떻게 다르며(알고 보면 다 같은 것) 보신과 응신도 또한 그와 같도다. 인因도 아니고 과果도 아니니 무엇이 먼저이고, 무엇이 뒤인가? 일마다 다 일합으로 통하니 이치의 관점에선 이 둘을 다 버려야하나 무생無生의 도리를 통달하고자 하면 당연히 본원을 알아야 하리.

야부 | 꽉 거머쥐었다 놓아줌이여, 병졸들은 손 지시에 따라 움직이도다.

설의 | 어떤 때엔 열어서 삼三이라고 하고 어떤 때엔 하나로 합치니 합일合一이 바로 삼이고, 개삼開三이 바로 일 이로다. 삼과 일이 서로 여의고 삼과 일이 합하니 삼이 아니로되 삼이고, 일이 아니로되 일이로다. 삼과 일이 다 틀리고 삼과 일이 다 맞도다. 이렇다면 죽이고 살림을 뜻대로 행함이요, 잡아들임과 놓아줌이 자유롭도다.

야부 | 뒤섞여 하나된 것이 두 조각이 되고 산산조각 난 것이 도리어 한 덩어리가 되도다. 자근자근 씹어도 물어 끊어 놓지 말아야 비로소 온전한 맛을 보게 되리라.

설의 | (咬破는 他本엔 坌碎 공연히 부수다)로 쓰여 있음.

다름이 아니라고 말하고자하나 다르니 어찌하며 일이 아니라고 말하고 싶으나 일인걸 어찌하랴. 삼과 일을 버리고자 하나 여전히 삼과 일이라. 비로소 본래 원만히 이루어져 있음을 알도다. 또한 어떤 책엔 자근자근 씹어서 공연히 부수어 놓지 말라 하니 도리의 극치는 아주 세밀하게 마음을 써야만하지 대수롭지 않게 생각해 버려서는 안 된다는 뜻이니라. 옛 사람이 말했도다. 맛을 아는 사람은 잘근잘근 씹어서 삼키고 모르는 사람은 온통 대추를 씹지 않고 통째로 삼킴과 같다고. 마지막 원만히 성취된 곳(一合相, 실상)은 빠짐없이 용의주도하게 살펴봐야 비로소 알게 되리라.

종경 | 세계를 부수어 미진을 만듦이여, 여래의 비유가 미묘하여 깊고도 종요롭도다. 방편을 내세워 실상을 말씀하심이여, 범부는 생각에 탐구심貪求心을 버릴지어다. 그와 같이 하면 본원으로 되돌아가 진진塵을 등지고 각覺에 합할 것이고 그렇게 하지 못하면 지혜를 제불과 같이하여 자비심으로 중생의 근기에 맞추어야 하거니와 필경 그렇지 못하면 거령巨靈(힘의 신)이 예사롭게 손을 들어 올려 천만 겹의 화산華山을 깨뜨려 놓으리라.(말이 안통하면 방편상 특단의 방편 강구. 見 사천왕상)

설의 | 세계를 부수어 티끌로 만듦이여, 비유하심이 미묘하고 뜻한 바가 깊도다. 방편따라 실實을 나타냄이여, 추구하는 바를 모

두 없애도다. 실상實相을 드러내면 지혜의 경계가 다 나타남이요, 추구하는 바를 끊으면 진로塵勞(번뇌)가 갑자기 멈추게 되니 진로를 그치게 되면 지혜의 해가 높이 떠올라 어두운 거리가 환히 밝아져 위로는 제불과 같아지도다. 번뇌에 사로잡혀 있으면 자비의 구름이 널리 퍼져 감로가 넓게 촉촉이 내려 아래로는 중생들을 알맞게 어루만질 것이지만 진로를 쉬려하지 않고 따르지도 않기에(어정쩡한 신심상태엔 결정적인 방편사용) 거령이 손을 쳐듦에 그 위엄이 땅을 흔들어 놓을 정도라. 만 겹의 산을 일찍이 한 손으로 내리쳐 갈라놓도다.

종경 │ 일단의 생활이 형편없다(괴롭)해도 생을 포기할 수 없나니(본문의 六을 本으로 봐야한다고 하나 六의 속어 풀이로 형편없다. 돼먹지 않다를 이해 못한 탓) 이런 상태 하에서는 이전의 모든 법은 다 필요 없도다. 달리 살짝 가벼이 삼천계를 쪼개어 버리니 곧장 항하의 물이 역류하도다.※극한 상황 하에서는 극단적 방법으로 상황전환요구 貌

설의 │ 한 법이 본래 있으니 없앨 수 없고 만법에 뿌리가 없나니 모두가 진실이 아니도다. 법법이 모여서 본원으로 돌아가나니 요는 사람들로 하여금 풍파(塵勞)에 따르지 않게 하도다.

지견불생분 — 제31

본문

수보리야, 어떤 사람이 부처님이 사견四見(아견, 인견, 중생견, 수자견)을 설한다고 하면 어떻게 생각하느냐? 그 사람이 내가 설하는 법문의 뜻을 이해한다고 보느냐?

아니옵니다. 세존 하. 그 사람은 여래께서 설하시는 법문의 뜻을 이해하지 못하고 있습니다. 왜냐하면 세존께서 설하신 사견은 바로 사견이 아니오라 사견이라고 방편삼아 이름하고 있을 뿐이외다.

육조 | 여래께서 이 경을 설하시어 일체중생으로 하여금 반야지를 스스로 깨닫게 하고 스스로 보살과를 닦아 증득케 하시도다. 하지만 범부중생은 부처님의 의중의 뜻을 이해하지 못하고 곧장 여래께서 아인我人 등의 견見을 설하셨다하니 여래께서 설하신 아주 깊은 무상無相, 무위無爲의 '반야바라밀'의 법을 알지 못함이로다. 여래께서 설하신 아인 我人 등의 견해는 범부가 생각하는 아인 등의 견해

와 같지 않도다. 여래께서 설하신 일체중생은 모두 불성이 있어 참된 아견이고 일체중생이 무루無漏한 지성智性을 본래 자연히 구족함을 참된 인견이라고 설하시고 일체중생이 본래 번뇌가 없음을 참된 중생견이라고 설하시며, 일체중생성이 본래 스스로 불생불멸함을 참된 수자견이라 하시도다.

본문 | 수보리야, 아뇩보리심을 발한자라면 일체법에 대해 위와 같이 알고 보며 믿고 이해하여 법상法相을 내지 말아야 하느니라. 수보리야, 앞에서 말한 법상이란 것은 여래께서 바로 법상이 아니라 그저 법상이라고 형언할 뿐이로다.

설의 | 법상法相이 바로 법상이 아님을 나타내어 위의 진계塵界가 진계가 아님을 비유로 하신 말씀이니 하신 말씀이 무량한데 그 중에서 특별이 사견四見(四相)을 들어 말한 것은 이것이 삼승三乘이 끊어야할 거칠고 세밀한 미혹惑의 총칭이며 팔만사천 제망염諸妄染의 근간이라. 그래서 지금까지 빈번히 설하셨고 여기에서 특별히 들어 물었을 뿐이로다. 무릇 능치能治와 소치所治에 걸친 일체법이 모두가 실지로 있지 않음을 다 밝혔도다. 세존께서 사견이 바로 사견이 아니라고 설하셨도다. 이로서 례例한다면 여래께서 사성제가 바로 사성제가 아님이요, 십팔 불공법이 십팔 불공법이 아니며, 나아가 팔만사천다라니문(法藏)이 팔만사천다라니문이 아니라고 하시도다. 그렇다면 처음에 사제四諦로 제도함을 시작하여 지금에 이르러 반야경을 포

함하여 모든 법이 눈에 띄는 글자라곤 한 글자도 없으며 마음속에 기억하고 있는 말은 한 마디도 없도다. 말하자면 일상일미一相一味가 결국엔 다 열반이라. 늘 적멸한 상이 여기에서 나타나도다. 여기에 이르러 세존의 지견을 깨칠 수 있고 세존의 지견知見으로 들어갈 수 있도다. 이런 경지에서 진정한 신심을 낼 수 있으며 불리佛理를 진정코 묘하게 터득할 수 있나니 어찌 언교에 막히면서 그것이 전부인줄 여겨 명수(곧 法數)에 떨어지리오. 그래서 말하도다. 보리심을 낸 자는 일체 법에 대하여 응당 위와 같이 보고 알 것이며, 믿고 이해해서 법상을 내지마라 하시고 나아가 법상法相이란 법상이 아니라 법상이라 표현할 뿐이라고 하셨도다. 일체법一切法이란 이 삼자는 모두 대, 소승법에 해당됨이요, 비법상非法相이란 세 글자는 이미 설하신 모든 법이 모두 진상묘공實相妙空으로 귀착됨을 다 밝히시도다. 어떤 것이 모두 실상의 묘공으로 귀착함인고? 천겁 만겁 더하거나 수백바퀴 돌아도 서로 간 뒤섞이지 않나니 여러분들은 고요한 곳에서 소원성취 할 지어다.

육조 │ 보리심을 낸 자나 일체중생은 다 불성을 가지고 있는 것으로 응당 여겨야하며, 무루종지無漏種智를 본래 스스로 구족함을 알아야하고, 자성은 본래 생멸이 없다는 것을 믿어야 하도다. 일체 지혜방편을 써서 사물에 접하거나 중생을 이롭게 함에 능소심 能所心을 일으켜서는 안 되느니라.

입으로는 무상법無上法을 설하면서 마음속으론 능소가 있다면 법상法相(諸法의 본질적인 相)이 아니고 입으로 무상법을 설하면서 마음으로도 무상행을 행하여 능소가 없다면 이를 일러 진정한 법상이라 하도다.

부대사 | 진여리眞如理에 도달한 것이 아니라면 우선 나를 버리고 무위無爲에 들어가야 하나니 중생상과 수자상(곧 四相)을, 깨치고 보면 모두가 다 아니도다. 보리도를 깨치고 나면 피안도 또한 여의게 되니 법상과 비법도 온전히 이 같이 알아야 하도다.

야부 | 밥이 오면 입을 열고, 잠이 오면 눈을 감도다.

설의 | 황면노자(佛)가 적멸장에서 생사해에 들어와서 대교大敎의 그물을 펼쳐 인천의 대어를 잡아 올리고자 하나 그 그물에 걸려드는 중생이 하나도 없음이라. 어떻게 그런고? 사람마다 제각기 다리가 있어 걷고 싶으면 걷고, 머물고 싶으면 머물러 다른 사람을 필요로 하지 않도다. 개개인이 손이 있어 잡고 싶으면 잡고, 놓고 싶으면 놓아 다른 이의 힘을 빌리지 않도다. 나아가 밥이 오면 입을 열고, 잠이 오면 눈을 감으니, 일체가 다 자유라 타의 힘을 빌리지 않도다. 기왕에 그러하다면 어떻게 세존에 의해 제도 받을 중생이 있으리오. 그러하다면 부처님이 사십구 년간 그렇게 중생을 제도하셔도 마침내 얻을 것이 하나도 없이 빈손으로 돌아가신 셈이로다.

야부 | 천척千尺이나 되는 낚시 줄을 바로 물에 드리우니 파도한번 일자마자 만파가 뒤따르도다. 밤 깊어 고요함에 물이 차가워 고기조차 물지 않으니 배 가득히 텅 빈 채 달빛만 싣고 돌아가도다.

설의 | 아름답고 큰 물고기는 정작 깊은 곳에 놀고 있으니 천척이나 되는 낚시 줄을 드리워야 하리. 불성도 오온해五蘊海 깊이 침잠沈潛되어 있으니 반드시 대비심大悲心이라서 밖으로 끌어낼 수 있도다.

대비문을 한 번 열면 무진한 법문이 이로부터 비롯되도다. 무명의 긴 밤이 고요하고 심수心水가 본래 청량하여 청정한 묘각성妙覺性은 대비의 교화를 받지 않도다. 중생이 이미 교화를 받지 않는다면 세존 역시 세상에 있을 필요가 없도다. 밑 없는 배에 대지大智의 달을 머물게 하지만 결국 청산(진여의 자리)으로 가려면 또 어디로 향해야 하리라. 그러하나 사람들이 잘못 알까봐 하노니 장시간에 걸쳐 공연히 낚시 줄을 드리우고 있다고 말하지 말라. 지금 낚시로 고기(보이지 않는 고기)를 가득 잡은 배가 돌아가도다.

종경 | 견문각지見聞覺知에 집착하면 여래의 진의眞義를 알지 못하고 사상四相이 없음을 깨달으면 지견에 견이 없어져(知는 依五管피 상적 알음알이. 見은 마음에 박힌 견해) 곧 열반이 되도다. 지금 법상이 생기지 않는 때를 바로 알겠는가? 대천大千의 사계沙界가 바다 속의 한 거품이요, 일체 성현聖賢이란 한번 번쩍 번개 치는 것과 같도다.

설의 │ 법을 가짐도 본래 미혹함이요, 공空을 깨침도 또한 참답지 않음이라. 마음을 깨쳐 그 마음조차 없는 곳이 열반을 증득한 때라. 이를테면 법상이 일어나지 않는 경지를 어떻게 말하리오. 목전엔 가는 티끌 하나 조차 없는데 누구를 성현이라고 부르리오.

종경 │ 법공法空도 내가 아니고 도道 또한 친하지 않도다. 나무가 넘어지고 등나무 말라 죽어도 웃음 더욱 새롭다(무소유, 자유자재에서 느끼는 환희심). 바람 불고 뭇새 울음소리 그치고 단풍잎마저 다하니 온 수풀 전체가 본래면목을 다 드러내도다.

설의 │ 공과 유를 이미 다 없애고 하나도 마음에 두지 않도다. 대천계가 자신이 되니 그래서 웃음 더욱 새로워지도다. 명민해서 뭇 방편술에 미혹되지 않으니 본지풍광本地風光(本來面目)이 어디서든 뚜렷이 드러나도다.

응화비진분 — 제32

(방편불은 眞佛이 아님)

본문

　수보리야, 어떤 사람이 무량 아승지 세계에 가득 찬 칠보를 가지고 보시하는 것과 어떤 선남선녀로서 보리심을 낸 자로 이 금강경과 나아가 사구게四句偈 정도라도 수지 독송하면서 남을 위해 연설한다면 그 과보는 앞의 재시財施보다 더 수승하리라. 어떻게 남들을 위해 연설한다고 하는가?

　야부 ｜ 연설하고자 함에 무슨 어려움이 있으리오. 지금 바로 선설하오니 자세히 듣고 또 들어보시오.

　설의 ｜ 단지 사구게 만을 연설하고자 함인데 무슨 어려움이 있으리오. 바로 지금 곧 설하노니 자세히 듣고 또 들어볼지어다.

　야부 ｜ 행주좌와行住坐臥와 시비심是非心과 인아人我 등 사상四

相과 갑자기 기뻐하고 화냄이 모두 이것에서 떠나지 않도다. 허나 이 것이라고만 하면 돌연 얼굴에다 침을 뱉으리. 평생에 품고 있는 마음 을 일시로 다 기울어 사구의 묘문妙門을 다 연설하리라.

설의 | 하루하루 행하는 행주좌와와 진희심瞋喜心과 시비심是 非心이 무엇에 의한 것인가? 요컨대 이 모두가 이것(佛性, 그 자리)에서 떠나지 안했도다. 다만 이것이란 늘 당당하게 눈앞에서 그 형태를 들 어내도다. 확실히 원만하게 이루어져 있어 비교할만한 게 없도다. 하 지만 이런 알음알이를 짓지 말지니 그렇게 되면 바로 눈(眼) 속의 티 끌이 되리라. 이런 알음알이를 짓지 말아야 비로소 여여에 계합되리 라. 비유하면 시원한 못에는 사면 어느 곳으로도 들어갈 수 있으나 거 센 화염(치성한 번뇌망상) 속으로는 사방 어느 곳으로도 들어갈 수 없 는 것과 같도다. 묘문妙門은 진실로 여기에 있도다. 지금 다 말해 버렸 도다.

본문 | 상相을 취하지 않아야 여여如如하여 움직이지 않느니 라.

설의 | 법계法界는 본래 말이 없어 인연을 따라 설하도다. 설 하는 법엔 자성自性이 없어도 끝내 법계를 떠나지 않도다. 법계본성 이 있는 것인가? 텅 비었는가? 공도 유도 아닌가? 공이 있다면 공이 아니고, 공한 유는 유가 아니니, 이미 공도 유도 아니라면 가운데 또

한 가운데가 아니도다. 법계체상法界体上에 삼상三相(有無中)이 원래 공적하니 어떻게 언설해야 법계와 상응할 수 있으리오? 이치로 설해서 사실에 나아가 공을 취하지 않고 사실을 설해 이치로 나아가 유를 취하지 않으며 중中을 설해 변을 따라 중을 취하지 않도다. 그래서 응당 법을 취하지 않는다고 하며 비법非法도 취하지 않는다고 하니라. 합하면 법과 비법 두 상이고, 열면 유무중有無中인 삼상이 되도다. 삼상을 떠나 실제에 안주하고 일여一如에 앉아 일찍이 동요한 적이 없었으니 이 경을 설하는 자 여기로 묘하게 나아가 내가 능히 중생을 제도한다고 중생이 제도 받는다고 여기지 않으며 법이 있어 능히 설하며 법사가 있어 능히 설한다고 보지 않느니라. 그래서 말하노라. 처음 녹야원으로부터 마지막 발제하에 이르기까지, 그 사이에 일찍이 일자도 설한 적이 없었노라. 그렇다면 안으론 자기를 끊어버리고 밖으론 교화할 대상이 없음이라. 종일 중생을 제도하되 일찍이 제도한 바 없도다. 혓바닥엔 뼈가 없고 말이 끝나자마자 흔적조차 없음이라. 종일토록 설해보이되 설해 보인 적이 없도다. 장교藏教가 하늘에 닿을 만큼 많고 설해 놓은 문자, 언어가 땅에 가득 찰 정도라도 빨간 화로 위의 한 점 눈송이와 같나니 이같이 이해하는 것이 진정한 이해며 이같이 설說하는 것이 참된 설이로다.

야부 │ ⦿

설의 │ 지금 이 상태(번뇌 망상)을 다 털어버려야 비로소 본체

(그 자리)로 나아갈 수 있나니 삼점의 水(氵변)가 도리어 속을 향해서 둥글고 원만하도다.(법수로 번뇌를 씻어내면 원만성 발현)

야부 │ ⊛ 원만한 이삼점伊三点(범어, 伊맇, 법신, 반야, 해탈 의미)

야부 │ 본문의 정종분(본론분) 마지막 구절인 불취어상 여여부동不取於相, 如如不動이란 지극한 이 한마디 말로 비로소 견고한 관문(迷, 悟 경계)에 이르게 되니 삼세제불이 서로 마주보게 되며 6대의 조사님들도 물러설 연분이 생기도다.(정진 일변도에서 무애자재함)

강과 냇가가 꽁꽁 얼어붙어 물샐 틈이 없고 무성한 가시나무들이 우거져 발을 디뎌 놓기가 어려운 지경이라.(말후일구의 경지) 이런 경지에 이르러 조금이라도 더 보탬이 있다면 눈에 가시 같고 조금이라도 덜어버리면 긁어서 부스럼 만드는 격이라. 이런 경지에서도 궁극적으로 생사의 난제를 쉽사리 끊지 못하니 이는 법을 아는 자가 두려워하기 때문이리라. 그렇다고 할지라도 불법이 오로지 이와 같다면 바로 모든 것이 자취도 없이 사라지리니 어찌 등등燈燈이 그 불꽃을 이어받는다고 하리요? 천상좌川上座(야부승)는 오늘 아무래도 맹호 입 속의 먹이를 빼앗아야 하며 영악한 용의 턱 밑 보주를 낚아채는 위험을 감행하여 선성先聖의 묘문을 활짝 열어 후학들이 나아갈 수 있도록 좁다란 외길 하나쯤은 마련해 두어도 또한 괜찮지 않겠는가? 말을 한다면 법체法體 전부를 들어냄이요, 침묵하면 홀로 진상眞常을 나타내며 움직인다면 한 마리의 학에 조각구름이요, 고요한 걸 말하자면 집 앞의 큰 산이 마주하고 있음이라. 발걸음 한 걸음 떼어놓음에 상왕象王이 되돌아보는 것 같고 한 걸음 물러남에 사자가 한 번 포효하는 것 같나니 법왕의 법령을 마땅히 거행함에 바로 능히 법에 대하여 자재롭도다. 단지 말후未后의 일구一句라면 또한 어떻게 말 하리요? 정말 상세히 알 수 있을까? 구름은 영마루에 걸려 한가롭기 그지없고 물은 계곡을 흘러내리기에 바쁘기도 하여라.

설의 │ 최초의 부좌敷座는 장검을 빼들고 길을 가로 막아서서 천하를 호령하는 격이고 말후未后의 부동不動은 도깨비를 다 잘라버리고 장검을 잡고 제자리로 돌아감이니 이 한 자루의 예리한 칼의 체는 티끌하나 붙은데 없고 그 빛은 허공에 번쩍번쩍 빛나도다. 그것을 지켜보는 자는 혼비백산하고 가까이 있는 자는 몸이 두 동강이 날 정도니 바로 삼세제불도 볼 수 없고 역대 조사도 가까이 갈 수 없도다. 그렇다면 깊고도 깊어 바람조차 안통하고 위의가 늠름해서 바라보기도 두렵도다. 한편 일년 내내 세월에 관계없이 위협스럽고 험상궂기도해 범성凡性에 통하지 않고 거래去來를 끊었도다. 이런 경지에 이르러서는 입을 열어 말을 해도 착錯 이요, 입을 닫고 말 안해도 착이로다. 동動과 정靜이 다 틀렸고 진進과 퇴退도 다 안 맞도다. 이는 억지로 말함이 아니도다. 법답게 자연히 그러하도다. 그렇다고 하나 한결같이 거둬들이기만 하고 내놓질 않고 합하기만 하고 열지 않으면 드디어 후대 아손으로 하여금 발을 들여 놓을 수 없게 되어 곧장 불법이 흔적도 없이 사라지리라. 어찌 자자손손子子孫孫이 이어 받으리오. 그래서 오늘 험악한 가시밭길 속에 한 가닥 좁은 길을 열어 바람조차 통하지 않는 곳에 달리 소식을 전하도다. 그렇게 하는 까닭은 불법을 펴지 않는 가운데 펴 봐도 무방하며 풍류가 없는 곳에 풍류가 있은들 어떠랴? 어묵동정語黙動靜간에 본디 다 이뤄져 있음이요, 일체법을 다 소탕시킴도 또한 나에게 있고 일체법을 건립하는 것도 또한 내 손에 달렸으니 흡사히도 왕이 손에 대검을 잡고 있는 격이고, 호랑이가 뿔을 갖춘 것과 같도다. 기분이 동할 때 더욱더 앙양昻揚할지고 마음이 느긋하면 더욱더 느긋할 지어다. 오로지 말후 일구라면 또한 어떻게 말하리오. 이미 잘 알고 있는가? 구름이 잔뜩 끼어 산정은 보이지 않아 그걸 바라보는 사람으로 하여금 모두 우수憂愁에 잠기게 하도다. 계곡물 차갑고 바쁘게 흘러가니 행인이 여기에 이르러 정신이 상쾌해지도다. 이곳의 의미를 알고자 하는가? 두 개가 다 어둡고 또한 두 개가 다 밝도다.

야부 ｜ 유유자적悠悠自適할 만한 곳이라면 더욱 유유자적할지니 구름은 스스로 높이 날아가고 물은 스스로 흐르도다. 거센 바람이 큰 풍랑을 일으킨다 해도 아직껏 낚시 배가 침몰되었단 소문은 듣지 못했도다. ※정진하다 죽었다는 소릴 못 들었다.

설의 ｜ 자유로운데다 한층 더 자유로우니 한가함과 바쁨이 동시로다. 바람이 일으키는 흰 풍랑은 늘 있는 일이라. 고기 잡는 배가 여태까지 침몰되는 것을 못 봤네.

육조 │ 칠보의 재시복財施福이 비록 많으나 어떤 사람이 보살심을 내어 이 경의 사구게 정도라도 수지하여 남을 위해 말해준다면 그 과복은 앞의 재시복보다 백천만 억 배나 더 수승하고 다른 비유로서도 말할 수 없나이다. 설법 시 아주 교묘한 방편으로 청자聽者의 근기를 잘 헤아려 제반 상황에 따라함으로 이를 남을 위해 연설한다고 함이로다. 법을 듣는 사람의 심상心狀이 한결같지 않아도 그에 따른 분별심을 짓지 않아야 하나니 단지 공적일여空寂一如한 마음을 견지하면 소득심도 없고 승부심도 없으며 희망심도 없고 생멸심도 없어지나니 이를 두고 여여부동如如不動이라고 하도다.

본문 │ 무슨 까닭인가? 일체 유위법은 몽夢, 환幻, 포泡, 영影과 같고 이슬과도 같고 번개와도 같나니 당연히 이와 같이 관할지어다.

설의 │ 이 경을 선설함에 어떻게 상相을 취하지 않고 여여부동 할 수 있는가? 일체 유위有爲로서 언설교화하는 법을 법계와 떼어놓고 보면 자체상이 없어짐이 위 본문의 여섯 가지 비유와 같아 모두가 구경이 아니도다. 그래서 응당 이같이 관하여 상相을 취하지 말라 함이라. 상相을 취하지 말란 말을 삼상三相을 취하지 말라는 뜻으로 진여자성은 유상有相도 아니고 무상無相도 아니며 비유상非有相도 아니고 비무상非無相도 아니도다. 상견常見을 파하기 위하여 일체공一切空을 설說하시도다. 이변二辺에 떨어질까 봐 불공不空과 불유不有를 설하시니 이는 모두 인연에 따라 베풂이라. 구경은 아니도다. 이런 까닭으로 응당 삼상을 취하지 않아 저 여여묘경에 어긋나지 않도다. 이는 바로 단순히 교화 상대에 따라 말할 뿐이다. 또한 모두 세世, 출세법에 따라 삼관三觀(空觀, 假觀, 中觀) 일심一心, 그리고 일심산관의 뜻을 밝혔도다. 안으로 근신根身과 밖으로 기계器界(地上世界), 의보依報와 정보正報, 정토淨土와 예토穢土, 위로는 제불에 이르고 아래로는 미물微物에 이르기까지 범성인과凡聖因果 등 법이 모두 인연에 따라 있게 되며 모두가 유위에 속함이며, 마음에 의해 나타남이라. 모두가 자체가 없어 마치 꿈이 생각에 의해 있는 것과 같아 자체가 없도다. 환상은 물질에 의해 있어 자체가 없고 거품이 물水로 인해 있어 자체가 없으며 그림자는 형체에 의해 있어 자체가 없도다. 그래서 제법이 공空 아님이 없도다. 자체가 없어도 의보와 정보, 정토와 예토가 그 모습이 뚜렷하고 범성인과가 없다고는 할 수 없느니라. 저 풀 위의 이슬마냥 늘 머물러 있지 않은 것 같아도 잠시간은 머물러 있느니라. 그래서 모든 법이 임시가 아닌 것이 없도다. 이미 꿈이 공과 같으며 이슬이 바로 곧 임시적인 것과 같고 또한 번갯불과도 같으며 무無 가운데서 홀연히 있다가도 유有 가운데서 홀연히 없어졌다가 순식간에 바로 생겨나며 찰라에 멸滅해지도다. 있어도 있는 것이 아니고, 없어도 없는 것이 아니라 이미 유무가 아니다. 그러기에 제법실상諸法實相이 아님이 없도다. 그래서 말하도다. 인연으로 생긴 법은 바로 공이라고 내가(佛) 말하도다. 이를 두고 임시로 지은 이름이며, 또한 중도라 하도다. 그렇다면 삼상三相(假名相, 法相, 無相相)은 일경一境을 떠나지 않으며 일경은 원만하게 삼상을 내포하도다. 삼상이라고 하면 완연히 일경이고 일경이라 하면 완연히 삼상이라. 삼과 일, 일과 삼이 빈틈없이 융합되어 서로 비추니 이것이 바로 여여대총상 법문이니라. 이는 유에서 취했는가? 공에서 취했는가? 가운데에서 취했는가? 삼상을 취했는가? 일상을 취했는가? 응당 바로 삼중에 하나를 관하여 삼관일심三觀一心의 문에 계합하고 일에 붙은 삼을 관해야 일심삼관의 문에 계합하며 재빨리 삼일三一의 밖으로 뛰어나와야 여여묘경에 안주하나니 이 경經을 가진 자가 이 관문에 들어가면 한 가지 이치라도 알 필요도 없이 무량한 뜻을 다 알게 되도다. 이 경을 설하는 자가 이 관문에 들어오면 한 자도 설할 필요도 없이 늘 법륜을 굴리나니 최후 마지막 일게一偈가 묘하게 정려분별精慮分別을 초월하여 천고에 사람으로 하여금 초탈대범超脫大泛(벗어나 활달무애)케 하나니, 무릇 보고 읽는 자는 특히 눈여겨봐야 할지어다.

육조 │ 몽夢이란 망령된 몸이고 환幻이란 망령된 생각이며 포泡란 번뇌요, 영影이란 법장을 가리키도다. 몽환포영업을 유위법이라 하며 진실은 명상名相을 떠남이라. 깨치면 모든 업이 사라지도다.

부대사 │ 불티爐, 가림翳, 등燈, 환幻이 모두 무상을 비유함이니 번뇌의 식識으로 인과를 닦음이여, 누가 장구하다고 말하는가? 가냘프고 약해 물거품과 이슬 같으며 구름, 그림자, 번개, 빛과 같도다. 설사 팔만 겁을 지난다 해도 종내 공으로 떨어져 없어지도다.

야부 | 배를 나아가게 함에는 오로지 배의 키를 잡은 사람의 손에 달렸도다.

설의 | 배의 상앗대를 쥐고 있는 사람이 배를 젓는데 동으로 가고자 하면 곧 동으로 가고, 서로 가고자 하면 바로 서로 가도다. 동으로도 서로도 가고 머묾에 자유라. 큰 파도에 치솟는 물이랑에 높이 치솟았다가 푹 내려앉기도 하나니 관하는 지혜로 법성의 파도에 뛰어들면 옳다면 다 옳고 그르다면 다 그르도다. 말끔히 쓸어버림도 나에게 있고 세움도 내게 달렸으니 내가 곧 법왕이로다. 법에 대하여 자유자재하도다.

야부 | 물에 비친 달을 건져 올림이요, 거울 속의 머리를 더듬어 잡음이로다. 물에 빠진 칼을 찾으러 뱃전에다 각표刻標를 함이요, 소를 타고 소를 찾음이로다. 공중의 꽃이고 봄날의 아지랑이요, 몽환夢幻은 모두 뜬 거품이로다. 단번에 지워 없어지도다. 쉬고자 하면 바로 곧장 쉬도다. 지신地神 제사 술에 육자배기라 농촌의 즐거움이여, 재미가 없어 무료한 곳에 절로 재미가 솟아나도다.

설의 | 내가 그가 아니고 그림자를 참이라고 오인하도다. 매일 사용하는 것이 바로 그것인데 밖을 향해 진眞을 찾다니. 모두가 다 아니라서 일필지하一筆之下로 다 지워버리도다. 일체가 다 옳은 것이라. 쉬고자하면 곧 쉬나니 시골이 어찌 그리 황폐하고 쓸쓸한가? 본

래 재미나는 곳이 아니도다. 술과 노래로 흥을 돋우어 스스로 즐기니
이게 바로 멋이로다. 여섯 가지 비유의 한 가지인 환幻을 취하여 그
가운데 뜻을 밝히고자 함이라. 일체가 다 환과 같아 환 이외엔 환 아
님이 없고, 환과 비환이 한 조가 되어 하나하나가 자연히 무생의 낙을
즐기게 되도다. 이것을 대환법문이라 하며 또한 대환삼매라고도 하
도다. 예나 지금이나 증명한 자는 이 대환삼매를 다 같이 증득했고 예
나 지금이나 그걸 설하는 자는 이 대환법문을 다 똑같이 설했도다. 이
런 대환법문으로 능히 갖가지 불사를 하고 이 대환삼매로 능히 각종
신변神變을 부리나니 대환의 뜻이 어찌 예부터 지금껏 뿐이리오.(시간
적 의미) 또한 이에 하늘과 온 세상간이로다.(공간적 의미) 한 가지 비유
가 이미 이러하니 여타 비유도 또한 이와 같도다.

종경 | 칠보보시를 아승지겁 동안 계속함이여, 복을 구하는
마음이 있으면 곧장 허망 되도다. 이 경을 가지고 사구게 정도라도 남
을 위해 선설함이여, 덕이 수승하다지만 참됨이 아니도다. 수월도량
水月道場에 편히 앉아 공화불사空華佛事(헛된 불사)를 이루도다.

환화幻化의 중생을 제도하여 적멸의 보리를 증득케 하시니 범인
의 감정과 성인의 지해知解가 다 공이요, 생사와 열반이 꿈만 같도다.

옛날에 양무제가 부대사를 청해 경을 강론할 때 대사가 괘안几案
을 휘두르며 소리를 한 번 지르고 나서 바로 강석에서 내려왔으니 이
러한 큰 법도가 오랜 세월에 걸쳐 분명하도다. 크나큰 자비를 아끼지
않고 기질에 따라 응대함이라. 噫!(슬프도다) 대사가 자처럼 생긴 문진

文鎭을 휘둘러가며 경을 강론함도 여전히 방편을 살뜰히 쓰는 것에 지나지 않으니 아름답긴 아주 아름다우나 깨달음으로 말하면 아직 멀었도다. 최상 돈종頓宗으로 논하면 바로 범성凡聖에 두루 통하지 않나니 금강왕 보검으로 모든 정情을 나머지도 없이 쓸어버려 저 밝음으로 오나 어둠으로 오나 사방팔면으로 오든 간에 한결같이 내맡기고 널리 그로 하여금 쉬어가고 쉬어가서 한 순간의 것이 만년으로 이어져 가게(一即一切)하도다. 그렇다곤 하나 또한 말해보시오. 말후일구末后一句를 누구가 감히 봉행할 수 있는가? 돌咄!(아이쿠) 곧장 허공조차 다 없어지니 천룡팔부(佛法守護 八神將)가 거침없이 두루 다니도다.

설의 │ 구복求福이 본시 망념이고 지경持經도 참답지 못하도다. 도량道場이 물에 달 비치듯 깨끗한 가운데 편히 앉아있는 자, 그 누구며 불사가 공화空華같나니 무엇을 하겠단 말이오? 중생이 다 환화幻化라 제도할 중생이 없고 보리가 본래 적멸하여 증득할만한 법이 없도다. 범부의 마음과 성인의 지해가 다 공이요 생사와 열반이 꿈만 같도다. 부대사가 문진을 휘두르며 경을 강론하여 오랜 세월에 걸쳐 모범을 보인 것은 없지도 않으나 이 최상 돈종頓宗에 있어선 전혀 아무런 관계가 없도다. 최상 돈종이라면 보검을 높이 쳐들어 닿는 대로 (망상상이 떠오를 때마다) 베어버려 널리 중생으로 하여금 쉬어가고 쉬어가서 한 순간 상태를 만년이나 가게하리라. 그렇다할지라도 말후일구를 누가 감히 봉행하겠는가? ※咄! (아이쿠) 금강보검을 허공으로 비껴 쳐드니 칼날이 싸늘하여 바로 허공조차 다 없앰이라. 받들어 행함에 구태여 성인들을 의지할 필요가 있을까? 천룡팔부가 두루 걸림 없이 돌아다니는데.

종경 | 공생이 자꾸 미망에 대해 거듭 따져 물으니 대각께서 거듭거듭 게를 설하면서 답하시도다. 말후가 분명하여 백억 의문을 다 뛰어넘어 밝기가 뜨는 해와 같이 천지를 두루 비추도다.

설의 | 공생이 자꾸만 미망迷妄으로 궁구窮究할 새 대각께서 그에 따라 답하시니 여여부동지에 이르러 견見이 다하고 정情이 다해 더 이상 의탁할 데가 없어졌도다. 의탁할 데가 없음이여, 구속에서 활연히 벗어나니 바로 청산 밖이로다. 청산도 오히려 연련하지 않는데 번화한 속세거리에 어찌 마음을 두리오. 일이 없는 백운을 웃으며 가리키고 먼 하늘에 눈을 둔 채 머리를 돌리려고 하지 않도다. 머리를 돌리지 않음이여, 온 몸에 빛이 찬란하니 떠오르는 해가 천지를 환히 비추는 격이로다.

본문 | 세존께서 이 경을 다 설하시니 장로 수보리와 여러 비구와 비구니, 그리고 우바새와 우바이(信女), 일체 세간 천인, 아수라들이 부처님의 설법을 듣고 모두 크게 기뻐하며 깊이 믿어 봉행하더라.

설의 | 신령스러운 칼날이 오로지 들어남에 사상四相이 다 없어지고 자비의 비가 널리 촉촉이 내리니 구류중생에 다함께 젖어들도다. 삼관三觀(空觀, 假觀, 中觀)의 지혜가 가득차고 일승의 도리가 원만하니 사중이 일제히 깨치고 많은 의심이 순식간에 다 풀리도다. 정안正眼이 밝고 원만하여 심경心鏡이 활짝 열리도다. 묘체妙體인 실상實相이 목전에 분명하도다. 신수봉행이여, 묘한 이익이 여기에 있도다.

야부 | 30년 후에 노승을 망각하지 말지어다. 모르겠구나. 누가 은혜를 알 것인지? 허허! 그럴만한 사람이 있기나 할까!

설의 | 삼관三關을 이미 통과하여 화살 하나가 하늘 멀리 날아가니 한층 더 장부의 의지를 분발시켜 그 화살 가운데를 분질러놓고 하늘 밖에서 이 노승을 만나야 하리. 이 노승을 만나게 되면 은혜를 알고 은혜에 보답한다 하리니, 모르겠구나. 누가 지은知恩자가 될 것인가? 허허! 그럴만한 사람이 없겠지.

야부 | 배고프면 밥 먹고, 목마르면 물마시고, 병들면 나아야 하고, 더우면 시원하게 해야 하도다. 가난한 이가 우연히 보배를 갖게 되고 갓난애가 어머니를 만남이로다. 거센 바람에 표류하던 조각배가 해안에 닿음이요, 외로운 나그네가 고향에 돌아옴이라. 가뭄 끝에 단비요, 나라엔 충신과 선량이 있도다. 사방의 오랑캐들이 다 예배하고 팔방에서 모여 들어 항복함이라. 하나하나가 다 옳고 물물이 온전

365

히 그것을 다 드러내도다. 예나 지금 범凡과 성聖, 지옥과 천당, 동서
남북 등을 생각할 필요가 없도다. 무수한 국토와 항하의 모래알만한
세계의 모든 중생들이 하나도 남김없이 금강대도량에 모여들도다.

설의 | 세존께서 도량에 좌정함이여, 북극성이 제자리에 거
처함이여, 시방의 많은 무리여, 뭇 별이 모두 북극성(위치가 안 변해 북
쪽 방위의 지침이 됨)을 향하도다. 자식들이 얼빠져 정신을 못 차린 나
머지 부모를 버리고 집을 뛰쳐나와 먼 타향을 떠돌아다닌 날이 벌써
오래됨에 부왕이 방편으로 천하에 포고하도다. 자식들이 잘못됨을
알아 이제 모두 본처로 돌아와 모두가 자기들이 미처 알지 못했음을
부끄럽게 여기고 부왕의 자비로운 가르침을 듣고자 함이 배고픈 자
가 음식을 생각하듯 목마른 자가 마실 물을 생각하듯 하도다. 물이 맑
으면 달빛이 어리고, 감응이 함께 생겨 감로의 문이 열림에 모두가 법
에 의한 기쁨을 얻게 되도다. 단견斷見과 상견常見은 병이 되어 법신
을 어지럽게 괴롭히도다. 법은 양약이라 한 번 듣기만 해도 곧 병을
없애며 탐애貪愛는 열熱이 되어 마음의 바다를 성가시게 들끓게 하나
니 법은 청량이라. 한번 법을 들으면 곧장 고통이 없어지도다. 공덕재
功德財가 부족하여 매일 가난의 고통을 받음에 한번 법요法要를 들음
에 보장寶藏이 앞에 드러나도다. 미혹에 의해 각성覺性이 덮여져 나타
나지 않다가 한 번 활짝 깨치게 되면 묘체가 밝게 나타나도다. 정지견
正知見을 잃어버려 고해에서 부침浮沈타가 방편의 바람이 일어 피안
에 닿게 되도다. 오도(지옥, 아귀, 축생, 인, 천도)에서 허우적거리며 많

은 세월 나그네 신세이더니 오늘에야 비로소 늘 즐거운 고향으로 돌아가도다. 미혹의 태양으로 찌는 듯이 더워 도의 싹이 바싹 타 말랐음에 법우法雨가 멀리까지 촉촉이 뿌려져 마음의 꽃이 환히 피어나도다. 심왕心王의 꿈에 식識의 신臣이 권력을 전횡專橫하여 평화로운 세계에 병란이 다투어 일어났지만 마음을 한 번 깨침에 식이 변해 지혜가 되니 난리가 뚝 그치고 육국(根)이 평안하여 드디어 만법이 자기에게로 돌아와 천하가 태평하게 되어 길폭이 다른 많은 지방(풍토가 다른 많은 다른 지방)의 사람들 모두가 황제가 사는 경사京師(서울)로 향하도다. 장안의 한 구역엔 웅장한 궁전이 터를 잡고 있도다.(곧 불세계) 예나 지금이나 의심과 거리낌 없고 범성凡聖도 또한 의심과 거리낌 없고, 지옥과 천당, 동서남북에 이르기까지 모두가 의심하거나 거리낄 것이 없나니 더 이상 생각할 필요가 없도다.(절대 불변의 실상) 기원정사에서 한 번 법회의 이로움이 이와 같나니 이로부터 뭇 중생은 다 본원으로 돌아가도다.

종경 | (본문 뒤에 적은 서문)

금강경 강령綱領을 적어 기리도다. 대저 최대상승을 명백히 알려면 반드시 금강정안金剛正眼을 갖추어야 하나니 세존께서 수보리에게 대기大機(큰 마음)를 내보이시고 대용大用을 쓴걸 보시오. 쌓은 보배가 수미산만하고 대천 사계를 부수어 미진만큼 많은 곳마다 아승지겁에 걸쳐 보시한다 해도 유독 최상승법은 얻을 방법이 없느니라. 그래서 천인天人은 담膽이 서늘해지고 악마와 외도의 마음이 오싹해지도다

(법을 위해 하늘 높이 빼든 장검 앞에). 목숨을 버리면서까지 알려 해도 여전히 백운이 만 리로다.(알지 못해 아득해하는) 이 경을 이해하는 자 팔백 여인이나 되지만 이 경을 제대로 칭송하는 이(의미를 알아서 늘 읊조리는 이)는 열 손가락에도 차지 않도다. 아마도 옛 사람이 이 경의 한 자라도 잘못 답한 소치로 반드시 여우 몸으로 떨어졌겠지만 이 경을 잘못 음송吟誦하면 반드시 지옥에 떨어지리라. 이 종경승은 스스로 생각하되 자기가 지옥에 들어가지 않고서 어떻게 하여 중생들을 제도해 건져낼 수 있으랴? 이미 법을 위해 이 한 몸을 잊어버렸으니 어찌 극악무도한 죄를 피하리오. 보검을 공중에 높이 비껴들고 거듭 게송을 설하리라.

설의 | 최상대승법을 명백히 알려면 반드시 금강 정안正眼을 갖추어야 하나니 만약 그런 눈을 갖추지 못하면 어찌 대가의 본래면목을 볼 수 있으리오? 대가의 본지풍광을 만나보고 싶다면 저 여래의 대기大機와 대용大用을 함께 행함과 죽이고 살리는 자유자재한 수단을 보시오. 이 속에서 다 봐버릴 수 있다면 네가 금강 정안을 갖추어 최상승종을 거의 다 밝혔다고 인정하리. 최상승종이 무엇 때문에 이같이 기특한가? 쌓은 보배가 수미산만하고 부수어 버린 세계가 미진만큼 많은 곳에 아승지겁에 걸쳐 보시를 다 한 대도 이는 바로 유심에서 나와서 모두가 정견情見에 속하도다.

유독 최상승법은 범정凡情과 성해聖解가 깃들지 않나니 하늘에 높이 쳐든 장검 마냥 싸늘하게 위엄이 서리고 빛이 번쩍번쩍 빛나도다. 그 칼에 싸늘한 위엄이 서려 감히 그 칼끝을 범할 수 없도다. 그래서 천인天人은 담이 서늘해지고 악마와 외도가 마음이 오싹해지도다. 홀연 어떤 사람이 목숨을 버리면서 본지本旨를 알고자해도 여전히 백운白雲이 만 리에 펼쳐져 있는 격이로다(망망한). 이 최상승종은 이같이 높은 경지에서 다른 것을 용납하지 않나니 그래서 이 종지를 터득하는 이가 적도다. 고인古人이 말했다. 한자라도 잘못 답하면 반드시 여우 몸을 받게 되고, 이 경을 잘못 지송하면 응당 지옥에 떨어진다고. 만약에 그러하다면 무슨 일로 얻는 이익도 없는데도 스스로 그런 고통을 사서 구하는가? 오로지 몸을 단정히 하여 두 손 모아 응당 자기 자신만을 제도할 일이지 저 법문法門이야 흥하든 말든 저 중생이야 넘어지든 일어나든 다 내 팽개 쳐버리고 말세의 운運을 부지扶持할 뿐 부처님의 혜명을 지속시킬 필요성이 없으리라. 그렇다고 해도 자기만 위하고 법을 위하지 않으면 불조의 깊은 은혜를 저버림이요, 자기를 위하고 남을 위하지 않으면 소승경계(소승심, 唯自己成佛)로 떨어지도다. 자신이 차라리 지옥에 떨어져 백천 겁을 지낼지언정 힘써 사람들로 하여금 깨닫게 해서 혜명을 무한히 전속傳續시켜야 하느니라. 이미 법을 위해 이 한 몸을 잊었다면 어찌 대역죄를 마다하리요? 장검을 하늘높이 비껴들고 게송을 거듭 설하리라.

육조구결

　　법성法性은 고요하고 원만하여 본래 생멸生滅이 없지만 유(有 십
이인연 중 하나. 주위 존재물)로 말미암아 하고자, 갖고자하는 생각이 일
고 유有를 따라 외연外緣이 생기도다. 그래서 하늘의 명命을 받아 이
세상에 태어나게 되도다. 이리하여 이를 두고 명命이라 하도다. 대명
大命이 이미 확립되면 진공眞空은 사라지도다. 전일前日에 생긴 생각
이 지속되어 작용한 결과로 의식이 되고 의식의 작용이 흩어져 육근
六根이 되며 육근이 제각기 분리되어 작용함에 그 가운데서 총괄하는
것이 있나니 이를 일러 마음이라고 하도다. 마음이란, 생각하는 곳이
며, 정신과 견식이 깃드는 곳이며 진眞과 망妄이 다 함께 처하며 범부
와 성현이 될 수 있는 중요한 고동이 자리 잡는 곳이로다. 일체중생이
시작이 없는 세월로부터 생멸生滅을 여의지 못하는 것은 모두가 이
마음에 의해 묶여있는 까닭이니 그래서 제불諸佛이 오로지 사람으로

370　　의미로 보는 한글판 금강경 오가해

하여금 이 마음을 깨닫게 하시니 이 마음만 확연히 깨달으면 바른 자성自性을 보게 되도다. 마음이 성性에 있을 때엔 모두가 자연히 텅 비어 깊고 고요해 아예 없는 것과 같다가도 유(존재물)에 반연攀緣되어 염念이 생긴 연후에 태어나게 되도다. 태어나면 형체를 갖게 되나니 형체란 사대四大(地水火風)의 거품같은 결합체라. 혈기血氣로서 체体를 삼나니 생명을 가진 것은 의탁하기 마련이라. 혈기가 족足하면 정(精: 심신활동 원동력, 곧 정력)이 족하고 정精이 족하면 정신이 생기고 정신이 족하면 묘妙한 정신작용(妙用)이 생기도다. 묘용(非用 而用 곧 神灵, 佛性)이란 바로 내가 고요하고 원만구족한 때의 참 나 이로다. 형체가 사물을 만나면 그것을(妙用, 불성) 일상 언동에서 보게 되도다.

　범부 근성은 미迷해서 사물을 뒤따르게 되고 성현聖賢은 마음이 밝아 사물에 반응하도다. 물物을 뒤따르는 자는 스스로가 그가(自彼), 곧 객체客体가 되고. 물物에 반응하는 자는 스스로가 자기 곧 주체主体가 되나니 자피자自彼者는 소견所見에 집착되어 생사윤회生死輪迴를 받고 자아자自我者(主体者)는 체体가 항상 공空하다고 여기도다. 만 겁토록 한결같나니 종합해보건대 모두가 이 마음의 묘용妙用이로다. 이는 바로 나기 전의 상태에 해당됨이라. 성性은 원만 구족되어 텅 빈 채로 한 물건도 없고 깊고도 고요하여 스스로 그러할 뿐이며 넓고 크기가 허공에 처한 것과 같아 왕래와 변화에 걸쳐 일체 자유롭도다. 하늘이 비록 나에게 명命하여 태어나게 한들 어찌 그리할 수 있으리오? 하늘조차 나에게 명하여 생生 할 수 없음인데 하물며 사대四大와 오행五行에 있어서랴. 자피자自彼者(객체)는 이미 생生하겠단 념念이 있고 생 할 수 있는 연緣이 있음에 하늘이 그가 출생토록 그에게 명하고, 사대四大가 기氣로써 그를 형성하고 오행(金木水火土)은 운수運數로써 그를 이끌도다. 생生한 것은 반드시 멸滅하기 마련이라. 생멸은 하나지만 범부와 성현의 생멸은 다르도다. 범부의 생은 념念으로 인해 태어나고 식識은 업業을 따라 변하며 나쁜 버릇에 물들어 생을 거듭할수록 더욱 우심해지도다. 이미 태어난 후면 그 마음이 제망상諸妄想에 집착하며 사대를 함부로 착각하여 내 몸으로 여기고 육친六親을 함부로 착인하여 내 소유물로 여기며 성색聲色을 함부로 착각하여 즐거움으로 여긴다거나 권세와 재물을 함부로 착인하여 부귀로 여기도다. 마음으로 알고 눈으로 봄이 망령되지 않음이 없나니 망상이 일어나자 번뇌가 천 갈래 만 갈래로다.

망념妄念이 진眞을 빼앗아 진성眞性이 마침내 숨어버리고 인아사상人我四相이 주인이 되고 진식眞識이 객이 되도다. 삼업三業이 앞에서 끌어당기고 백업白業이 뒤를 따라 생사해生死海에 떠돌아 끝날 날이 없도다. 생生을 마치면 멸滅하게 되고, 멸이 끝나면 다시 태어나 생멸이 계속 이어져 제취諸趣(육도만행)에 떨어짐에 이르기까지 더욱 더 끝이 없도다.

무명이 더욱 방자하여 그만큼 업業의 그물을 만들어 드디어 진사겁塵沙劫이 다할 때까지 인신人身을 회복하지 못하거니와 성현聖賢은 그렇지 않도다. 성현의 출생은 념念에 의하지 않고 필요성에 응해서 태어남이라. 나고 싶으면 태어나지 하늘의 명命을 기다리지 않도다. 그래서 이미 생한 후엔 원적圓寂한 성품이 그대로 깊고 고요하여 체

상체相이 없고 걸림이 없으며 그것이 만물을 비춤이 맑은 하늘의 태양과도 같아 추호도 숨기거나 막힘이 없도다. 일체 선법을 건립하여 사계沙界에 두루해도 그것이 부족하다고 여기지 않도다. 일체중생을 다 거둬들여 적멸로 돌아가도 많다고 여기지 않도다. 마구 휘몰아쳐도 오지를 않고 한사코 내쫓아도 떠나지도 않도다.

비록 사대四大에 의탁해 형체를 만들고 오행으로 다스리게 된다 해도 모두 내가 빌린 바라 일찍이 함부로 미처 착錯한 적이 없었으니 나의 연緣이 진실로 다됨에 나의 자취도 당연히 멸해짐이라. 버리고 떠나는 것이 오고 가는 것과 같을 뿐이니 나에게 있어서 무슨 관계가 있는가? 범부는 생하면 멸하고 멸하면 다시 태어나기 마련이라. 성현은 생함도 있고 멸함도 있되 멸하면 진공眞空으로 돌아가도다.

범부의 생멸은 몸에 그림자와 같아 움직임에 항상 뒤따라 끝날 때가 없거니와 성현의 생멸은 공중의 우레와도 같아 스스로 일어나서 스스로 그치어 타물他物의 영향을 받지 않도다. 세인世人들은 생멸이 이와 같음을 알지 못하고 생멸로써 번뇌의 한 큰 환란患亂으로 여기나니 아마도 자신을 스스로 깨치지 못했기 때문이리라.

깨치면 생멸이 신상身上의 티끌같이 여겨 한 번 털어버리면 될 뿐인 걸 어떻게 나의 자성自性에 누累가 될 수 있으랴?

옛날 우리의 여래께서 대자비심으로 일체중생이 미혹되고 어긋나며 뒤바뀐 생각으로 생사대해生死大海에 유랑하고 있는 상태를 불쌍히 여긴 나머지 일체중생이 본래 쾌락, 자재로운 본성을 가져 모두가 다 닦아 증득해 성불할 수 있는 걸로 여기셨도다. 그들로 하여금 모두 다 성현같이 생멸하고 범부같이 생멸하지 않도록 해도 여전히 일체중생이 무시이래無始以來로 오랜 기간 떠돌아다닌 결과 그들의 근본적인 성품에 이미 여러 갈래로 차이가 생겨 능히 한 가지 법으로서는 빨리 깨치게 할 수 없게 되었도다. 그래서 팔만사천법문을 설說하게 되었으니 문문門門마다 들어가 모두 진여의 경지에 도달할 수 있게 한 법문을 설할 때마다 참다운 말씀으로 신신당부하지 않음이 없었도다. 일체중생으로 하여금 각각이 바라본 법문法門을 따라 자심지自心地에 들어가 자심지에 도달해 자불성自佛性을 보고 자신불을 증득케하여 바로 여래와 같게 하시도다. 여래께서 여러 경전에서 유有를 설說하신 것은 일체중생으로 하여금 상相을 보아서 선심善心이 우러나게 함이요. 무無를 설하심은 중생으로하여금 상相을 여의어 자성自性을 보게 함이로다. 이어 설說하신 색色과 공空도 또한 같은 이치로다. 중생은 집착으로 인하여 유를 보되 진유眞有(有相이면서 有가 아님)가 아니고 무를 보되 진무(無而非無 貌)가 아니라, 색과 공을 봄도 모두 이같이 착着하여 다시 단상이견斷常二見을 일으켜 부단히 행습行習하여 생사生死의 근본으로 삼도다.

　무이법문無二法門을 내보이지 않으면 정도正道를 잃거나 어긋나고 뒤바뀐 생각으로 생사의 길에 떠돎이 전날보다 더 우심尤甚하게 되도다. 그래서 여래께서 대반야법을 설하셔 단상이견斷常二見을 설파說破하시고 중생으로 하여금 참 유有와 참 무無, 진색眞色(색이면서 색이 아님)과 진공眞空(공이면서 공이 아님)이 본래 둘이 아니며 또한 사람에게서 멀리 떨어져 있는 것이 아님을 알게 하셨도다. 그것은 가득 차면서도 고요 적막하여 오로지 자성自性 속에 있도다. 단지 자성의 지혜로 제망諸妄을 비추어보면 모두를 환히 깨닫게 되도다. 이런 까닭으로 대반야경 육백 권은 모두 여래께서 보살 과인果人을 위하여 불성佛性을 설하셨도다. 하지만 그 사이 여전히 돈頓, 점漸, 근기에게 설하실 여지가 있도다. 오직 금강경만은 대승을 발한 자를 위하여 설하시며 최상승자를 위하여 설하시도다. 이 경은 먼저 사생四生(胎, 卵, 濕, 化)과 사상四相을 설하시고 다음엔 모든 상相은 다 허망하니 제상諸相이 상相이 아닌 걸로 볼 수 있으면 바로 여래를 친견親見할 수 있다고 하시도다. 일체법에 안주하지 않아야 바로 진제眞諦(참 진리)에 융입融入 되도다.

여래께서 이 금강경 속에서 유有에 너무 치우쳐 얘기할 때마다 바로 비非로 깨뜨려버리시고 곧장 실상實相을 취取하여 대중에게 보이시니 그것은 아마도 중생이 부처님의 설법요지說法要旨를 잘못 알아듣고 마음이 도리어 안주하게 될까봐 두려워함일러라. 말(例)하자면 '불법佛法이 바로 불법佛法이 아니다'라는 말씀이 이런 것이도다.

금강경 오가해 大尾